天津师范大学法学文库

刑事诉讼期限制度研究

XINGSHI SUSONG QIXIAN ZHIDU YANJIU

于增尊◎著

中国政法大学出版社

2020·北京

图书在版编目（ＣＩＰ）数据

刑事诉讼期限制度研究/于增尊著. —北京：中国政法大学出版社，2020.8
ISBN 978-7-5620-9600-9

Ⅰ.①刑… Ⅱ.①于… Ⅲ.①刑事诉讼－研究－中国Ⅳ.①D925.204

中国版本图书馆 CIP 数据核字 (2020) 第 143250 号

出 版 者	中国政法大学出版社
地 　 址	北京市海淀区西土城路 25 号
邮寄地址	北京 100088 信箱 8034 分箱　邮编 100088
网 　 址	http://www.cuplpress.com (网络实名：中国政法大学出版社)
电 　 话	010-58908285(总编室) 58908433（编辑部）58908334(邮购部)
承 　 印	保定市中画美凯印刷有限公司
开 　 本	720mm×960mm　1/16
印 　 张	14.25
字 　 数	230 千字
版 　 次	2020 年 8 月第 1 版
印 　 次	2020 年 8 月第 1 次印刷
定 　 价	55.00 元

序 / PREFACE /

　　于增尊博士的学术专著《刑事诉讼期限制度研究》入选天津师范大学法学文库，并即将由中国政法大学出版社出版，这是令人欣喜的事情。

　　刑事诉讼期限是保障诉讼程序顺利运行的必要保障，对于防止诉讼拖延、促进司法公正和保护被告人合法权益具有十分重要的作用。我国具有十分悠久的诉讼期限制度传统，其中有很多合理的内容，闪烁着古代立法者的智慧。《中华人民共和国刑事诉讼法》在立足时代条件和继承传统法制精髓的基础上，初步建立起涵盖强制措施、一审、二审等主要诉讼活动和阶段的期限规则体系，并根据社会发展和认识深化，对相关规则不断加以细化和调整，以确保刑事诉讼期限规范的完备性和科学性。随着刑事案件数量持续增长、法官、检察官员额制改革、刑事程序精细化等导致的人案紧张关系加剧，以及保障被追诉人人权的司法理念愈加受到重视，刑事诉讼期限制度的价值日益凸显。在此背景下，于增尊博士撰写出版其学术专著《刑事诉讼期限制度研究》，致力于丰富理论界对此问题的研究，提出完善现有刑事诉讼期限立法的系统方案，无疑具有较大的理论价值和实践意义。

　　这本专著是于增尊在其博士学位论文基础上修改而成的。为更好地完成本专著的写作任务，他利用博士期间赴美国加州大学戴维斯分校学习的机会，收集了大量国外特别是美国刑事诉讼期限相关的一手资料，并认真加以整理学习。回国之后，他又广泛搜集国内理论和实务资料，与一线法官、检察官交流，了解司法实践的运作情况和存在的问题，从而使得本书既具有国际视野，又更加契合中国实际。

　　这本专著是国内第一部系统全面研究刑事诉讼期限制度的专著，它对刑事诉讼期限的概念和基本特征进行了厘定，深入分析了刑事诉讼期限制度的价值基础，以及刑事诉讼期限立法的基本原则。在大量阅读史料的基础上，梳理了我国刑事诉讼期限制度的历史源流和立法演进。按照刑事诉讼程序的主要阶段，对我国审前程序中的强制措施、技术侦查、补充侦查等期限，审判阶段的一审、二审、死刑复核期限，以及刑事羁押期限等立法和司法中存在的问题逐一进行了分析，结合诉讼理论和本国实际提出了具有建设性的改革或完善方案，建立了比较系统的刑事诉讼期限制度体系，填补了国内在此方面的空白，具有鲜明的开拓性、创新性。

于增尊是我指导的博士研究生，他在学期间，学习勤奋，成绩优异，科研能力比较强。今天看到他能够出版专著，在学术上取得初步成绩，我由衷地感到高兴。希望他能够以此为起点，在学术之路上踏实奋进，不断争取更大进步。

是为序。

中国政法大学终身教授　陈光中

2020 年 5 月 28 日

目 录
CONTENTS

引 言

刑事诉讼期限制度是保障诉讼程序有序运行的重要环节。通过课予公安司法机关数字化的及时办案义务，实现防范诉讼拖延和保障诉讼人权的目的。我国具有悠久的诉讼期限文化传统，西周时期已有关于诉讼期限的记载，唐朝时已经建立了较为体系化的审判期限规则。在继承传统法律文化并吸收现代司法理念基础上，《中华人民共和国刑事诉讼法》（以下简称《刑事诉讼法》）用数十个条款建立了堪称繁密的诉讼期限规则体系，覆盖自立案到执行的刑事诉讼全过程。然而由于立法理念、立法技术、司法体制等因素影响，现行的刑事诉讼期限立法并不完善，在实际执行中暴露出很多问题。迄今为止，学界已就超期羁押等具体问题开展了较为深入的研究，但对于刑事诉讼期限制度尚缺乏完整论述。本书试图"小题大做"，针对这一看似细枝末节实则关系刑事司法全局的"冷门"问题进行系统研究，厘清基础理论问题并提出具体改革对案。

本书共分六章。第一章探讨刑事诉讼期限制度的基本理论。首先，对刑事诉讼期限的概念和本文研究对象作出界定。借鉴刑事诉讼立法期间的概念，提出刑事诉讼期限指国家专门机关、当事人及其他诉讼参与人进行刑事诉讼活动必须遵守的期间限制，并将研究视野集中于公安司法机关应遵守的法定期限。其次，阐述刑事诉讼期限制度的价值，认为其有助于提高诉讼效率、实现司法公正、保障诉讼权利、强化司法权威和提升刑罚效用。最后，结合我国刑事诉讼实践中暴露的问题，提出构建刑事诉讼期限制度应当遵循的基本原则，特别强调期限应当具有封闭性。

第二章从历史维度考察我国刑事诉讼期限制度的基本沿革。与诸多舶来的诉讼制度不同，刑事诉讼期限制度属于中华传统法律文化的一部分。早在西周时期即有关于诉讼期限的规定，并历经上千年传承不曾断绝。尽管受时代条件所限并不完善，但其中许多内容颇具合理性，其历史价值不容否认。清末民国时期，受西方列强入侵的严峻形势逼迫，中国开启了移植西方法律的法制近代化进程。以人权观念和程序理念的引入为契机，清末民国时期的几部刑事诉讼法逐步确立了以西方法制为蓝本的期限规则体系，包括规定羁押期限、引入连续审理和庭审更新制度、集中规定期限计算规则等，初步完成了刑事诉讼期限制度的近现代转型。革命根据地颁布的法律文件，在吸收羁押期限规则等时代进步成果的同时，保留了中国传统的审判期限制度等合理成分，为新中国成立后的刑事诉讼期限立法奠定了基础。

在理论分析和历史考察的基础上，第三章至第六章是对我国当前刑事诉讼立法和司法的研究。第三章探讨审前程序中几项重要内容的期限规则。一是拘传、取保候审、监视居住等非羁押性强制措施期限，拘传措施的期限设置、拘传期限的起算、两次拘传的时间间隔，对取保候审和监视居住期限的理解、折抵刑期等。鉴于指定居所监视居住措施具有准羁押性质，对其进行单独讨论，在分析其权利抑制属性的基础上，提出将6个月的一体式期间细化为"基础期限+报请延长"规则，对于指定居所监视居住超过法定期限的，予以口供排除、国家赔偿等制裁和救济。二是鉴于技术侦查措施对隐私权的严重威胁，从适用范围、适用条件和审批程序等角度提出严格控制的方案，并特别提出在侦查法治水平有待提高、配套监督制约机制尚不健全的情况下，应当为技术侦查措施设定期间上限。另外，随着认罪认罚从宽制度的大规模适用和捕诉一体化改革，审查起诉期限不足的问题必将得到很大程度的改善，因此本文并未就此展开论述，而是聚焦补充侦查中存在的乱象，提出明确补充侦查条件、加强检察引导侦查、建立退回补充侦查告知制度等解决方案。

第四章介绍了我国刑事审限制度的存废之争并论证了保留的必要性。2000年左右的刑事诉讼执法大检查暴露出了严重的超期羁押问题，加之实践中屡禁不止的超审限现象，促使部分学者向国外立法寻求解决之道，并提出以集中审理原则取代审限制度的建议。本章首先分析总结集中审理原则的基本内涵、广泛适用性及其广受赞誉的提高效率和促进公正价值。继而通过对域外司法实践的考察，提出集中审理原则指导下的高效审判只是统计口径不同造就的假象，其公正价值也面临被抵制和规避的危险。最后，提出理性对待审限制度与集中审理原则的关系，二者并不完全抵触，应当吸收集中审理原则的合理因素，通过构建适度的庭前准备程序、贯彻直接言词原则、建立庭审更新制度、缩短宣判周期等方式保障审限制度的有效运行。

第五章探讨刑事审判期限制度的完善。首先，以司法实践中屡禁不止的审判超期现象为引，提出1996年《刑事诉讼法》关于一审审限规则的不足，并在肯定2012年《刑事诉讼法》进步性的基础上，提出一审审限进一步完善的方案，包括进一步贯彻审限差别化原则、严格控制四种情形的审限延长和特殊情况下报请最高人民法院延长审限等。其次，针对二审阶段审判期限，提出多项整体期限完善方案，梳理了检察机关阅卷期限处理方式的演变，对二审发回重审问题进行重点分析，认为应当取消事实不清、证据不足型发回重审，规范程序违法型发回重审并严格实施裁判文书说理制度。最后，通过对反对观点的逐一商榷，提出确立死刑复核期限的必要性，以"裁判文书网"公布的200个死刑复核刑事裁定书作为考察对象，总结死刑复核程序运行时间的基本情况，以期限立法原则为指引，提出具体的死刑复核期限建构方案。

第六章考察我国刑事羁押期限的现实问题与完善途径。通过期限规则限制不当羁押是世界主要法治国家的共识，但在保障人权的实际效果方面，我国存在很大不足。本章首先分析了我国羁押期限制度立法方面的缺陷，包括羁押期限与办案期限混同、设置有违比例原则、延展规则过于宽松、救济渠道不畅和制裁机制不健全等。针对这些问题，提出了改革建议，认为确立羁押独立原则并构建司法审查机制是防范羁押期限制度异化的根本途径，在程序构造上应当注重采取听证审查方式；在具体规定层面，应当在羁押期限设置中贯彻比例原则、严格控制其延长并强化超期羁押的制裁和救济机制。在羁押独立性无法短时间内实现的情况下，羁押必要性审查是控制羁押措施和羁押期限的制度化举措。为发挥羁押必要性审查的作用，应当从启动模式、实施主体、案件范围、方式方法和法律效力等方面予以完善，并加强后续监管机制、羁押替代措施、考评追责体系等配套制度建设。

第一章

刑事诉讼期限制度概论

第一节　刑事诉讼期限的概念

一、刑事诉讼期限概念的界定

概念是我们日常认识事物的基础，也是学术研究的起点。对刑事诉讼期限制度的研究同样离不开对刑事诉讼期限这一概念的合理界定。

比较而言，期限一词，是一个专属于法律领域内的词汇，而非日常生活中的常用表达。根据《现代汉语词典》的解释，"期"字可做多种理解：一是指预定的时日、日期，如限期、到期等；二是指一段时间，如学期、假期；三是指用于分期的事物；四是指约定时日，如不期而遇；五是等候所约的人，泛指等待或盼望，如期待等。"限"作为名词时表示指定的范围或限度，如界限、期限等。"期限"，是指限定的一段时间，也指所限时间的最后界限。[1]作为刑事诉讼法学研究范畴的期限一词，采用的是第一种意思。

关于刑事诉讼期限的概念，尚无明确的理论界定。与之类似的表述是"刑事诉讼期间"。在民法学语境中，期间是指某一期日与另一期日之间的时间。期间为时间的一种，是重要的法律事实，同许多法律行为的效力关系密切，其作用是为了法律行为效力的安定性和确定性[2]；期限是指当事人以将来确定事实的到来决定民事法律行为的效力的发生或消灭的条款，二者区别

---

〔1〕　参见中国社会科学院语言研究所词典编辑室编：《现代汉语词典》，商务印书馆 2005 年版，第 1067、1480、1068 页。

〔2〕　参见中国社会科学院法学研究所《法律辞典》编委会编：《法律辞典》，法律出版社 2003 年版，第 1078 页。

较为明显。

相较而言，在我国刑事诉讼法视阈内期限与期间的差别更加细微，从相关立法表述来看，"期限"一词似乎更加倾向于宏观的法律表述，而"期间"一词更倾向于法定期限具体的、现实的执行过程。如《刑事诉讼法》第156条规定："对犯罪嫌疑人逮捕后的侦查羁押期限不得超过2个月。"第34条第2款规定："犯罪嫌疑人、被告人在押期间要求委托辩护人的，人民法院、人民检察院和公安机关应当及时转达其要求。"同样涉及犯罪嫌疑人人身自由被剥夺的状态，在宏观的术语性表达中使用侦查羁押"期限"一词，而强调犯罪嫌疑人在具体案件中委托辩护人的时间则是选用更加中立、直接的在押"期间"的表述。

当然，在更多的情况下，《刑事诉讼法》对于诉讼期间与诉讼期限的使用并未作严格区分，二者甚至表现为一种可以相互替换的关系。例如《刑事诉讼法》第149条规定，对犯罪嫌疑人作精神病鉴定的期间不计入办案期限。又如，《刑事诉讼法》第一编第八章"期间、送达"之下，第106条的"期间恢复规定"却采取了"期限"一词，即"当事人由于不能抗拒的原因或者有其他正当理由而耽误期限的，在障碍消除后5日以内，可以申请继续进行应当在期满以前完成的诉讼活动。"学者在就此问题进行学术研究时，一般也没有固定的区分和使用标准，而是按照通常的表述习惯加以运用。根据通行的观点，刑事诉讼中的期间是指"专门机关以及当事人及其他诉讼参与人分别进行刑事诉讼活动所必须遵守的时间期限"[1]。本文沿用这一惯例，在同等意义上使用这两个概念，并据此将刑事诉讼期限界定为国家专门机关以及当事人和其他诉讼参与人进行或参与刑事诉讼活动必须遵守的期间限制。

关于刑事诉讼期限的具体内容，通说认为其包括由法律明文加以规定的法定期限和个别情况下由公安司法机关指定的指定期限。法定期限包括两部分，一是法院、检察院、公安机关应当遵守的期限，二是当事人及其他诉讼参与人应当遵守的期限。[2]法律规定诉讼参与人应当遵守的期限的目的在于

---

〔1〕 刘玫："刑事诉讼法定期间问题研究"，载陈光中、江伟主编：《诉讼法论丛》（第9卷），法律出版社2004年版，第117页。

〔2〕 参见陈光中主编：《刑事诉讼法》，北京大学出版社、高等教育出版社2013年版，第254页；易延友：《刑事诉讼法：规则、原理与应用》，法律出版社2013年版，第454页；樊崇义主编：《刑事诉讼法学》，法律出版社2013年版，第128页。

督促其尽快行使享有的诉讼权利，如提出上诉、请求恢复期限、申请执行、提出申诉，等等。相比专门机关的期限义务，为当事人设定的期限更加具有技术性规则的特征，对此的争论也相对较少。基于刑事诉讼中国家权力与公民权利的不平衡预设，对课予公安司法机关的期限义务的讨论显然更为紧要。因此，本文所称"刑事诉讼期限"，仅指国家专门机关在刑事诉讼程序中应当遵守的法定期限。

二、刑事诉讼期限的特征

第一，数字化。在督促办案主体积极推进诉讼进程方面，主要存在两种制度模式。一是以迅速审判权和合理期间受审权为代表的个案裁量模式，二是以诉讼期限规则为形式的立法规范模式。《美国联邦宪法第六修正案》规定："在所有的刑事诉讼中，被告人都享有迅速审判的权利。"关于违反迅速审判权的认定，联邦最高法院在巴克诉温果案中确定了四因素衡量法，包括拖延的长度、拖延的原因、被告人对权利的主张、拖延对被告人的不利影响。"在采纳这样的标准时，最高法院避开了是非分明的规则，代之以逐案的裁判。"[1]《欧洲人权公约》第6条第1款规定："在决定某人的公民权利和义务或者在决定对某人确定任何刑事罪名时，任何人有理由在合理的时间内受到依法设立的独立而公正的法院的公平且公开的审讯。"欧洲人权法院在一系列判例中确定了衡量合理期间的四个标准，包括案件的复杂程度、申请人的行为和态度、对申请人的重要性、内国的行为和态度。[2]与原则性规定加事后综合裁量的规制方式不同，世界范围内还存在以明确的期限规范进行统一、事先制约的模式，即在立法中对于某一诉讼阶段或诉讼行为的可持续时间予以数字化限定。例如我国《刑事诉讼法》第220条规定："适用简易程序审理案件，人民法院应当在受理后20日以内审结；对可能判处的有期徒刑超过3年的，可以延长至1个半月。"《日本刑事诉讼法》第208条规定，从提出逮捕请求之日起10日以内没有提起公诉时，检察官应当立即释放犯罪嫌疑人；法官认为有不得已事由时，依检察官请求，可以将期间延长至20日；特定犯

---

[1] [美]约书亚·德雷斯勒、艾伦·C.迈克尔斯：《美国刑事诉讼法精解》（第二卷·刑事审判），魏晓娜译，北京大学出版社2009年版，第159页。
[2] 参见冯喜恒：《刑事速审权利研究》，中国政法大学出版社2013年版，第139~144页。

罪案件，经检察官请求，可以延长至 25 日。与迅速审判权的综合判断模式相比，以确定的数字化加以呈现是刑事诉讼期限制度的根本特征，也是其发挥功效的重要保证。

第二，强制性。"法定期间的开始基于某种法律行为或者法律事实的发生，在法定期间内实施的行为才产生法律效力。"[1]对于办案机关而言，规定于刑事诉讼法中的期限要求具有明确的强制性特征，是其从事刑事司法活动时必须遵守的法定规范，超过法定期限则必须承担相应的法律后果。2009 年颁布的《人民法院工作人员处分条例》第 47 条规定："故意违反规定拖延办案的，给予警告、记过或者记大过处分；情节较重的，给予降级或者撤职处分；情节严重的，给予开除处分。"美国联邦宪法赋予刑事被追诉人迅速接受审判的权利，1974 年联邦《迅速审判法》以及各州有关迅速审判的成文法进一步将这一权利细化为具体的时限。权利遭受侵犯的被告人可以获得驳回起诉的救济，尤其是在联邦层面，"违反第六修正案的救济是彻底驳回起诉。这意味着一旦认定违法，如果被告人被定罪，就要撤销对他的定罪和量刑。如果还没有审判，就不再审判。"[2]

第三，阶段性。刑事诉讼期限是刑事诉讼程序中阶段性的时间区间，因而区别于刑事诉讼期日和刑事诉讼周期的概念。首先，在刑事诉讼法学场域内，期限与期日的区别在于：期限是公安司法机关单独从事某项诉讼行为的期间，而期日是两方或多方诉讼主体会合进行具体诉讼行为的时间；期限是持续的一段时间，有始点和终点，期日则只规定开始时间，不规定终止时间；期限原则上由法律规定且一般不得变更，而期日由国家专门机关指定，遇有特殊情形时可以另行指定。其次，"诉讼周期指诉讼程序发生至终结的时间延续过程，分为立法一般周期和个案实际周期。"[3]因此刑事诉讼周期是刑事诉讼期限的上位概念，前者涵盖从立案到执行的完整的诉讼过程，后者则通常被限定为侦查羁押期限、审查起诉期限、审查逮捕期限、一审期限、二审期

---

〔1〕 刘玫："刑事诉讼法定期间问题研究"，载陈光中、江伟主编：《诉讼法论丛》（第 9 卷），法律出版社 2004 年版，第 117 页。

〔2〕 ［美］约书亚·德雷斯勒、艾伦·C. 迈克尔斯：《美国刑事诉讼法精解》（第二卷·刑事审判），魏晓娜译，北京大学出版社 2009 年版，第 161~162 页。

〔3〕 顾培东：《社会冲突与诉讼机制》，法律出版社 2004 年版，第 90 页。

限等一个个具体而有限的诉讼阶段。

第二节　刑事诉讼期限制度的价值

"法律是一种规则体系，同时亦为一种意义体系。任何规则必涵蕴有一定的法理，载述着一定的道德关切，寄托着深切的信仰。凡此种种，一言以蔽之，曰法意，它们构成了规则的意义世界，而为法制之内在基础。"[1]刑事诉讼期限制度作为世界各法治国家的通行立法，是一项成熟的法律规则，承载着诸多价值期待，具有坚实的理论基础。

一、提高诉讼效率

效率，本是经济学的术语和研究范畴，随着 20 世纪六七十年代西方法经济学的兴起，被引入法学领域，并迅速成为立法、司法、学术研究不可回避的重要命题。经济学研究的出发点在于资源的有限性和稀缺性，为此不得不努力提高资源利用程度，以满足更为庞大的社会需求。这一点同样适用司法领域。进入 20 世纪特别是两次世界大战以来，各国犯罪率持续增长，刑事案件数量和刑事司法力量之间的紧张关系日益加剧，在司法投入根本无法跟上社会整体司法需求的无奈现实下，提高司法效率成为各国共同的选择。

按照经济学观点，如果能够以最小的投入成本产出既定的产品或者通过一定的资源消耗获得最大的产出，这个过程就是有效率的。将此原理运用到刑事诉讼领域，提高诉讼效率的两种途径就是缩减诉讼成本和优化资源配置。在程序视野内，诉讼周期的长短是影响诉讼成本的关键因素之一。刑事司法机器的运转需要庞大的财力、人力资源支撑，诉讼期间的延续必然导致国家司法财政负担的不断递增。就审判阶段而言，除了集合控、辩、审三方以及各项物质性损耗等费用外，对陪审员的经济补偿占据着很大部分。从本质上讲，参与陪审是公民之于国家、社会所应承担的一项义务，这种服务行为并非雇佣关系，因而也就不涉及金钱支付。但是，担任陪审员确实会对公民的

---

[1]　许章润等：《法律信仰：中国语境及其意义》，广西师范大学出版社 2003 年版，主编者言。

个人收入甚至家庭成员的收入产生影响，因此现在各国普遍按照履行陪审服务的天数对公民支付一定补偿。如在美国担任联邦陪审员"通常每日可获得40美元的补偿，并且如果任职超过30天，法官可酌情将补偿额提高到50美元一天。"[1]在苏格兰，陪审员履行陪审义务的前10天，每天的补偿金额为61.28英镑，其后这一金额上升为122.57英镑每天。[2]事实上，高额的陪审补偿经费已经令一些国家感到很吃力，为此不得不谋求降低补偿标准和加速审判过程以缩短支出。除了国家的司法投入，每一个参与诉讼的个体都会因程序的持续进行付出更多的经济上的成本。此外，刑事诉讼还会造成一定的非经济成本，包括社会秩序的持续动荡、被追诉人和被害人承受的心理压力和精神负担等。"如果说在经济意义上'一切节约都归结为时间的节约'，那么，在诉讼中的各种耗费都直接或间接地同诉讼时间耗费相关。在一般情况下，诉讼周期的长短可直接用于表达诉讼中各主体经济成本耗费的高低。"[3]

刑事诉讼是国家专门机关依法追诉犯罪、解决被追诉人刑事责任的活动，程序的推进完全由国家权力机关掌握，侦查、审查起诉、审判的快慢和终结不受当事人控制。考虑到人类的天性，如果不对办案机关施加外在督促力，则防止诉讼周期不当拖延几乎是必然失败的任务。刑事诉讼期限制度的目的正是通过明确且具体的时限规则，为公安司法机关工作人员划定效率"红线"，促使其积极有效地开展诉讼工作。从中外刑事司法实践来看，诉讼期限制度的存在的确发挥了防范诉讼拖沓、提升诉讼效率的作用。

二、实现司法公正

公正，是人类社会的永恒追求，也是司法的灵魂和生命。"从亚里士多德以来，通过一定过程实现了什么样的结果才合乎于正义，一直是正义理论的中心问题。"[4]为实现司法公正，各国不断探索新的理念、原则、制度，形成

---

[1]　易延友：《陪审团审判与对抗式诉讼》，台湾三民书局2004年版，第219页。

[2]　See R. R. Donnelley, *The Modern Scottish Jury in Criminal Trials*, Edinburgh: Scottish Eexcutive, 2008, p. 18.

[3]　顾培东：《社会冲突与诉讼机制》，法律出版社2004年版，第91页。

[4]　[日]谷口安平：《程序的正义与诉讼》，王亚新、刘荣军译，中国政法大学出版社2002年版，第1页。

了丰富的公正促进机制体系。刑事诉讼期限制度虽着眼于效率价值，但透过效率提升，对于司法公正的实现也有重要的促进作用。

（一）保障实体公正

"正义有着一张普洛透斯似地脸，变幻无常。随时可呈不同形状并具有极不相同的面貌。当我们仔细查看这张脸并试图揭开隐藏其表面背后的秘密时，我们往往会深感迷惑。"[1]古今中外学者对于正义的定义和标准提出了形形色色的学说，但就刑事裁判的实体正义而言，将案件处理结果的公正作为核心内容和最终目标是不存在争议的。然而，人类认识能力的有限性和诉讼认识的特殊性决定了探究事实真相必然是一项十分艰巨的任务，需要多种条件的支撑。刑事诉讼期限制度对于发现案件真相、保障裁判公正具有重要的促进作用。

首先，诉讼认识的客体具有过去性，公安司法人员对案件事实的认识属于事后的回溯行为，必须借助于证据。证据是沟通诉讼认识主体与认识客体的桥梁。但是，由于刑事诉讼程序的进行距离案件发生已有一定的时间间隔，证据变形、损毁、灭失的现象无法避免，且随着时间的推移会不断加剧。另外，证人证言由于其生动、形象等特点，被认为是揭示案件事实的重要方式，但是种种因素的制约使得证言错误的可能性很大。美国心理学家洛夫特斯经过试验得出结论，"有两种信息进入了人们的记忆，一是在对事件形成初始直觉的过程中收集的信息，二是事件发生后被引入的外部信息。"[2]事后信息会干扰甚至改变证人大脑中存留的感知记忆，从而影响其证言的准确性。显然，从证人亲历犯罪事实到提供证言的间隔越久，其所接触的事后信息就越多，初始记忆失真的可能性就越大。刑事诉讼期限制度明确划定侦查机关、检察机关、审判机关办理刑事案件的时间限制，可以避免因过度的诉讼拖延致使证据灭失、证人记忆模糊，从而在证据裁判原则下为法官裁判提供充分而真实的证据来源，提高裁判结果的公正程度。

其次，证据裁判原则要求认定案件事实必须依据证据，而自由心证原则则将判断证据、认定事实的权力交予法官行使。因此判决结果的公正既依赖

---

〔1〕［美］E·博登海默：《法理学：法律哲学与法律方法》，邓正来译，中国政法大学出版社2004年版，第261页。

〔2〕［美］吉姆·佩特罗、南希·佩特罗：《冤案何以发生》，苑宁宁等译，北京大学出版社2012年版，第197页。

于作为心证来源的各项物证、书证、证人证言等证据内容的客观、真实，也要求法官必须根据庭审过程中形成的心证作出判决。如果审判过程拖沓冗长，则已经经过的庭审调查和辩论活动在法官心中的印象必然趋于暗淡、模糊，法官只能转而求助于冰冷、僵硬的案卷材料，心证的正确性不免打了折扣。为此，审判的迅速进行成为各国公认的诉讼原则，而我国的刑事审判期限制度则正是其数据化、确定化的落实。

最后，在可预见的时段内，刑事办案力量相对于办案任务的不足是一项很难化解的矛盾。如果公检法机关在所有案件中普遍地投入相同的时间和精力，势必导致很多案件无法及时办结或质量无法保证。刑事诉讼期限制度通过在不同案件之间划定相应时限条框，可以在保证简单、轻微案件办理效果的前提下避免不必要的时间浪费，并将这些节约下的时间和精力投入更加严重、复杂、疑难的案件，更加可能实现此类案件办理的实体公正。

（二）促进程序公正

作为司法公正的第二项内容，程序公正理念肇端于英国并在美国得到了继承和发扬，第二次世界大战之后，随着人权保障价值的勃兴，程序公正理念得到迅速传播和普及，成为一项全球性的程序法治共识。关于程序公正的标准，中外学者见仁见智，提出了许多不同的学说。如美国学者马丁·P.戈尔认为程序公正的标准包括中立性、劝导性争端、解决三个方面共九项内容，日本学者谷口安平认为程序公正的最重要条件是利害关系人应有实质参与程序的机会。陈光中教授认为，程序公正的标准应当包括司法独立、裁判者中立、诉讼双方平等、程序公开、当事人程序权利的有效保障、程序终局六个方面的内容。[1]陈瑞华教授认为，程序公正的标准包括程序参与原则、中立原则、程序对等原则、程序理性原则、程序自治原则、程序及时和终结原则。[2]刑事诉讼期限制度不仅是诉讼及时原则的直接体现，亦有助于促进控辩平等对抗和法官独立审判等程序公正价值的实现。

首先，刑事诉讼期限有助于落实控辩平等原则。平等，是达致公正的基本条件。刑事诉讼是国家专门机关在当事人和其他诉讼参与人的参加下追诉

---

〔1〕 参见陈光中等：《中国司法制度的基础理论问题研究》，经济科学出版社 2010 年版，第 406~412 页。

〔2〕 参见陈瑞华：《刑事审判原理论》，北京大学出版社 1997 年版，第 60~61 页。

犯罪的活动，作为利益诉求对立的双方，追诉机关与被追诉人就刑事罪责的是否存在及其大小展开直接的攻防对抗。为确保对抗结果的实体公正，必须通过控辩平等原则实现对抗过程的程序公正。控辩平等的达成，要求赋予控辩双方平等的诉讼权利和攻防手段，也就是所谓的"平等武装"（equality of arms）原则。但是，公安机关、检察机关作为国家权力代表人从事刑事追诉活动，以强大的国家强制力作为后盾，不仅拥有充足的财力、人力、物力保障，而且可以依职权采取搜查、扣押、羁押等针对财产、人身的强制性措施。相比之下，被追诉人处于先天的弱势地位，一方面，由于自身法律知识的不足无法进行有效的自我辩护，而高昂的律师代理费又将大部分人挡在了委托辩护的大门之外；另一方面，在人身受限制的条件下，犯罪嫌疑人、被告人收集证据、联系证人以及其他准备辩护的能力都受到阻碍，即使委托了辩护律师，律师所能采取的辩护措施也无法与强大的国家机器相提并论。控辩双方地位和力量的天然不平衡，使得平等武装原则失去了促进控辩实质平等的可能。"所以，就产生了另外一种思维下的平等武装模式——增加控诉方的义务，加大控诉方的控诉难度；扩张被追诉方的权利，减少被追诉方的义务。"[1]刑事诉讼期限制度的设置同样体现了这种追求控辩实质平等的努力。在各国刑事诉讼立法中，尽管也有针对当事人特别是被告人的期限规定，但从法条数量来讲十分稀少，而且出发点都是为防止国家司法资源的不必要浪费和促成刑事案件的尽早终结。相反，对于侵损公民人身、财产权利的强制措施及相关程序性活动，各国都规定了严密而严格的立法规范，我国刑事诉讼法更对公安机关和检察机关的办案时间有明文规定，其目的都在于限制强势的国家权力，实现控辩双方的实质平等。

其次，刑事诉讼期限是诉讼及时原则的典型体现。"诉讼及时原则是指为了保障犯罪嫌疑人、被告人的合法权益以及准确地查明案件事实，诉讼活动应当在一个合理的期限内尽可能迅速地进行。"[2]基于"迟来的正义为非正义"的司法理念和司法资源无法应对日益增加的刑事案件的现实考量，诉讼及时原则得到了各国的普遍认可，成为衡量一国人权保障水平的重要指标。《日本刑事诉讼法》第1条即开宗明义地提出："本法在刑事案件上，于维护

---

〔1〕 冀祥德：《控辩平等论》，法律出版社 2008 年版，第 55 页。
〔2〕 瓮怡洁："论刑事程序中的诉讼及时原则"，载《中国刑事法杂志》2001 年第 6 期。

公共福利和保障个人基本人权的同时，明确案件的事实真相，正当而迅速地适用刑罚法令为目的。"[1]联合国《公民权利和政治权利国际公约》第 9 条第 3 款规定："任何因刑事指控被逮捕或拘禁的人，应被迅速带见审判官或其他经法律授权行使司法权力的官员，并有权在合理的时间内受审判或被释放。"除了这些原则性要求之外，诉讼及时原则在各国刑事诉讼中的典型表现就是各项关于诉讼期限的规定，特别是涉及被追诉人人身权利、财产权利的强制措施期限。

最后，刑事诉讼期限制度有助于保障法官独立司法。司法独立是保障司法公正的重要支撑，要求"司法机关应不偏不倚、以事实为根据并依法律规定来裁决其所受理的案件，而不应有任何约束，也不应为任何直接间接不当影响、怂恿、压力、威胁、或干涉所左右，不论其来自何方或出于何种理由。"[2]刑事审判的久拖不决，为法外力量的干涉提供了足够的时间和空间，刑事案件一日不宣判，各种内部或外部因素就有干扰判决结果的机会。刑事审判期限规则的存在有利于督促法官尽速审结案件，限制内部行政化审批程序以及外部权力干扰的空间，实现"审理者裁判"，保障司法公正。

三、保障诉讼权利

人权，是一个人之所以为人的基本权利。伴随着社会文明的进步特别是有鉴于两次世界大战之于人类的摧残，保障人权已成为一项根本性的国际共识和普遍的宪法原则。作为国家权力和公民权利冲突的直接场域，刑事诉讼中的人权保障是一个更为紧迫而重要的命题。现代各国不仅将其作为基础性理念加以明确，更用繁多的制度、规则对其加以巩固和保障。刑事诉讼期限制度在保护被追诉人人权中也发挥着重要作用。

防止犯罪嫌疑人、被告人的人身自由遭受不必要侵犯。人身自由，是公民基本人权的核心内容之一。"没有一种最低限度的自由，人就无法生存，这正如没有最低限度的安全、正义和食物，人便不能生存一样。"[3]刑事诉讼程

---

〔1〕 宋英辉译：《日本刑事诉讼法》，中国政法大学出版社 2000 年版，第 3 页。

〔2〕 联合国《关于司法机关独立的基本原则》第 2 条。

〔3〕 ［美］E·博登海默：《法理学：法律哲学与法律方法》，邓正来译，中国政法大学出版社 1999 年版，第 280 页。

序的目的在于通过一系列追诉和审判活动实现国家享有的刑罚权，以修补被破坏的社会秩序并预防犯罪再生，在此过程中，国家权力与公民权利不可避免地产生强烈的对抗。虽然现代刑事诉讼法"禁止不择手段、不问是非及不计代价的真实发现"[1]，并且"等候审判的人受监禁不应作为一般规则"已经成为一项广泛的国际共识，但代表国家行使追诉、审判职权的机关为保证诉讼活动的顺利进行，不得不在实体判决形成前对犯罪嫌疑人、被告人人身予以事先剥夺。毫无疑问，这种临时的自由剥夺行为是对人权的强烈干涉，因此现代各国均以立法的形式对未决羁押的期限作出严格规定，以期阻遏对被追诉人人身自由权的不当侵犯。

站在犯罪嫌疑人、被告人的角度，刑事诉讼程序本身就构成了一种惩罚。除了时间、精力和金钱的损失，被追诉人及其家人、朋友还要遭受严重的心理折磨。刑事诉讼期限制度的确立，在督促公安司法机关及时处理案件、避免不必要拖沓的同时，也有利于减少犯罪嫌疑人、被告人因等待程序终结而承受的心理煎熬，体现了司法人道主义精神。

四、强化司法权威

"法律必须被信仰，否则它将形同虚设。"[2]作为贯彻刑事法律、恢复法治秩序的国家行为，刑事司法活动同样应当努力赢得公众的信仰，即确立司法权威。"司法权威是代表国家意志的司法机关行使权力与诉讼参与人及其他社会公众服从的统一，是司法的外在强制力以及人们内在服从的统一。"[3]司法权威的树立是一项任重道远的系统工程，需要诸多方面的综合发力。这其中，刑事诉讼期限制度也起到了一定的推动作用。

首先，司法权威的树立除依靠国家强制力保证外，公民内在的法律信仰是更为关键的因素，而司法的公正性又是其赢得公众内心认可的根本途径。一方面，"实体公正是当事人参与诉讼所追究的最终目标，也是社会公众关注的焦点所在。案件公正的处理结果能与社会公众内心原有的法律公正价值观

---

〔1〕 林钰雄：《刑事诉讼法》（上册 总论编），中国人民大学出版社 2005 年版，序言。

〔2〕 ［美］伯尔曼：《法律与宗教》，梁治平译，生活·读书·新知三联书店 1991 年版，第 28 页。

〔3〕 卞建林："我国司法权威的缺失与树立"，载《法学论坛》2010 年第 1 期。

直接联系起来，使社会公众对司法裁判真诚信从，从而尊重司法。"〔1〕另一方面，程序公正对于司法权威而言具有自己独立的价值地位，公正的诉讼程序能够使诉讼参与主体感受到自己受到公平的对待和尊重，即使实体处理略有瑕疵，也有可能获得其心理认同；对于案件以外的社会大众而言，诉讼程序的正当与否为其感知司法公正进而确立司法感情提供了依据。刑事诉讼期限制度在致力于提高案件办理效率的同时，对于刑事司法的实体公正和程序公正均有保障效果，从而间接地对增强司法的权威性产生一定的促进效用。

其次，被害人由于遭受刑事犯罪的直接伤害，迫切希望迅速将犯罪人抓捕、审判并"绳之以法"，无论纳入刑事追诉视野的是否是真正的犯罪实施人员，一旦刑事诉讼进展缓慢甚至拖延日久，被害人必然认为公安司法机关无法"为其做主"弥补其所受伤害，从而对司法失去信心，转而寻求法外救济途径。严格的刑事诉讼期限规定有利于防止拖沓的刑事司法活动对被害人以及社会大众法律信仰的中伤，遏制公民"信访不信法"的尴尬局面，巩固司法权威。

最后，国家统治正当性的基础之一，在于能够为其国民提供安全而有序的生活环境，在犯罪发生之后，要通过刑事诉讼程序确定国家刑罚权并恢复被破坏的社会秩序。从犯罪行为实施或刑事诉讼程序开启直至刑罚执行的制裁节律，"间接地反映着维护社会稳定的能力，因而提高制裁的节律，尽快地体现法律对冲突行为的评价，还将提高法律秩序的威望，增加社会对司法行为的信心。"〔2〕

五、提升刑罚效用

刑事诉讼是实现国家刑罚权的程序性活动。国家为何不惜投入巨大的人力、财力以图实现自身的刑罚权，涉及刑罚目的或曰刑罚功能这一古老而现实的问题。在早期的认识阶段，刑罚被定义为针对犯罪行为和犯罪人的报应手段，即所谓的报应主义。报应主义刑罚目的观认为，犯罪是一种恶害，只有依照同害报复的原则，使刑罚施加于罪犯的恶害与犯罪加予被害人的恶害

---

〔1〕　陈光中、肖沛权："关于司法权威问题之探讨"，载《政法论坛》2011年第1期。

〔2〕　顾培东：《社会冲突与诉讼机制》，法律出版社2004年版，第92页。

保持等量，才能恢复社会正义。"刑罚只能是报应，除此之外，作为报应的刑罚本身不具有也不应当去追求其他任何目的。"〔1〕与刑罚报应主义相对立的，是预防主义的刑罚目的观。意大利著名刑法学家贝卡利亚最早正式提出了这一理论："刑罚的目的既不是要摧残折磨一个感知者，也不是要消除业已犯下的罪行……刑罚的目的仅仅在于：阻止罪犯再重新侵害公民，并规诫其他人不要重蹈覆辙。"〔2〕这其中，包含了特殊预防和一般预防的双重思想。其后，边沁从功利主义理论出发继续并发扬了刑罚预防学说，认为"所有惩罚都是损害，所有惩罚本身都是恶。根据功利原理，如果它应当被允许，那只是因为它有可能排除某种更大的恶。"〔3〕随着学术研究和理性认识的深入，单纯的报应主义、预防主义刑罚功能理论遭到批评，多元主义的刑罚目的论得到了更多学者的赞同，"学者们一般承认，刑罚具有报应、预防、威慑、谴责、改造、教育、鼓励、抚慰等主要功能。"〔4〕

无论基于何种理念，刑罚在吓阻犯罪方面的预防功效是不容否认的，而这一作用的实现建立在刑罚必然性和刑罚及时性的基础之上。"犯罪与刑罚之间的时间隔得越短，在人们心中，犯罪与刑罚这两个概念的联系就越突出、越持续……只有使犯罪和刑罚衔接紧凑，才能指望相联的刑罚概念使那些粗俗的头脑从诱惑他们的、有利可图的犯罪图景中立即猛醒过来。"〔5〕这一论断也得到了一定的科学证明。"心理学的研究表明，冲突行为对行为责任者的制裁过程越短，制裁所产生的威慑功能就越为强烈。制裁的节律直接关系到制裁的效果。"〔6〕而制裁节律的高速也即刑罚适用的及时性，除了依赖侦查机关迅速而有效的侦破案件外，刑事诉讼程序进行的迅速也是必然的路径要求。刑事诉讼期限制度的构建正是为督促公安司法机关尽速办案，防止不合理的拖延，在终极意义上也就促成了刑罚及时性与刑罚预防功能的实现。

---

〔1〕 韩轶：《刑罚目的的建构与实现》，中国人民公安大学出版社 2005 年版，第 57 页。

〔2〕 ［意］贝卡里亚：《论犯罪与刑罚》，黄风译，中国法制出版社 2005 年版，第 52 页。

〔3〕 ［英］边沁：《道德与立法原理导论》，时殷弘译，商务印书馆 2000 年版，第 216 页。

〔4〕 曲新久：《刑法的精神与范畴》，中国政法大学出版社 2003 年版，第 316 页。

〔5〕 ［意］贝卡里亚：《论犯罪与刑罚》，黄风译，中国法制出版社 2005 年版，第 70 页。

〔6〕 ［日］森武夫：《犯罪心理学》，邵道生等译，知识出版社 1982 年版，第 184 页。转引自顾培东：《社会冲突与诉讼机制》，法律出版社 2004 年版，第 92 页。

第三节 刑事诉讼期限立法的基本原则

当前，刑事诉讼法律织就了一张繁密的诉讼期限规则网络，基本实现了从立案到执行的全流程覆盖，对技术侦查、审查逮捕、审查起诉、羁押、审判等诉讼活动均有明确的期限要求。但在看似完备的规范表象下，是模糊的法律用语、弹性的操作规则和混乱的制度逻辑，以及由此导致的种种实践乱象，严重影响了司法公正的实现。这些问题的出现固然与成文法律自身的局限性不无关联，但归根结底还是期限制度设计缺乏科学合理的理念指引和原则指导。毕竟"确立了一批什么样的法律原则，也就确立了一种什么样的法律制度"〔1〕。完善的刑事诉讼规则体系的构建，需要以科学的立法原则为指引。

一、适度原则

司法资源的有限性、诉讼认识的特殊性以及程序公正的独立性决定了刑事诉讼应当高效运行，如果诉讼期限过于宽松或弹性，就会失去督促作用，公安司法机关得以懈怠开展工作，刑事诉讼实体公正和程序公正的实现必然受到影响。然而，"迟来的正义非正义"并不意味着"速来的正义即正义"。如果为了追求司法效率而将诉讼期限设置得过于短暂，同样不利于公正实现。司法实践中，一些地方为迅速侦破案件、稳定社会秩序实行"限期破案"制度，不顾案件实际情况要求必须在 3 个月甚至 1 个月内结案，迫使侦查人员急于锁定犯罪嫌疑人、通过刑讯逼供等违法取证方式获取口供，是导致冤假错案的重要因素，浙江张氏叔侄案、滕兴善故意杀人案均是典型错案。审判阶段亦是如此，如果缺乏充分的审判时间保证，庭审调查便无法深入进行、法庭辩论便无法充分展开，不仅裁判结果准确性难以保证，当事人也会因未能实质参与审判进程而对裁判结果产生怀疑态度，甚至影响社会大众对司法公正性和严肃性的质疑。因此，在设置具体的刑事诉讼期限规则时，正确的选择是在拖沓与草率之间寻求一个适当的中间状态，"一种介于'过'与'不

---

〔1〕 张文显主编：《法理学》，法律出版社 2007 年版，第 123 页。

及'两端之间的均衡性"，〔1〕即适度性。

适度指适当的程度，其核心在于"度"的确定，更在于衡量标准的选择。对于刑事办案期限而言，判断其是否适当的标准是能否保证公安司法机关积极且从容地完成各阶段诉讼任务，为此要根据不同案件、程序中工作量的大小进行差别化设置；就刑事羁押期限而言，根据审前羁押保障诉讼进行和预防再犯风险的目的，其设置依据在于犯罪嫌疑人、被告人的人身危险性和可能判处刑罚的轻重，预期刑期越短则其逃跑可能性越小，羁押期限可以相应缩短。

立法者在设计我国刑事诉讼期限规则特别是办案期限时，体现出对适度性原则的充分重视。首先，区分程序繁简分别订立期限。无论是为发现事实真相还是保障人权，刑事诉讼程序都以严密为宜，然而犯罪数量的持续高增长与司法资源有限性之间的紧张矛盾，促使各国不得不将大量案件从正规程序中分流出去，适用相对简化的程序流程。在审判程序分流的世界趋势下，我国也不断压缩适用普通程序进行审理的案件范围，扩大简易程序适用范围，增设刑事速裁程序。鉴于适用简易程序审理的案件不受关于送达期限、讯问被告人、出示证据、法庭辩论等程序规定的限制，以及适用速裁程序审理案件一般不进行法庭调查、法庭辩论，立法为其设置了相对更加短暂的审判期限。其次，区分案件难易分别订立期限。在不同程序之间存在审判环节多寡之分，在适用普通程序的案件中也存在审判工作难易之别。此一维度的审限适度性集中体现在《刑事诉讼法》第 208 条的规定中。按照该条规定，在基础审限之外，对于可能判处死刑的案件或者附带民事诉讼案件，以及有《刑事诉讼法》第 158 条规定的四种情形之一的，经上一级人民法院批准，可以延长审理期限。其合理性在于：死刑案件人命关天，更加严格的办案标准客观上需要更多审判时间；附带民事诉讼案件本质上是两个案件合一，对附带民事诉讼的调解更需要法官投入更多时间和精力；《刑事诉讼法》第 158 条规定的几种案件在法庭审理中需要调查和辩论的内容相对更多、更复杂，客观上也需要更多时间。

---

〔1〕 王建辉："适度性原则：人类活动理念的变革与重构"，载《武汉大学学报（人文科学版）》2003 年第 1 期。

当然，现行刑事诉讼期限立法在贯彻适度性原则方面还有诸多不足，如区分审判难易程度的标准有待明确和完善；羁押期限的比例性尚未确立，即使涉嫌的犯罪严重程度天差万别、可能判处刑期大相径庭的两个犯罪嫌疑人、被告人也可能承受同等时间的羁押，影响了司法的公平性和严肃性。

二、明确性原则

法律明确性是一项重要的公法原则，最初作为罪刑法定原则的体现在刑罚领域发挥作用，其后扩展到所有处罚领域，进而上升为一项宪法性原则，要求所有限制或剥夺公民基本权利的法律必须清晰、明白、具体。从本质上讲，法律明确性原则源于对权力的不信任，"只有符合明确性要求的成文法律才能实现严格规则主义详尽规定社会生活的方方面面，在法律实施活动中排除执法者自由裁量的理想的'法治'（规则之治）状态。"[1]明确的法律规范在国家权力和公民权利之间划定一条确定的界限，防止国家权力恣意妄行侵犯公民合法权益，并统一不同国家机关的职权行为，保障法律实施的统一性。立法语言的明确性还是发挥法的指引作用和预测作用以及确保法的安定性的前提，通过确定的规范表达帮助社会大众准确预测和判断自身行为的后果以及国家机关的行动，使其获得一种安全感，进而维护社会秩序并保证社会活力。

明确性原则要求法律规范用词准确肯定、表述通俗简约、语言严谨规范，即用清楚、具体、明白的语言文字表述法律条文，避免含义模糊、指意不明；使用通俗易懂的语言，言简意赅、简明扼要地表述立法意图，适度运用专业术语，以便社会大众能够有效理解法律；立法语言文字的适用应当严密周详、合乎逻辑、概念和词汇的表达具有内在统一性和协调性。当然，人类的语言本身具有模糊的特性，"文字作为表达法律的一个不完善的工具，具有永恒的'能指'与'所指'之间的矛盾"[2]，加之法律调整对象的无限复杂性与立法者认识能力的有限性之间的紧张关系，绝对的明确性是无法实现的，保持适度的模糊性才是对明确性原则的理性定位。梁启超先生即言："法律之文辞

---

[1] 胡建淼主编：《论公法原则》，浙江大学出版社 2005 年版，第 658 页。
[2] 张建军："立法语言的明确性"，载《人大研究》2010 年第 6 期。

有三要件：一曰明，二曰确，三曰弹力性。明确就法文之用语言之，弹力性就法文所含意义言之。"[1]

刑事诉讼是解决被追诉人刑事责任的活动，不仅其结果涉及自由乃至生命的剥夺，程序本身也通常伴随着对自由的剥夺和对权利的侵犯等。刑事诉讼期限本质上是一种限权规则，通过对办案期间和羁押期间的严格规制，防止被追诉人合法权利受到过度限制和侵犯，立法规范的明确性是实现此种限权目的的必备条件。此外，相比域外国家更加依赖司法人员自由裁量的速审权利模式，以具体数字表现的诉讼期限规则更多地体现出人类一贯的对确定性的偏好和追求。就此而言，规则的明确性是刑事诉讼期限制度的内在属性和正当性基础。

综观我国刑事诉讼法和相关司法解释，明确性原则是立法者一贯的目标追求。对于强制措施、审查起诉、一审、二审等程序内容的基础期限和延长期限的幅度，均有确定的数字化要求；对于重新计算和扣除不计等期限计算的特殊情形，注重适用规则的明确性，如引起审限重新计算的改变管辖和补充侦查等涵义较为清晰、对不计入审限的精神病鉴定也基本不存在理解分歧；为弥补立法条文的原则性缺陷，司法解释进一步发挥了明确规则含义的作用，如对于允许拘留期限延长至 30 日的"流窜作案""多次作案""结伙作案"的含义，公安部发布的《公安机关办理刑事案件程序规定》（以下简称《公安机关办理刑事案件程序规定》）作了界定；等等。尽管如此，现行刑事诉讼期限规则明确性不足的缺陷也是客观存在的，且立法语言模糊、弹性、原则甚至缺失的问题十分严重。例如《刑事诉讼法》第 158 条规定的四种延长侦查羁押期限的情形中大部分概念均具有较大弹性，如"边远地区""犯罪涉及面广""取证困难""重大复杂"，刑事诉讼法和司法解释均并未作出界定。又如《刑事诉讼法》第 160 条关于侦查羁押期限重新计算的规定中，何为"重要罪行"、何为"身份不明"、何为"发现之日"均存在含义不明、解释弹性的问题。为避免办案机关在适用诉讼期限规则时任意作出有利于己的解释，侵犯当事人期限利益，应当遵循明确性原则对相关规范加以修改完善。

---

[1] 梁启超：《梁启超法学文集》，中国政法大学出版社 2000 年版，第 181 页。

三、封闭性原则

据《现代汉语词典》，"期限"是指限定的一段时间，也指所限时间的最后界限。与标示时间节点的"期日"不同，"期限"指称的是一个时间段，需有始终。"期限"称谓本身，即内涵了封闭属性——"期"字系指赋予诉讼主体时间维度的便利，以便开展诉讼活动；"限"字则表明这种时间赋予应有节制，或长或短，必有上限，不可无限延展。[1] 可以说，离开了封闭性，期限就失去了限制功能，成为纯粹的摆设。期限的封闭性原理在刑事诉讼场域中尤其重要。对公权力机关而言，诉讼期限在某种意义上就是法律为其划定的权力范围。如果不明定期限边界，办案机关必然利用法律漏洞和裁量之权不断谋求延长办案时间，从而谋求权力的无限化。

对于法定期限无"上限"的危害，立法者并非没有认识。如基于 1979 年《刑事诉讼法》未规定补充侦查次数导致的案件来回"拉抽屉"现象，1996 年《刑事诉讼法》明确了退回补充侦查次数限制。鉴于二审发回重审无次数限制导致个别法院在一个案件中多次发回重审，2012 年《刑事诉讼法》增加规定，对于发回重审后再次上诉、抗诉的案件，二审法院必须依法裁判，不得再次发回原审法院等。但这种修正并不彻底，刑事诉讼期限不闭合的问题仍然较为突出。例如《刑事诉讼法》第 151 条规定，技术侦查措施有效期为 3 个月，对于疑难、复杂案件可以经批准延长有效期，每次不超过 3 个月，没有次数限制。《刑事诉讼法》第 208 条、第 243 条规定，一审、二审案件分别应在 3 个月、2 个月内审结，符合三类条件的可以分别延长 3 个月、2 个月，因特殊情况还需要延长的，可以报请最高人民法院批准，且没有限定延长次数。根据《刑事诉讼法》第 157 条规定，因特殊原因在较长时间内不宜交付审判的特别重大复杂的案件，由最高人民检察院报请全国人民代表大会常委会批准可以延期审理，至于延长多久，法律并未明确。

设置开放式诉讼期限的核心依据，无外乎是司法实践具有复杂性，认为无法预料个别案件中的极端情况，强行设置一体遵行的期限，有违诉讼规律，[2]

---

〔1〕　参见于增尊："论死刑复核期限制度之建构"，载《海南大学学报（人文社会科学版）》2017 年第 1 期。

〔2〕　参见万毅、刘沛谞："刑事审限制度之检讨"，载《法商研究》2005 年第 1 期。

无法保证个案正义。《刑事诉讼法》第 208 条、第 243 条之所以没有对特殊情况下的审限延长设置次数要求，即是"考虑这种案件的数量极少，实践中的情况比较复杂，交最高人民法院依具体情况予以处理更为妥当。"[1]的确，司法实践具有复杂多样性，不同案件在指控犯罪数量、犯罪嫌疑人心理突破难度、案件社会影响、证据收集难度等方面存在较大差别，强行设置诉讼期限上限，可能为个别案件的办理造成困难。但时至今日，惩罚犯罪已非刑事司法的唯一价值追求，查明客观事实也不再是诉讼必须完成的任务。经过不适当的冗长时间发现的真相，并不意味着公正的完整实现，因为迟来的正义同样非正义；况且办案期限的无限延长不一定促成案件真相发现，也是客观事实。"为了裁判的正义，我们必须关注事实认定结果的准确性，而正义的时间维度却迫使我们不得不在一定的时间内对纠纷做出最终的评定。"[2]

主张一体遵行的封闭性期限并非否认个案公正的价值，毕竟对于当事人而言，个案正义就是司法正义的全部。问题在于，由于成文法的局限性和权力的扩张性，一旦法律开了期限"无上限"的口子，就很难避免不符合条件的案件"搭便车"，这一点在期限延长规定的适用中已经得到了淋漓尽致的体现。如此一来，确保个案公正的良好初衷换来的反而是大面积的司法不公，是否还能谓之正义，恐怕很难回答。现行立法试图通过加强非常规期限延长审批程序，解决期限不闭合可能导致的期限"无限"、权力无界、"搭便车"问题，如《刑事诉讼法》第 208 条和第 157 条规定了高级别的审批机关。然而基于权力的同质性（最高人民法院审查下级法院申请）、司法的专业性（全国人大常委会并无具体办案经验）和法律的模糊性（何为"特殊情况""仍有必要"），审查能否切实发挥阻遏滥行申请和一律批准的作用，不能不令人生疑。

有学者以其他国家和地区刑事诉讼活动基本没有最长时限规定，作为批评期限封闭性原则的根据。然而考察其立法可知，并非所有国家和地区、所有期限都采取开放式期限模式。如根据《韩国刑事诉讼法》规定，对被告人

---

〔1〕 王尚新、李寿伟主编：《〈关于修改刑事诉讼法的决定〉释解与适用》，人民法院出版社 2012 年版，第 202 页。

〔2〕 吴宏耀：《诉讼认识论纲——以司法裁判中的事实认定为中心》，北京大学出版社 2008 年版，第 23 页。

的羁押期限是 2 个月，但特别有必要的，在初审阶段可以 2 个月为单位更新，最多可以更新 2 次。因此，对被告人的羁押，一审最长为 6 个月。[1]《意大利刑事诉讼法典》规定了预防性羁押的总期限，即使考虑到法律规定的各种延期情形也不得突破。针对不设上限的期限立法，学者也并非没有反思质疑之声。如我国台湾地区"刑事诉讼法"规定审判中的羁押期间为 3 个月，有继续羁押必要者，可以每次 2 个月申请延长，对于应判最终本刑为 10 年有期徒刑以上者，没有延长次数限制。林钰雄教授对此表示强烈反对，认为这种可以无限期延长的立法殊为不当，有违比例原则。[2]

笔者认为，基于尊重期限制度基本原理、警惕权力扩溢本性、坚持人权保障理念等多重考量，应当在设计刑事诉讼期限规则时坚持封闭性原则，在充分考虑司法实践特殊性和尊重司法规律的基础上，明定各项诉讼期限的上限。

四、救济原则

通常意义上，权利与义务之间具有对应性，权利的实现需要他人履行相应义务作为保障。在公法领域，公民权利的实现离不开权力机关的依法配合和保障，对权力主体的义务要求也意味着相对人享有相应的权利期待。在规范意义上，任何对权利的侵害都是非正当的，然而要求权力时刻保持守法和克制的状态是不现实的，权利受损不可避免。此时，就需要通过救济机制对权利进行补救和修复。甚至在某种程度上，"对权利的保护和救济，比宣示人的权利更为重要和实在。只有具备有效的救济方法，法律之下的权利才能受到尊重，名义上权利也才能转化为实在权利。"[3]

刑事诉讼程序具有惩罚性，一旦以被追诉人身份涉入其中就无法避免自由、精神、名誉等方面的损失，程序持续时间越久，惩罚效果越强烈。在无罪假设下，这些权益损害是非正当的，因而需要通过高效率的程序运作将其压缩到最低限度。西方国家大多在法律中规定了迅速或及时原则，赋予刑事被追诉人迅速审判权或合理期间受审权，将不适当的诉讼拖延视为对人权的

---

[1] 参见宋英辉等：《外国刑事诉讼法》，北京大学出版社 2011 年版，第 530 页。
[2] 参见林钰雄：《刑事诉讼法》（上册 总论编），中国人民大学出版社 2005 年版，第 289 页。
[3] 李龙主编：《西方法学经典命题》，江西人民出版社 2006 年版，第 174 页。

侵犯，并建立了多元化的救济渠道。一是预防性救济，即对于将要产生诉讼拖延的情形采取加速措施；二是补偿性救济，对于已经发生的诉讼拖延采取经济赔偿或终止诉讼、减轻刑罚等补偿措施；三是对诉讼拖延负责人进行职业惩戒，包括考绩责任、职业惩戒和个人赔偿等。〔1〕

我国刑事诉讼法通过期限制度保障犯罪嫌疑人、被告人免于诉讼拖延的权益，对于办案机关违反法定期限义务的，有一定救济措施。在预防性救济方面，对于强制措施法定期限届满的，公安司法机关应当主动予以解除或变更，被追诉人一方也有权要求解除；通过羁押必要性审查制度，检察机关可以对不适当的捕后侦查羁押期限进行动态预防。如果司法机关及其工作人员"采取强制措施法定期限届满，不予以释放、解除或者变更的"，当事人等有权向该机关申诉或者控告；对处理决定不服的，可以向检察院申诉，情况属实的，检察院应通知有关机关予以纠正。在补偿性救济方面，对于超期拘留的案件以撤案、不起诉、无罪宣判终结的，被追诉人有权申请国家赔偿。在职业惩戒方面，对于造成超期羁押的直接责任人员，检察机关可以建议有关机关予以行政或纪律处分，情节严重涉嫌犯罪的，依法追究刑事责任。与国外相比，我国的期限救济机制仍然存在较大改进空间。

其一，救济理念缺位。一项完整的法律规则应当包括假定、处理和后果三项要素，缺一不可。虽然在具体条文中可能对某项要素进行技术性省略，"法律后果"特别是制裁性规定却绝不可以省略。因为"无制裁则无法律规则"，"如果不守法而不受处罚，貌似法律的决议和命令事实上只不过是劝告或建议而已。"〔2〕在我国刑事诉讼立法中，"法律后果"要素的缺失是一项"系统性问题"。就诉讼期限制度而言，刑事诉讼法对于办案机关在各个诉讼环节应当遵守的期限义务作出了明确规定，但对于义务主体未能严格遵守规则时的处理措施则付之阙如。这显然不能用"宜粗不宜细"的立法思路进行解释，而更多的源于职权主义诉讼基因。基于权力之间天然的亲密关系，立法者对司法人员抱持一种守法自觉的假设，认为法律仅需对法定义务和程序约束作出规定即可，至于违法制裁内容则属于浪费立法资源的"屠龙之技"。这显然属于美好的幻想，对权力的盲目信任换来的只会是权力的恣意妄为，

〔1〕 参见冯喜恒：《刑事速审权利研究》，中国政法大学出版社 2013 年版，第 162~213 页。
〔2〕 ［美］汉密尔顿等：《联邦党人文集》，程逢如等译，商务印书馆 1980 年版，第 75 页。

繁密的期限规则未能阻止司法实践中大量存在的超期羁押即是明证。反而观之，制裁规范的缺失意味着被追诉人无法从权利受损中获得利益补偿，反映出我国刑事诉讼人权保障理念的不足。因此，完善刑事诉讼期限救济机制，首先应当扭转观念，树立有义务必有制裁、有权利必有救济的立法理念。

其二，救济措施不备。在"表面繁荣"之下，我国的违限救济措施存在效力不足、覆盖面窄、手段有限等问题。首先，对负有超期责任人员的纪律和行政处分，检察机关只有建议处分权，且建立在能够通过法律监督程序发现的基础上，随机性和无力性问题较为突出。在职务犯罪侦查职能转隶的新条件下，检察机关应当在法律监督职能方面有更大的作为，进一步拓宽其针对办案期限和羁押期限的监督渠道，探索提升监督效力。其次，诉讼拖延造成的损害具有特殊性，采用传统的程序重启方式，只会加重这种损害，因此西方国家通过诉讼行为无效制度加以救济，如美国的驳回起诉、日本的免于起诉、德国的诉讼终止等。终止诉讼的救济方式存在放纵犯罪、损害被害人利益等弊端，并不适合我国当前的司法环境，但其中蕴含的程序性制裁理念仍有借鉴必要，如可以考虑对超期羁押期间获得的口供作为非法证据加以排除等。最后，修改后的《中华人民共和国国家赔偿法》（以下简称《国家赔偿法》）对于逮捕的刑事赔偿采取结果归责原则，只要案件以撤案、不起诉、宣告无罪结束，即可申请赔偿。至于有罪判决的被告人被超期羁押（逮捕）的，不属于国家赔偿范围，应当适用先行羁押折抵刑期的规定，这一点与西方国家的减轻刑罚救济方法有异曲同工之妙。但是，对于法定期限内的羁押与超期羁押采取同等补偿，意味着被追诉人并未从羁押违法行为中获得实质救济。建议对于逮捕后的超期羁押采取惩罚性救济，一种方案是采取双倍折抵，即超期羁押 1 天折抵有期徒刑 2 天；第二种方案是在折抵刑期之外，对超期羁押的时间进行国家赔偿。有学者认为，"对于超期羁押，羁押期限超过被追诉人可能判处的刑期的，必须做出无罪处理。"[1]与前述终止诉讼的救济方法类似，因超期羁押宣告无罪可能与当前的法治水平和国民意识存在冲突，不宜贸然引入，在杜绝"刑期倒挂"的情况下，可以通过国家赔偿的方式加以解决。

---

[1]　陈瑞华主编：《未决羁押制度的实证研究》，北京大学出版社 2004 年版，第 60 页。

其三，审查机制虚置。权利救济以权利损害为前提，至于权利是否受到了现实侵犯则需要有关主体进行审查。由于缺乏具体的办案期限，西方国家在判断程序拖延是否违反速审权时发展出了综合审查标准，如美国联邦最高法院在巴克诉温果案中确定了四因素标准：拖延的长度、拖延的原因、被告人对权利的主张、对被告人的不利影响。相较之下，数字化的期限规则使得我国对于违法超期行为的判断更加直观，但审查程序的行政化导致被告人在寻求救济时仍然举步维艰。按照规定，被追诉人可以在强制措施期限届满时申请解除，但审查和决定权完全掌握在启动机关手中，这种"自我审查"的效果不能不令人生疑，特别是在审查程序排除被追诉人参与和拒绝申请不需说明理由的情况下。一些弹性期限延长条件也加剧了证实办案超期的难度，即使有辩护律师帮助也无法提出有效质疑。要使超期救济措施切实发挥作用，需要对审查机制进行改造。取消自我审查模式，将羁押超期和办案违限的审查权交由其他机关行使，针对公安机关的申请由检察机关进行审查，针对检察机关和法院的申请由法院负责审查；建立期限延长告知制度，保障被告人异议权；改革行政化审查方式，听取被追诉人一方意见；贯彻审查决定说理制度，防止审查过程走形式。

第二章
我国刑事诉讼期限制度历史考察

意大利学者贝奈戴托·克罗齐曾言，一切真历史都是当代史。对司法制度史的梳理研究，对于当下的制度建构与完善具有重要意义。一方面，绵延数千年的中华文明具有独特的内在品质和精神内涵，传统法律文化深深影响着社会大众的认知和情感，成为建构和移植任何司法制度都不得不加以考量的本土语境。另一方面，历史发展具有一定内在规律，对历史的考察有助于我们准确认识事物本质，为当代制度建设和完善提供经验和智慧。

作为传统司法制度之一，我国的刑事诉讼期限制度具有十分悠久的历史，最早可以追溯至西周时期，并在漫长的封建时代逐步完善，形成了较为系统和详尽的规则体系。受时代条件所限，古代的刑事诉讼期限规则更多地体现出封建君主管理官吏、维护统治合法性的工具色彩，部分内容粗疏、模糊甚至不甚科学，但其中蕴含的法制光辉和司法智慧对于当今时代不乏借鉴价值。至清末民国时期，在全面学习借鉴西方法制的背景下对封建传统法律进行大规模修正甚至颠覆，在诉讼期限制度中引入了羁押期限、审判更新、期限计算规则等现代化内容，同时已经嵌入中华传统法律文化的诉讼期限规则仍然得以保留，二者并行不悖。在共产党领导的革命根据地，也呈现出传统期限制度文化与现代期限制度文明并存的状态，并成为新中国成立后刑事诉讼期限立法的直接法律渊源。

第一节　我国古代刑事侦查期限制度

在我国传统诉讼法律文化中，行政兼理司法，各级衙门长官手握行政管理职权的同时，兼具刑事侦查、控诉和审判职能。特别是侦查职能作为行政统治的附庸，始终未能获得充分的发展空间，也未形成明确、独立的侦查程序。但与刑事控诉程序在空间与时间上的过度逼仄相比，传统的刑事侦查活动因缉捕、羁押等强制措施的存在显得较为丰满。据有限的资料记载，夏朝已经有了拘传、逮捕、审前羁押等侦查措施。至战国晚期，随着"纠问式"刑事诉讼模式的逐步确立，以逮捕为中心的传统侦查措施体系逐渐成形，[1]并在此后漫长的封建社会岁月中，不断得到完善。同时，为防止执行人员怠于缉拿嫌犯或借机受贿进而私放疑犯，各朝各代大都规定有关人员采取拘传、缉捕等措施的具体期限以及超期未完成时应承担的责任，形成了具有中国特色的侦查"程序"期限制度。

一、秦汉时期首定逮捕时限

刑事案件特别是贼盗人命等重大案件发生后，为防止人犯逃跑、串供或继续犯罪等，要求官府必须立即做出反应，将人犯缉拿归案。由于文献资料的相对缺乏，对先秦时期逮捕犯罪嫌疑人是否定有时限之制，我们不得而知。但至秦汉时期，法律中已对此有明确要求。秦律规定："大夫甲坚鬼薪，鬼薪亡，问甲可（何）论？当从事官府，须亡者得。今甲从事，有（又）去亡，一月得，可（何）论？当赀一盾，复从事。从事有（又）亡，卒岁得，可（何）论？当耐。"[2]也就是说，对逮捕犯罪嫌疑人超过时限的，依时间长短设置不同的处罚措施。所谓"一月得"，"当赀一盾"；"卒岁得"，"当耐"。

二、唐朝细化逮捕时限与处罚措施

作为灿烂的中华传统法律文化的集中代表，一系列具有中国特色的法律制度、诉讼规范在唐朝时得以确立或完善，有关逮捕期限的规定也是其中之一。在贼盗和杀人案件发生后，有追捕责任的官吏必须在三十天内将犯罪人捉拿归案。"即盗及盗发、杀人后，三十日捕获，他人、自捕等。"[3]除法律规定外，皇上可以针对特殊事项以敕令的方式确立单独的缉捕期限。例如，因灵武、振武、天德三城良田荒芜，强盗、盐贼入界滋事，唐会昌六年（846

---

〔1〕 参见王立民主编：《中国传统侦查和审判文化研究》，法律出版社 2009 年版，第 27 页。
〔2〕 《睡虎地秦墓竹简·法律答问》。
〔3〕 《唐律疏议·贼盗》"部内人为盗及容止盗"条。

年）五月五日敕："本州界一月内捉贼送使。如过限不到，即是私存慢易，搜索未精，其元敕内所罚，县令课科，便请准敕文，牒本州府，当日据数征克送使。"〔1〕对于缉捕官吏故意回避逗留不积极抓捕或面对人犯不斗而退的，唐律规定了相应的惩罚措施："与亡者相遇，人仗足敌，不斗而退者：各减罪人罪一等；斗而退者，减二等。即人仗不敌，不斗而退者，减三等，斗而退者，不坐。……三十日内能自捕得罪人，获半以上；虽不得半，但所获者最重：皆除其罪。虽一人捕得，余人亦同。"〔2〕

三、清朝增加侦查到案措施期限

作为最后一个封建王朝，清朝在充分借鉴前人经验教训的基础上，其法制建设达到一个前所未有的高度，法律门类更加完备，内容也更趋完善。就侦查阶段涉及的期限而言，主要存在于各项到案措施之中，其用意既在保证办案效率，亦在防止办案人员滥用权力实施敲诈勒索。

其一，传唤期限。刑事案件发生后，对于情节较轻的，可以传唤的方式令被告到案受审，有时还需要传唤乡约、地保及证人。传唤时，先由州县官签差给票，再由差役持票传唤应传之人。通常州县官均规定差役持票传唤之期限，以减少差役之敲诈与需索。清代官吏刘衡曾说："计道路之远近，人数之多寡，情节之难易，亲自酌定到案之日期，近者定以即日及一二三日，各予以余限一日，远者定以四五六七八日，各予以余限二日，每日晨起亲阅限簿。"〔3〕

其二，拘提期限。拘提又称勾摄、差拘、拘捕，其情节较之传唤为重。通常执行拘提需要州县官签发印票，又称拘票。州县官签差给票时，常规定拘提期限，以督促胥吏尽速执行；如拘提违限，则要承担相应责任。黄六鸿尝言："拘提，量事之难易、人之多寡、路之远近定有确限。令其按期回销（限期见莅任部清号件条内），违限自应摘比。宜将各房差簿定期比较。在比者，硃笔点到，酌违限远近行责。回销者，即与注销。不到者，出小票止拿

---

〔1〕（宋）王钦若等编纂：《册府元龟》（第六册），周勋初等校订，凤凰出版社2006年版，第5603页。

〔2〕《唐律疏议·捕亡》"捕罪人逗留不行"条。

〔3〕（清）刘衡：《理讼十条》，见《牧令书》，卷十七，第36页。转引自那思陆：《清代州县衙门审判制度》，中国政法大学出版社2006年版，第86~87页。

原差，不必改差，以滋骚扰，原差拿到必责。"〔1〕清律也明确要求差官捕役按期拘提人犯到案："凡府、州、县置立信牌，（拘提人犯，催督公事）量地远近，定立程限，随事缴销。违者，（指差人违牌限）一日，笞一十。每一日加一等，罪止笞四十。"〔2〕如果应拘提人现在隔县或隔省时，则需要关提。《大清律例》第 394 条"盗贼捕限"所附条例规定了嫌犯在邻县的关提："邻县关提人犯，限文到二十日拿解，逾限不发，交部议处。"〔3〕

其三，缉捕期限。在清朝，缉捕嫌犯的总责属于地方州县官以及专门的捕官，具体执行则交由捕役、汛兵。清律所定缉捕期限，既因缉捕主体不同而有别，又区分案件性质各作规定，可谓集历代之大成。《大清律例》第 394 条"盗贼捕限"是关于捕役、汛兵缉捕"强窃盗贼"期限的规定："凡捕强窃盗贼，以事发（于官之）日为始，（限一月内捕获）当该捕役，汛兵一月不获强盗者，笞二十；两月，笞三十；三月，笞四十，捕盗官罚俸两个月。捕役，汛兵一月不获窃盗者，笞一十；两月，笞二十；三月，笞三十，捕盗官罚俸一个月。限内获贼及半者免罪。"如果失盗者经过二十日以上才报案，则因"去事发日已远"，"不拘捕限"。〔4〕此外，该条所附条例对不同案件的缉捕期限和过期不获处罚作了一定细化。作为总责缉捕事宜之人，《钦定六部处分则例》对州县印捕官承缉命盗案件之期限及违限之处分有专门规定，限内未能缉拿归案的，对承缉官予以罚俸处罚，大多是罚俸一年；然后再予一定缉拿期限，限满仍未捕获的再行罚俸，严重者可能面临降级留任处罚。

四、我国古代刑事侦查阶段期限制度简评

现代意义上的刑事侦查程序期限大致包括两方面内容，一是国家追诉机关从事相关程序性事务的办案时间，如我国刑事诉讼中的审查批捕期限等，其意在防止专门机关及办案人员的懈怠，使诉讼高效运行；二是羁押措施及非羁押性强制措施的存续期限，前者如逮捕、羁押，后者如取保候审、监视

---

〔1〕 黄六鸿：《福惠全书》，卷十一，第 12 页。转引自那思陆：《清代州县衙门审判制度》，中国政法大学出版社 2006 年版，第 89 页。

〔2〕 张荣铮等点校：《大清律例》，天津古籍出版社 1993 年版，第 166 页。

〔3〕 张荣铮等点校：《大清律例》，天津古籍出版社 1993 年版，第 600 页。

〔4〕 张荣铮等点校：《大清律例》，天津古籍出版社 1993 年版，第 595~596 页。

居住，其目的在于令犯罪嫌疑人权利受损状态克制在尽量短暂的时间内，是刑事司法尊重和保障人权的体现。

由于传统诉讼权力配置和程序建构的缺陷，类似审查批捕这样的侦查办案程限，显然不可能出现在古代立法中；基于有罪推定的诉讼理念和对被告人人权的忽视，逮捕后的羁押期限问题也不可能进入立法者的视野。因此，我国封建社会刑律中关于侦查活动的期限主要集中在传唤、拘提、缉捕等强制到案行为的期限要求，其中既有合理成分，也有不合理之处。

一方面，缉捕期限法定有违刑事诉讼规律。刑事犯罪的发生，对被害人的生命、财产、名誉等造成直接侵害，同时使稳定的社会秩序受到破坏，在封建统治者看来更是对其统治权威的挑衅，因此迅速将"人犯"缉拿归案并予以刑事处罚成为一项紧迫的任务。为防止当职官吏消极执法甚至与罪犯串通故意放纵，立法乃有缉捕限期之规定，并佐以奖惩激励措施，历朝历代莫不如此。此种用心不可谓不足，也的确有利于提高抓捕效率，实现诉讼保障和预防再犯的功能。但是，不论犯罪复杂程度、人犯潜逃手段等个案因素而一体要求所有案件在一定时限内完成抓捕任务，违背了刑事侦查活动的基本规律，可能对司法公正和诉讼人权产生一些负面影响，如为避免惩罚胡乱抓人"顶包"、对被疑不交代人犯下落的证人进行刑讯等。

另一方面，强制到案等期限的差别化设置体现出我国古代期限规定的合理性。刑事诉讼期限的设置应当具有一定的灵活性，以应对复杂多样的刑事办案实际，我国古代侦查活动的期限也遵从了这一基本原则。如由于案情纷繁，"捕获的难易程度也不同，若仅按法定期限责捕，难免显示公平。因此，宋代政府允许州县长官可以约定缉捕期限，既可'丈限追捕'，亦可'立限追捕'。"[1] 又如，清朝州县官员在命胥吏执行拘提时，往往量事之难易、人之多寡、路之远近确定限期等。

第二节　我国古代刑事审判期限制度

我国古代刑事审限制度自唐朝确立并贯穿整个封建社会，甚至在近现代

---

〔1〕 黄道诚："宋代侦查制度与技术研究"，河北大学 2009 年博士学位论文，第 131 页。

社会变革和法制进步中仍然得以保留，显示出强大的制度生命力。而且随着立法和司法层面的经验累积，其制度内容日益完善，在古代刑事立法中始终占据着固定席位，已经内化为一项重要的中华法律文化传统，并构成了我国现代刑事诉讼审限制度的底本。

一、我国古代刑事审判期限制度沿革

以"审限就是为裁判活动划定时限要求"的视角观之，我国西周时期即有关于审限的文字记载。《尚书·康诰》有云："要囚服念五、六日至于旬时，丕蔽要囚。"《孔疏》曰："要察囚情，得其要辞，以断其狱，当须服膺思念之五日、六日，次至于十日，远至于三月，一时乃大断之囚之要辞，言必反覆重之如此，乃得无滥耳。"[1]就是说，案件在审问完毕后，必须经过五、六日，十日，以至三个月的考虑，才能制作判决。对审判活动设置最短时限要求，目的在于保证判决的实体公正，避免因法官匆忙下判导致冤抑产生，与周朝统治者提出的明德慎罚思想是一致的。

进入封建社会后，统治者出于政权稳定的需要，要求对破坏社会秩序的犯罪行为予以及时追究、审判，典型意义上的刑事审限制度随之产生。"限期断狱，始于唐朝。"[2]唐宪宗元和四年（809年）九月，因司法机关"决断系囚，过为淹迟"，皇帝敕令："自今以后，大理寺检断，不得过二十日，刑部覆下不得过十日。如刑部覆有异同，寺司重加不得过十五日，省司量覆不得过七日。如有牒外州府节目及于京城内勘，本推即日以报，牒到后计日数，被勘司却报不得过五日。"[3]至穆宗长庆元年（821年），鉴于"天下刑狱，苦于淹滞"，御史中丞牛僧孺上奏"请立程限。大事，大理寺限三十五日详断毕，申刑部，限三十日闻奏。中事，大理寺三十日，刑部二十五日。小事，大理寺二十五日，刑部二十日。"[4]史载，穆宗"从中丞牛僧孺奏也"[5]。

---

〔1〕《尚书·康诰》转引自陈光中、沈国峰：《中国古代司法制度》，群众出版社1984年版，第124页。

〔2〕陈光中、沈国峰：《中国古代司法制度》，群众出版社1984年版，第124页。

〔3〕《旧唐书》卷五十《刑法志》。

〔4〕《旧唐书》卷五十《刑法志》。

〔5〕《旧唐书》卷十六《穆宗本纪》。

这就是唐朝审理刑事案件的"三限"之制，对其后各封建朝代的审限制度影响颇大。

盛唐之后，宋朝的法制建设达到了一个新的高度，甚至有学者认为"中国传统法律，到了宋朝，才发展到最高峰。"[1]从刑事审限制度精细化的角度来看，这一评价并不过分。首先，在继承唐"三限"制的基础上，宋朝根据社会发展实际对大事、中事、小事的审理程限多次进行调整，并根据中央和地方审判机构的职责差异分别立限。在此之外，还明确了审判和评议的时间比例，要求"每十日，断用七日，议用三日"[2]。其次，除了适用于一般刑事案件的"三限"，对于不能依通常程序审理的疑难重案，还可随案立限，体现出较强的灵活性。如需要临时差官专门置司推鞫的案件，根据案情繁简不同，随事立限。由皇帝直接差官置司的制勘院，一般由中书刑房立限；特别重要的诏狱由皇帝特旨立限，审刑院和刑部置簿勾考；推勘院则由监司或尚书本曹（刑部）临时立限。[3]最后，遇有严寒酷暑之月、自然灾害或社会形势紧急时，临时颁布"急案"审限，要求不待期满而断之。

明朝的审限制度与唐宋不同，没有对案件从受理到宣判的总体时限作出规定，而是要求官员在事实调查完毕后及时作出判决。"凡狱囚情犯已完监察御史提刑按察司录无冤，别无追勘事理，应断决者，限三日内断决。"[4]如此规定，乃为防止因官员拖延下判致使无辜之人在长期羁押中死亡。"刑狱重事，周书曰：'要囚，服念五六日至于旬时'，特为未得其情者言耳。苟得其情，即宜决断。无罪拘幽，往往瘐死，是刑官杀之也。故律特著淹禁罪囚之条。"[5]清朝建立后，作为我国最后一个封建王朝以及历代法制的集大成者，有关刑事案件审判期限的立法越发精密、科学。不仅区分命案、无关人命的徒罪等案件性质分别立限，州县、府、州、臬司、督抚各级也都有各自的承审限期。案件不能于审判期限内定案断决的，如符合法定条件，还可以"申详督抚，题咨展限"。

---

〔1〕　徐道隣："宋律中的审判制度"，载徐道隣：《中国法制史论集》，台北志文出版社 1975 年版，第 88 页。

〔2〕　《宋史》卷一百九十九《刑法一》。

〔3〕　参见王云海主编：《宋代司法制度》，河南大学出版社 1992 年版，第 258 页。

〔4〕　《大明律·刑律·断狱》"淹禁"条。

〔5〕　《明史》卷九十四《刑法二》。

二、我国古代刑事审判期限制度内容

(一) 差别化的审限设置

对审判人员课以时限义务是保证诉讼效率的必要举措，但由于刑事案件之间的差异性以及不同审判机构任务的不同，要求所有刑事审判在相同的时间内完结是不合理的。我国古代立法者对此也有清醒认识，自唐代确立"限期断狱"制，刑事案件审判程限的规定即体现出一定的层次性，且随着立法经验的积累和技术的发展，审限划分的依据日趋精细和科学。

据《唐六典》规定，"凡内外百司所受之事皆印其发日，为之程限：一日受，二日报。（其事速及送囚徒，随至即付。）小事五日，（谓不须检覆者。）中事十日，（谓须检覆前案及有所勘问者。）大事二十日，（谓计算大簿帐及须谘询者。）狱案三十日，（谓徒已上辨定须断结者。）其急务者不与焉。"[1]这是唐代处理公文的普遍程限，同时也适用于司法审判。[2]其中根据是否需要检覆、勘问、谘询等分别给予五日、十日、二十日处理时间，即体现了期限设置的差别性。至穆宗长庆元年（821年），根据御史中丞牛僧孺的奏言，正式确立以单一审判中被告人数量和起诉罪名数量作为划分审限的标准。"一状所犯十人以上，所断罪二十件以上，为大；所犯六人以上，所断罪十件以上，为中；所犯五人以下，所断罪十件以下，为小。其或所抵罪状并所结刑名并同者，则虽人数甚多，亦同一人之例。"[3]这样的划分是比较科学的，因为同一案件中涉案嫌犯和罪名越多，案件往往就越复杂，需要调查核实的证据越多，耗时自然愈久。

宋朝的审限设置更加复杂，划分标准更加多元。首先，在沿用唐朝大事、中事、小事的三限制的基础上，仍以案件复杂程度作为设定审限的基本标准，但在具体判定方面则改以卷宗厚薄为依据。根据哲宗元祐二年（1087年）九月刑部和大理寺的建议，卷宗达二百纸以上为大事，十纸以上为中事，不满十纸为小事。至南宋朝，由于数次缩减审判时限，致使许多案件无法按时审结，为此孝宗下诏大理寺调整了刑事审判大、中、小案的卷宗厚薄标准："今

---

〔1〕《唐六典》卷一《尚书都省左右司郎中员外郎》。
〔2〕参见张晋藩主编：《中国司法制度史》，人民法院出版社2004年版，第142页。
〔3〕《旧唐书》卷五十《刑法志》。

后狱案到寺，满一百五十张为大案，一百五十张以下为中案，不满二十张为小案。断议限并依绍兴三十一年八月十六日指挥。"〔1〕其次，区分审判环节设定不同审限。根据太宗太平兴国六年（981 年）的规定，地方审判案件"大事四十日、中事二十日、小事十日。有不须追逮而易决者，不过三日"〔2〕；大理寺由于负责审判地方奏狱，所需期限较少，因此太宗至道二年（996 年）定"大事限二十五日，中事二十日，小事十日"〔3〕；审刑院的职责在于详复大理寺决断的案件，其期限比大理寺更短，大事十五日，中事十日，小事五日。另外，区分断谳奏狱与公案审判规定不同审限。"凡断谳奏狱……大事以十二日，中事九日，小事四日为限。……凡公案日限，大事以三十五日，中事二十五日，小事十日为限。"〔4〕

清朝对刑事案件承审限期的规定较之以往朝代更为细致和科学，不仅根据案件性质分别立限，对州县至督抚各级审判案件的期限也区别对待。其一，盗劫及情重命案、钦部事件并抢夺发掘坟墓一切杂案，俱定限四个月。其中具体的时间分配为：州县应在两个月内审理完毕将案件上解府州，府州二十天内上解臬司，臬司二十天内将案件上解督抚，督抚于二十天内咨题。其二，普通的命案限定六个月内审结，其中州县应在三个月内审理完毕上解府州，府州应在一个月内上解臬司，臬司则应在一个月将案件上解督抚，督抚于一个月内咨题。其三，卑幼擅杀期功尊长，属下人殴伤本管官，妻妾谋死本夫，奴婢殴、故杀家长等案，因为性质严重、影响恶劣，需要在更短期限内审理完毕，以强化刑罚效果。依清律，这类案件"承审官限一月内审解，府、司、督抚各限十日审转具题……至杀死三命四命之案，该督抚即提至省城，督同速审。其审解限期悉照卑幼擅杀期功尊长之例办理。"〔5〕其四，按察司自理事件，限一个月完结。府、州、县自理事件，即笞、杖罪案件，因案情相对简单、性质相对轻缓，限二十日审结。

（二）审限的延展与扣除

层次性的审限设置体现了我国古代刑事立法的科学性因素，但仅此规定

〔1〕《宋会要辑稿·职官》二四。
〔2〕《通考》卷一百六十六《刑五》。
〔3〕《宋史》卷一百九十九《刑法一》。
〔4〕《宋史》卷一百九十九《刑法一》。
〔5〕张荣铮等点校：《大清律例》，天津古籍出版社 1993 年版，第 602 页。

无法满足复杂的刑事审判实际。如果遇有被告人患病、承审官员调离或出差等客观情由，审判只能暂时中止或延期开始，最终可能导致案件无法在法定审限内终结。为此，清朝在基本审限之外定有较为详细的展限和扣限制度。

根据那思陆先生的概括，清代州县官员承审分限中，应扣除的期间包括解府程限、人犯中途患病和解犯中途阻水、州县官公出日期、每年的封印日期等。[1]至于审限延展的规定则更为复杂。根据《大清律例》规定，官员承审命盗、钦部事件及一切杂案，遇以下情形者，可以申请展限：第一，因查获人犯耽搁时间的。"有余犯到案，因正犯及要证未获，情词未得……或因隔省行查，限内实难完结者；承问官将此等情由，预行申详督抚，分别题咨展限……若承审期内遇有续获之犯，如到案在州、县分限以内者，即行一并审拟，毋庸另展限期；如到案已在州、县分限以外，不能并案审拟者，将续获人犯另行展案扣限，四个月完结；如间有获犯到案，时在州、县分限将满者，亦不得逾违统限。"[2]第二，犯人或关键证人身患重病的，经过审查后得于审限中扣除，但最长不得超过一个月。"州、县官承审案件，或正犯、或紧要证佐患病，除轻病旬日即痊者毋庸扣展外，如遇病果沉重，州、县将起病、病痊月日，及医生医方先后具文通报，成招时出具甘结附送，令该管府、州于审转时查察加结转送。如府、州、司、道审转之时，或遇犯证患病，亦准报明扣除。但病限毋论司、府、州、县，止准其扣展一月。"[3]第三，承审官员调离的，后继官员可以申请扣展审限。依《大清律例》"盗贼捕限"条所附条例规定，"至承审官内有升任、革职、降调及因公他往，委员接审者，如前官承审未及一月者，准其按审过日期扣展。一月以上离任者，准其展限一个月。分限三个月，两个月事件，前官承审历限过半离任者，准其扣半加展。如前官于二参限内离任者，接任官准其以到任之日起，无论六个月、四个月事件，俱扣限四个月审结。"[4]

若事属盗案，清律额外定有专门的展限规则。一是"盘获贼犯，究出多案，事主未经认赃，必须等候，方可审拟"的，例同前述因查获人犯耽误时间

---

[1] 参见那思陆：《清代州县衙门审判制度》，中国政法大学出版社 2006 年版，第 138 页。
[2] 张荣铮等点校：《大清律例》，天津古籍出版社 1993 年版，第 597 页。
[3] 张荣铮等点校：《大清律例》，天津古籍出版社 1993 年版，第 180 页。
[4] 张荣铮等点校：《大清律例》，天津古籍出版社 1993 年版，第 596 页。

的情况。二是"虚实情形未分,盗赃未确,限内不能完结"的,"承审官立即据实详报,逐细声明,该管上司核明,预行咨部,准其展限两个月完结。"[1]三是"隔省关查口供,必需时日者,许申详督抚,咨部展限两个月。"[2]除此之外,对于州县承审的人命案件,如果"屡次驳查,后经批准,迟延有因之案,该督抚据实声明报部,准其另行扣限。"[3]

鉴于审限延展可能带来的案件久系不决的后果,立法者对展限的适用控制得较为严格,如果承审官员或其上级官员矫作情节、捏词扣展限期,按律应交部议处。例如"承审官有将易结之盗案,滥请展限,该督抚漫为咨部者,承审官革职,各该上司交部分别议处。"[4]

(三) 对断狱稽违的处罚

"有违法则必有制裁。一部法律如果要在现实中得到实施,就必须建立专门的法律责任制度,以便使违反该法律规定的人受到相应的法律制裁,从而承受各种不利的法律后果。"[5]为督促各级司法官员切实遵守审限规定,历朝几乎都定有针对违限行为的处罚规则。"历代法官听断时,所负之法律责任,论其要者,盖有二端:一曰断狱不直或故为出入者,法官须受惩戒,以达重刑慎狱之义;二曰:诉讼结断,率有一定期限,不得淹延以省讼累并免无罪之久系。"[6]

作为审限制度必要的配套措施,对断狱稽违行为的处罚制度也发轫于唐朝,司法官员不能在法定"三限"内审结完毕的,"罪有差"。宋代在严密的审限之外,也规定了断狱稽违者所要承担的责任。太祖乾德二年(964年)正月甲辰日,下诏确立了对断案稽违者应予以处罚的总体精神:"自今诸道奏案,并下大理寺检断,刑部详覆,如旧制焉。其两司官属善于其职者,满岁增秩,稽违差失者,重置其罪。"[7]太宗太平兴国六年(981年),诏令进一步明确了处罚的具体标准:"诸道刑狱违限一日者笞十下,三日加一等,罪止

---

〔1〕 张荣铮等点校:《大清律例》,天津古籍出版社 1993 年版,第 598 页。
〔2〕 张荣铮等点校:《大清律例》,天津古籍出版社 1993 年版,第 601 页。
〔3〕 张荣铮等点校:《大清律例》,天津古籍出版社 1993 年版,第 108 页。
〔4〕 张荣铮等点校:《大清律例》,天津古籍出版社 1993 年版,第 598 页。
〔5〕 陈瑞华:"程序性制裁制度研究",载《中外法学》2003 年第 4 期。
〔6〕 张金鉴:《中国法制史概要》,台北正中书局 1974 年第 1 版,第 102 页。
〔7〕 《续资治通鉴长编》卷五,太祖乾德二年正月甲辰。

杖八十。"徽宗时，对奉制推鞠及根治公事而未能依限结绝的官员，还曾出台更为严厉的处罚标准，规定超限一日即徒二年。承奉郎王寀认为这会使得"官司迫于禁限，或卤莽结断，别致害犯"〔1〕，建议恢复之前"一日杖一百，五日加一等，罪止徒二年"的规定，徽宗从之。需要注意的是，对官员审案稽违的处罚，在实际执行时可以官当徒刑，还可按罪行轻重赎铜。如宋真宗天禧元年（1017），侍御章频任彭州九陇县知县时，眉州大姓孙延世伪造契书试图侵夺族人田产，时间过去很久尚无法辨定，于是转运使委托章频办理此案。章频指出，契书上的书墨浮于朱印之上，显然是先盗盖印章之后再书写文字所致，孙氏伏罪。其后，其家人上诉于转运使之处，后者又命益州华阳县黄梦松覆审案件，黄氏所得意见与章频一致，并借此升为监察御史，而章频却因审案超期受到处罚。"频坐不时具狱，降监庆州酒税，徙知长洲县。"〔2〕

明朝要求官员在将案情查清后及时作出判决，否则要承担相应罪责。"凡狱囚情犯已完监察御史提刑按察司审录无冤，别无追勘事理，应断决者，限三日内断决……若限外不断决……者，当该官吏，三日笞二十。每三日加一等。罪止杖六十。因而淹禁致死者，若囚该死罪，杖六十；流罪，杖八十；徒罪，杖一百。杖罪以下，杖六十，徒一年。"〔3〕实践中，也多有官吏因违反此项规定受到追究。如宪宗朝时，山西巡抚何乔新劾奏迟延狱词佥事尚敬、刘源："凡二司不决断词讼者，半年之上，悉宜奏请执问。"宪宗批复"以乔新所奏，通行天下"。〔4〕

我国古代的司法责任制度历经秦汉、隋唐各朝发展，到清朝时其内容已经非常丰富和完善。官员审判案件违反期限规定的，一般予以行政处分，包括罚俸、降级、革职等。"凡承审命盗及钦部事件，至限满不结，该督抚照例咨部，即于限满之日接算，再限二参四个月，仍令州、县两个月，解府、州；府、州、臬司、督抚，各分限二十日。如逾限不结，该督抚将易结不结情由，详查注明题参，照例议处。"〔5〕另据《钦定吏部则例》之规定，州县官以人

〔1〕《宋会要·刑法》一之一九。
〔2〕《续资治通鉴长编》卷九十，宋真宗天禧元年六月庚辰。
〔3〕《大明律·刑律·断狱》"淹禁"条。
〔4〕《明史》卷九十四《刑法二》。
〔5〕《大清律例·刑律·断狱》"淹禁"条。

犯到案之日计算审限，初参（两个月、三个月）分限之外迟延不及一月者，罚俸三个月；一月以上者，罚俸一年。二参限期即于初参统限（四个月、六个月）届满之日起再限四个月完结，州县分限两个月，府、州、臬司、督抚各二十日。如再逾分限不能完结，即将何官易结不结之处查参革职。在二参分限以内审结的，如果是初参统限四个月的案件并计已在五月以上，或者是初参统限六个月的案件并计已在七月以上，均予降一级留任。情重命案初参统限（两个月）届满尚未审结，即于限满之日接扣二参。州县限二十日，府、州、臬司、督抚仍各限十日完结。如有迟延，分别初参、二参，照前例议处。另外，清袭明律，对案件事实查明后作出判决的期限也有规定，违法官员要承担刑事处罚。

对于古代违限处罚制度的作用，虽然不可能有明确的数据或调查予以说明，但笔者认为，处罚条款的存在以及大量因办案淹禁而致罚俸、降职的实例必然对官员的审判活动产生一定的震慑作用。这一点我们可以从反方向入手寻求佐证。以元朝为例。由于文化、经济等层面的原因，元代的法律制度建设带有一定的落后性，且由于吏治腐败，致使案件淹禁问题十分严重。时任提刑按察使胡祗遹在《官吏稽迟情弊》文中指出："近年奸贪官吏恐负罪责，事事不为断决，至于两词屈直显然明白，故为稽迟，轻则数月，甚则一年二年，以至本官任终，本司吏更换数人，而不决断。"究其原因，胡氏认为是由于对审判稽迟官员的处罚条款付之阙如所致，所谓"条画虽定大小中三事限次，终无明白罪责。"因此建议"依违限条画，初犯职官罚俸一月，两犯罚俸两月，三犯的决罢职。吏人初犯的决，再犯决罢。因稽迟而揹勒商和者，尤不可准，罪责加稽迟一等。伏乞申台呈省，如蒙俯允，乞赐遍示天下，将此情弊断例，省谕府州司县，大字真书于各衙厅壁，以示惩诫。"[1]

三、我国古代刑事审判期限制度评析

自公元前 221 年秦王朝建立至 20 世纪初清朝灭亡，在两千多年的封建专制岁月中，中国形成了以维护皇权为终极目的和核心价值的法律制度体系。

---

〔1〕　胡祗遹：《紫山大全集》卷二十一，清文渊阁四库全书本。转引自张晋藩："综论中国古代司法渎职问题"，载《现代法学》2012 年第 1 期。

在皇权至上、法自君出的政治逻辑下，司法审判权根本无从取得独立地位，司法机构的设置和司法制度的建构只是维护专制主义统治秩序的工具之一。这一点也深刻体现在古代审限制度的构建和运行中。

首先，在价值定位上，古代审限制度带有浓重的工具主义色彩，是封建统治者驾驭臣民、宣扬仁政的一项手段。法家认为，官吏乃"民之本纲""主之所用"，统治者要实现对人民的控制，离不开官吏的辅助。所谓"闻有吏虽乱而有独善之民，不闻有乱民而有独治之吏，故明主治吏不治民。"[1]这一理论被历代封建统治者奉为圭臬。而"治吏"的直接表现，就是通过律法对官员行使的权力加以限制和制衡，并对违反法律的官员加以惩罚。再者，古代统治者很早便认识到了人民对于政权巩固和社会发展的重要性，对民众的人权也有一定正视和维护。但这种人权观具有相当的狭隘性，关注的并非个体的人的权利而是一种集体人权，并非保护子民的所有权利而是着眼于对生命权的尊重，且其终极目的仍然是借此宣扬仁德之治，使广大臣民安于接受其统治。审限制度的建构背后，同样深藏着这种"治吏""安民"的逻辑和维护皇权统治的终极目的。明宪宗即曾经在对延滞词讼的官员作出惩罚后，道出"律特著淹禁罪囚之条"并"究治其人"背后的深意，实为"令天下刑官皆知所谨，以副朕钦恤之意"[2]。这种工具性的制度定位，从根本上制约了审限制度功能的发挥，也决定了其与现代诉讼制度的差距所在。

其次，除了自身定位的先天缺陷，以维护皇权统治为归宿的相关制度也在一定程度上影响了审限制度的运行效果。其一，"行政兼理司法"的职权配置模式阻碍了审限规定的贯彻。我国封建社会官吏的选拔，在隋唐以前主要通过察举和征辟的方式进行，注重的是官员的孝行、名望等；自隋朝创立科举取士之制，官吏的选拔开始正规化，但无论是隋唐时期的分科考试还是明清时的独考进士一科，法律知识的考核几乎一直处于末端。虽然历朝历代也注重对已履职文官法律素质的培养，但由于并未接受系统的法律教育，行政事务繁忙，加之法律日益庞杂细密，地方行政官员掌握的法律知识明显不足。对此，清末出国考察五大臣之一的戴鸿慈在《奏请改定官制以为立宪预备》奏折中也有述及："盖行政官与地方交接较多，迁就瞻徇，势所难免，且政教愈修

---

〔1〕《韩非子·外储说右下》。
〔2〕《皇明典故纪闻》卷十五。

明，法律愈繁密，条文隐晦，非专门学者不能深知其意。行政官既已瘁心民事，岂能专精律文，故两职之不能相兼，非惟理所宜然，抑亦势所当尔。"[1]法律知识的不足和法律素养的缺乏，严重制约了行政官员承审断狱的能力，可能导致无法及时查清事实和作出判决，审判拖延的问题随之产生。当然，作为一地之长的行政官员在兼理司法的同时要承担大量的行政工作，必然挤占断案听讼的时间，这也是导致淹禁的原因之一。其二，为减少冤错案件的发生，宣扬统治者慎刑、爱民的仁德形象，封建社会各朝代都设定有对刑事判决的申诉、复审制度。但案件经多次审理定裁，递转之间难免耗时日久，且如果数个审理程序中均存在迟延情况，则审判稽延问题容易产生加成效果，严重影响审限制度防范拖延作用的发挥。如宋代立有翻异别勘之制，若犯人申诉称冤，应由同级异司复审；经移司再审之后犯人仍然翻异，则由上级机关指派与案件无关的另一官员重新审理。虽然针对翻异次数定有"三推""五推"的限制，但由于并非绝对性规定，导致实践中很多案件别推不断，审判历时经年仍无法终结。

当然，在客观认识古代审判期限制度的工具主义色彩和先天缺陷的同时，也要看到颇具规模的审限规则在立法技术和司法规律方面的独到之处。例如唐代根据诉讼活动的不同设立不同审判程限，宋朝按照卷宗厚薄衡量审判工作量并设置长短不同期限，清朝按照案件性质区分并对重案加速审判以强化刑罚效果，对犯人患病、解府等非承审官员可控的时间延误予以扣除，对断狱稽违、限满不结的官员进行处罚等。这些闪烁着古代立法者智慧的制度规范在我国古代刑事立法中始终占据着固定席位，已经内化为一项重要的中华法律文化传统，既成为当代刑事审判期限制度建构的底本（本章第四节详述），更可为当下的立法完善提供有益参照。

第三节　刑事诉讼期限制度的近代转型

1840 年西方列强借口鸦片问题发动侵华战争，将中国拖入了半殖民地半封建社会的深渊，但也开启了中国社会和法制建设的近现代化历程。其中，

---

〔1〕 故宫博物院明清档案部编：《清末筹备立宪档案史料》（上册），中华书局 1979 年版，第 379 页。

清末修律特别是 1911 年《刑事诉讼律（草案）》的制定是"中国刑事诉讼法走向近代化的重要开端"[1]；民国时期，是"中国司法制度实现现代化的时期"[2]。在此过程中，刑事诉讼期限制度也以数部刑事诉讼法为载体，努力实现从传统向近现代的转型。

一、清末民国时期刑事诉讼期限制度转型的思想基础

鸦片战争失败后，感受到民族存亡的威胁，以龚自珍、魏源为代表的地主阶级有识之士和一些进步国人开始转变思想，掀起了向西方学习的思潮，并在对清朝落后腐朽的司法制度的批判中产生了最早的人权意识。而真正将西方人权思想加以阐释和传播的是维新派人士，以康有为、梁启超、严复等人为代表的资产阶级改良派将西方的天赋人权学说具体化为天赋自由与天赋平等，以此作为批判"三纲"、宣扬其改革主张的思想武器。随着自由、平等等人权思想在中国的日益传播，作为统治者的晚清政府已无法视而不见、听而不闻。为挽救风雨飘摇的统治，1902 年清廷宣布采行"新政"，嗣后设修订法律馆，"要用一种全新的指导思想来修订法律，人权思想不可避免地融入到新法律。"[3]事实上，作为清末修律主持者的沈家本在《进呈〈修订刑律草案〉折》中即明确表达了对平等和人权的肯定："立宪之国，专以保护臣民权利为主。现行律中，以阶级之间，如品官制使良贱奴仆区判最深，殊不知富贵贫贱，品类不能强之使齐，第同隶巾并幪，权由天畀，于法律实不应有厚薄之殊。"[4]正是在人权理念指导下，清末修订的《大清新刑律》《大清现行刑律》《刑事民事诉讼法（草案）》《刑事诉讼律（草案）》等多项法律中废除了许多封建落后的内容，代之以更加尊重被告人权利的规定。如《大清刑事民事诉讼法（草案）》第一次肯定了被告人的诉讼主体地位，明确规定了辩护制度、律师制度和回避制度，同时在审判过程中废除刑讯和酷刑等。

〔1〕 张晋藩：《中国法制史》，商务印书馆 2010 年版，第 454 页。
〔2〕 何勤华、李秀清：《外国法与中国法——20 世纪中国移植外国法反思》，中国政法大学出版社 2003 年版，第 489 页。
〔3〕 郭成伟：《清末民初刑诉法典化研究》，中国人民公安大学出版社 2006 年版，第 216 页。
〔4〕 张晋藩："沈家本法律思想综论"，载"沈家本与中国法律文化国际学术研讨会"编委会编：《沈家本与中国法律文化国际学术研讨会论文集》（上册），中国法制出版社 2005 年版，第 20 页。

　　1911 年辛亥革命爆发，推翻了腐朽没落的清王朝的统治，建立了中国近代第一个资产阶级共和国性质的政体。作为"国父"的孙中山也是人权思想的信仰者，并且根据当时的中国实际将西方的天赋人权学说加以改造，提出新的人权观。在其三民主义理论中，主张按照"自由、平等、博爱"的精神，给国民以充分的"民权"。[1]其领导下的南京临时政府期间，承袭清末仿效欧陆立法的思路，通过司法改革继续推行资产阶级民主主义法律精神。虽然由于袁世凯篡夺辛亥革命胜利果实，导致南京临时政府来不及将一系列的立法构想付诸实践，所幸北洋政府和南京国民政府仍承袭此道，不断尝试变革传统，积极移植外来法律，将清末以来的人权理念加以继承发扬，不断完善相关制度立法。刑事诉讼期限制度特别是对犯罪嫌疑人、被告人羁押期限规定的确立和修订，即是立法者重视人权保障的集中而典型的表现。

　　与人权观念一并引入的，还有程序公正理念。虽然学者对中国古代法律是否民刑不分存在一定争议，但程序法依附于实体法而存在确是不争的事实。以刑事诉讼为例，所有的程序性规定和制度都纳入刑律文本中，且规定十分分散。几千年的封建社会中，程序公正的理念一直未能真正确立。从最高统治者到基层司法官员片面强调个案的实体公正，"兼管司法的行政官可毫无顾忌地离开程序，直接凭着个人理性和道德情感去主持'个案正义'。'结果好什么都好'，这是一种典型的程序工具主义观。"[2]至清朝末期，在被帝国主义的坚船利炮轰开国门并面临政权倾覆的危险之下，清政府于学习西方的过程中逐渐认识到了程序法的重要性。1906 年修订法律大臣沈家本、伍廷芳在《进呈诉讼法拟请先行试办折》中阐明了制定诉讼法典的重要性："窃维法一道，因时制宜，大致以刑法为体，以诉讼法为用。体不全，无以标立法之宗旨；用不备，无以收行法之实功。二者相因，不容偏废……若不变通诉讼之法，纵令事事规仿，极力追步，真体虽充，大用未妙，于法政仍无济也。"[3]据此，沈家本在《进呈诉讼法拟请先行试办折》和《〈刑事诉讼律草案〉告

　　　[1]　参见郭成伟：《清末民初刑诉法典化研究》，中国人民公安大学出版社 2006 年版，第 192页。

　　　[2]　石毕凡："开启理性司法之门——对清末司法改革的程序正义解读"，载《浙江社会科学》2003 年第 6 期。

　　　[3]　吴宏耀、种松志主编：《中国刑事诉讼法典百年》（上册），中国政法大学出版社 2012 年版，第 9 页。

成装册呈览折》中提出了包括建立陪审制、律师制度、审判公开原则等在内的多项立法建议，并通过 1906 年《刑事民事诉讼法（草案）》、1910 年《民事刑事诉讼暂行章程（草案）》、1911 年《刑事诉讼律（草案）》等法律吸收引进了四级三审制、回避制度、律师制度、审判公开、一事不再理、原被告待遇平等、自由心证等一系列现代诉讼制度与原则。使得民事、刑事诉讼法不仅取得了形式上的独立，更在内容实质上与当时的西方各国达到了步调一致。1911 年《刑事诉讼律（草案）》中有关刑事诉讼期限如何计算的规定以及审判中断一段时间后的更新审理制度即是程序公正理念确立后的成果。当然，这些规定在民国时期的几部刑事诉讼法中也都得以保留和完善。

二、清末民国时期刑事诉讼期限制度的主要内容

（一）确立羁押期限制度

严格控制羁押期限，是现代刑事诉讼尊重被追诉人人权的典型表现，也是刑事诉讼期限制度的重要内容。在清末修律中并无关于羁押期限的规定，但对定罪之前犯罪嫌疑人、被告人的人身自由权已有关注。根据 1911 年《刑事诉讼律（草案）》第 99 条之规定，拘摄"被告人之官吏，自接受时起，应于四十八小时内讯问之。讯问被告人系不应羁押者，即行释放。如系应羁押者，即行羁押。"[1]

1921 年北京政府制定颁行的《刑事诉讼条例》，在损益清朝 1911 年《刑事诉讼律（草案）》的基础上，又广泛借鉴日本 1920 年刑事诉讼法草案的内容，对人权给予了更多的关注，并首次规定了羁押期限制度。其第 80 条第 1 款规定了侦查和预审阶段羁押被告人的一般期限，即"羁押被告，侦查中不得逾一月，预审中不得逾二月。"若羁押逾期后仍有继续羁押之必要，"检察官或预审推事应声请法院裁决之。法院依前项声请，得将羁押期间延长。"第 80 条第 2 款要求延长羁押期间在"侦查中以一次为限，预审中以两次为限，每次不得逾一月"。若羁押期满而未经移送预审或起诉的，以撤销押票论。

南京国民政府于 1928 年颁布的《刑事诉讼法》是中国历史上第一部以

---

〔1〕 本节所引 1911 年《刑事诉讼律（草案）》、1921 年《刑事诉讼条例》、1928 年《刑事诉讼法》、1935 年《刑事诉讼法》条文，均出自吴宏耀、种松志主编：《中国刑事诉讼法典百年》（上册），中国政法大学出版社 2012 年版。

"刑事诉讼法"命名的刑事诉讼法典，其中有关羁押期限的规定与1921年《刑事诉讼条例》大体一致。但因"预审羁押，旧案不得过二月。其调查繁杂者，往往以期促之故，草率送审，仍与未经预审者，毫无区别，徒使耗费二月期限，多此一举"[1]等原因，该法废除了预审制度，有关羁押期限的规定也做了相应修改。该法第73条规定："羁押被告，侦查中不得逾二月，审判中不得逾三月。但逾期后有继续羁押之必要者，检察官或推事应于未届期满前声请法院裁定之。法院依前项声请，得将羁押期间延长。每次延长不得逾二月，但侦查中以一次为限。羁押期满，未经起诉或裁判者，以撤销押票论。"

1935年《刑事诉讼法》在1928年《刑事诉讼法》基础上又有一定完善。首先，在延长羁押期限的程序方面，旧法（1928年《刑事诉讼法》）仅一体规定应由检察官或推事于未届期满前申请法院裁定之。该种规定暗存模糊之弊，容易使人误认仅在审判阶段才需请求法院裁定延长事宜，且"推事"一职为清末改制所设，已不符合时代特点。因此1935年《刑事诉讼法》第108条第1款将羁押期限延长与否的决定权明确赋予法院，要求"有继续羁押之必要者，得于期间未满前，由法院裁定延长之。"继而对侦查阶段延长羁押期间的请求权主体作出规定，"在侦查中延长羁押期间，应由检察官声请所属法院裁定。"这样一来，延长羁押的申请者和决定者都得到了明确，避免了操作上的不统一。其次，1928年《刑事诉讼法》在删除预审程序中延长羁押时间、次数的同时，对审判中延长羁押并无明文限制，由此导致司法实践中流弊渐生。为此，1935年《刑事诉讼法》第108条第2款即明确，"延长羁押期间，每次不得逾二月。侦查中以一次为限。如所犯最重本刑为三年以下有期徒刑以下之刑者，审判中以三次为限。"这样不仅在法律制度层面使得刑事羁押更加完善，也有利于保障被告人在刑事诉讼特别是刑事审判中免遭过度剥夺自由之苦。最后，增加了案件上诉阶段被告人羁押已逾所判刑期的处理。实践中可能出现这样的情况，被告人在审判过程中被羁押满3个月，又经三次延期，则被告人之人身受限状态已达9个月之久。但法院经过审理认为被告人所犯之罪较为轻微，故判其徒刑6个月，而被告人认为自己不曾实施犯罪行为或法院所判畸重，因此提出上诉。此时被告人所受审前羁押已足以折

---

〔1〕 吴宏耀、种松志主编：《中国刑事诉讼法百年》（上册），中国政法大学出版社2012年版，第334~335页。

抵刑期，且根据上诉不加刑原则，[1]被告人不可能被判处更重的刑罚，此时再将被告人羁押已属无故侵害其人身自由。因此 1935 年《刑事诉讼法》于第 109 条增加规定："案件经上诉者，被告羁押期间，如已逾原审判决之刑期，除检察官为被告之不利益而上诉外，应即撤销羁押，将被告释放。"

自 1911 年《刑事诉讼律（草案）》中引入"羁押"一词始，近现代刑事诉讼立法对被羁押被告人的权利给予了越来越多的关注，不仅将羁押问题以专章加以规定，有关羁押期限的规定也日益完善。虽然从直观上看，这些都是借鉴乃至照搬西方尤其是日本刑事诉讼法律成果，且修法立律的目的一直带有功利色彩，但透过条文规定仍可看到，经过西方物质、思想冲击后刑事诉讼人权理念的发轫。从制度沿承的角度而言，近现代有关羁押期限的规定对新中国成立后的刑事诉讼立法也是有影响的。

（二）完善审判期限制度

在案件承审期限方面的重大变化，是清末民国（特别是后者）时期刑事诉讼期限制度转型的一个重要方面和典型表现，总体而言是在借鉴移植西方法律制度的同时，又未完全抛弃已有的诉讼传统。

第一，连续审理制与审判期限制并行。刑事诉讼审理期限制度的重大变化，萌芽于清末。在沈家本奏呈清廷的《刑事诉讼律（草案）》中，自唐朝建立并延至《大清律例》中的限期断狱制度消失了，取而代之的仅仅是关于公判停止的两个条文而已。1921 年《刑事诉讼条例》在沿用 1911 年《刑事诉讼律（草案）》规定基础上，正式引入了西方刑诉法中的"连续开庭制"，规定"审判非一次能终结者，除有特别情形外，应连续开庭"。徐朝阳认为连续开庭是为了防止法官等人员记忆的模糊，"如不连续开庭，则稽延时日，记忆不清，于诉讼审理上诸多不利。"[2]陈瑾昆先生则认为连续开庭的意义不限于此，"盖法律为发挥辩论一贯主义之特色，务使审判连续进行，庶结果较为正确，程序亦不至于错乱，于维护法院威信及裁判公平，均甚为得计也。"[3]

---

〔1〕 同法第 362 条规定："由被告上诉或为被告之利益而上诉者，第二审法院不得谕知较重于原审判决之刑。但因原审判决适用法条不当而撤销之者，不在此限。"

〔2〕 徐朝阳：《刑事诉讼法通义》，范仲瑾、张书铭点校，中国政法大学出版社 2012 年版，第 211~212 页。

〔3〕 陈瑾昆：《刑事诉讼法通义》，法律出版社 2007 年版，第 273 页。

需要注意的是，民国时期的几部刑事诉讼法虽然删除了案件审理期限的规定而改采连续审理制，但对传统的刑事案件审理期限制度也未完全抛弃，只是没有纳入刑诉法文本而已。在 1935 年 1 月公布《刑事诉讼法》后，南京国民政府于同年 4 月颁布了《刑事诉讼审限规则》，用单行法的形式保留了审限制度。1939 年 7 月南京国民政府又制定颁布了《军法审判审限规则》，对适用会审程序的军法审判审限做了详细规定。[1]在要求连日开庭的同时，对刑事审判设定最长时限，既吸收了域外先进的法治思想，又兼顾了本国司法传统与法治语境，虽然对审理期限采取单独立法的方式值得商榷，但总体而言仍是不错的选择，对我国当下的刑事诉讼审限制度改革也是一种有益的思路。

第二，完善特殊情况下停止审判制度。连续开庭仅是一项原则性规定，由于案件性质、法官素质、不可抗力等因素的存在，难免出现审判必须中断的情况，此时就需要暂停审判程序，且暂停期间不得计入审判时间。即使在我国古代刑事法律中，也有因被告患病而暂停程序进行的规定。1911 年《刑事诉讼律（草案）》中，在继承传统的同时吸收域外立法，于第 336 条确立停止公判制度，并将其限于被告人存在精神障碍和因疾病不能到庭两种情况："被告人若精神障碍，应至其精神无障碍时为止，停止公判。被告人因疾病不能出庭，应至其能出庭时为止，停止公判。本条规定，于许可代理人到场者，不适用之。"

民国时期三部刑事诉讼法（1921 年北京政府《刑事诉讼条例》、1928 年南京国民政府《刑事诉讼法》、1935 年南京国民政府《刑事诉讼法》）在保留 1911 年刑诉草案规定的基础上，又增加了数种停止公判的情形，颇具现代法制色彩。其中 1935 年《刑事诉讼法》将停止审判的诸种情况集中规定，在立法技术上更为成熟，且条文措辞、内容更为合理，这里我们仍以其为例。第一，"犯罪是否成立以他罪为断而他罪已经起诉者，得于其判决确定前，停止本罪之审判。"一罪以他罪为断者，如收受赃物罪之于盗窃罪而言，必须后者罪名成立才有前者成立可能。停止收受赃物罪名的审理，乃为防止在盗窃罪名不成立时的裁判矛盾，既有损法律权威又徒增诉讼程序劳费。"至于本条定为'得'而非'应'，乃因刑事法院在其澄清义务之范围内，应自行发现

---

[1]　参见谢冬慧：《中国刑事审判制度的近代嬗变：基于南京国民政府时期的考察》，北京大学出版社 2012 年版，第 176 页。

实体之真实，不受其他形式案件裁判之拘束。"〔1〕第二，"犯罪是否成立或刑罚应否免除以民事法律关系为断，而民事已经起诉者，得于其程序终结前，停止审判。"本条规定与前项类似。第三，"被告犯有他罪已经起诉应受重刑之判决，法院认为本罪科刑于应执行之刑无重大关系者得于他罪判决确定前，停止本罪之审判。"该项规定主要出于诉讼便宜原则考量，如犯罪嫌疑人涉嫌普通盗窃罪和故意杀人罪并被分别起诉，如果杀人罪名成立并被判处死刑或无期徒刑，那么盗窃罪即使成立，于宣告刑也没有执行层面的意义，为防止浪费诉讼资源，在杀人罪审判结束前可以暂停盗窃罪之审判。最后值得一提的是，依1921年《刑事诉讼条例》和1928年《刑事诉讼法》规定，被告人心神丧失的应一律于其回复之前停止审判；1935年《刑事诉讼法》在其后增加一句，"但显有应谕知无罪、免诉、不受理或免刑判决之情形者，得不待其到庭径行判决。"这是无罪推定原则的要求，也体现了对被告人权益的尊重和保障。

第三，确立审判更新制度。审判连续之旨意在于通过持续的审判活动实现证据调查与辩论的一贯性和法官心证的新鲜性，但如果审判一次性中断数月乃至经年，则连续开庭的规定难免成为具文。此种情形之下，即需更新审判。"更新审判程序，指重新来过，即从头（朗读案由）践行审判程序而言。"〔2〕早在1911年《刑事诉讼律（草案）》中，沈家本等人即引入了这一制度："审判衙门因被告人之精神障碍停止公判，应更新公判之程序。因其他事由停止公判至七日以上者，亦得分别情形，更新公判之程序。"1921年《刑事诉讼条例》和1928年《刑事诉讼法》在此基础上略作修改，规定"审判开始后，因被告心神丧失而停止审判，或因疾病或其他事故停止审判至十五日以上者，应更新审判之程序。"及至1935年南京政府修改刑事诉讼法时，将连续审判之规定与间隔日久后的更新审判制度合并规定于第286条，正式确立了集中审理制度："审判非一次期日所能终结者，除有特别情形外，应于次日连续开庭。如下次开庭因事故间隔至十五日以上者，应更新审判程序。"基于相同法理，三部刑事诉讼法律均规定了法官更易时的更新审判制度。如

〔1〕 林钰雄：《刑事诉讼法》（下册 各论编），中国人民大学出版社2005年版，第177~178页。
〔2〕 林钰雄：《刑事诉讼法》（下册 各论编），中国人民大学出版社2005年版，第175页。

1935 年《刑事诉讼法》第 285 条规定："审判期日应由参与之推事始终出庭。如有更易者，应更新审判程序。参与审判期日前准备程序之推事有更易者，毋庸更新其程序。"

（三）明确期限计算规则

从技术操作的层面讲，期限制度的两个重要方面，一是时限长短，二是计量单位。由于期限的本质强调时间的持续性、跨度性，因此一提到期限人们首先想到的是其长度，如 1 天、1 个月或 1 年等。至于 1 天、1 月、1 年如何计算，由于日常生活中沿用已久，似乎没有必要在法律中专门加以界定；更且期限的计算涉及起止日的定义、遇节假日时的计算等具体问题，似乎于程序公正、诉讼人权而言微不足道，因而是容易被忽视的问题。

在我国古代历朝刑律中，受立法理念和立法水平等限制，难见关于诉讼期限如何计算的专门规定，而是散见于各种法律文件。据钱大群教授考析，唐律中有关于时间单位时值的规定。以唐律中称"日"者为例，通常指一昼夜"百刻"或 12 个"时辰"，但也可以指代从早到晚的 1 个工作日。如《名例律》卷六（总第 55 条）律条及疏文规定："称'日'者，以百刻……须通昼夜百刻为坐。"以从早到晚的 1 个工作日而非严格的百刻作为一"日"的标准，主要用于劳务工时的计算。据《名例律》卷六（总第 55 条）疏文解释，"计功庸者，从朝至暮。……从朝至暮，即是一日，不须准百刻计之。"除此之外，还有关于"年""载"等时间单位的规定，通常二者均以 360 日计量，但在官员受"除免"之后等待复叙时，"载"有特别的指代意义。如闰年多出来的 1 个月也算在"一载"之内。《名例律》卷三（总第 21 条）的疏文中也指出"年"与"载"存在不同："称'期'者，匝四时日期，从敕出解官日，至来年满三百六十日也。称'年'者，以三百六十日。称'载'者，取其三载、六载之后，不计日月。"[1] 客观而言，以上诸项规定在一定程度上说明了我国古代立法的进步性，但从法制完备性的角度讲仍然存在局限。首先，规定过于分散，不符合立法科学，也显得立法者对此问题重视程度较低。其次，同一期限单位在不同情况下界定有异，不利于法律的统一性，也会带来操作方面的难题。

---

〔1〕 钱大群：《唐律与唐代法制考辨》，社会科学文献出版社 2013 年版，第 233~239 页。

　　至清末修律，受以日本为代表的西方法治国家刑事诉讼立法影响，程序公正得到关注，立法技术也更加具有现代色彩，立法中出现了关于期限计算规则的规定。1911 年《刑事诉讼律（草案）》第 1 编为总则，其下第 3 章第 9 节直接以"期间"命名，下设两条。其中第 248 条涉及期间的起算、单位值、末日为休息日的处理等问题："计算期间，以时计者，即时起算；以日、月或年计者，不算入第一日。称月者，阅三十日；称年者，阅十二月。期间之末日，适遇审判衙门、检察厅休息日者，毋庸算入。"第 249 条乃关于展限的规定，即诉讼当事人居住地与审判机关、检察机关所在地不同的，"其法定期间应随其距离之远近增加。每海、陆路五十里，展限一日。未满五十里而在十里以上者，亦同。但海路，以一海里作三里计算。住在外国或交通不便之地者，得由各该审判衙门、检察厅分别情形，特定附加期间。"量地之远近立限，符合当时国家地域辽阔又交通不便的现实，也具有悠久的制度传统。

　　民国时期的三部刑事诉讼法在继承 1911 年《刑事诉讼法（草案）》的基础上，对期限问题作了进一步规定，不仅将"期限"作为专门一章，内容上也有丰富和完善。首先，修改、细化期限计算规则。1928 年《刑事诉讼法》第 204 条至第 207 条对期限计算方法做了十分详尽的规定，且与如今我们适用的规则已基本相同：期限以月或者年计算的，从历，即不再考虑每个月天数上的差别；将起算日期数目之前的一天作为期限最后之月或年的最后一天，但该日为星期日、庆祝日或其他普通休息日的不计算在内。期限以日、月、年计算的，从第二天开始计算。当事人居住地与管辖法院所在地不同的，在计算期限时应当扣除其在途期间。其次，规定非因当事人原因致不能遵守期限时得申请恢复原状，即期间恢复制度。该制度首立于 1921 年《刑事诉讼条例》，1928 年《刑事诉讼法》基本沿袭前法规定，其第 208 条至 212 条分别规定了申请恢复原状的条件、申请期限及相关程序规定和申请恢复原状时裁判执行的停止问题。至 1935 年南京国民政府修订刑事诉讼法，对前例进行了大幅度修改。其一，修改旧法将提出期间迟误原因限定于当事人造成但不问迟误何种期间的规定，列举数种比较重要的期间并放开迟误者必须为当事人的限制。其二，细化法院作出裁决的程序，规定由受理恢复原状申请的法院对申请与应当补行之诉讼行为一并作出裁判，原审法院认为应当同意申请的，应出具意见书后送由上级法院合并裁判。其三，迟误申请再议之期间者，得准用前述规定，由原检察官准予恢复原状。

在刑事诉讼法中以专门章节规定期限如何计算这样的技术性问题，与数千年间历朝诸代的刑律形成鲜明对比，是清末民国时期刑事诉讼期限制度转型的重要表现，也是这一时期法制近代化的一个缩影。特别是在非因当事人过错导致其不能遵守期限时允许其申请恢复原状，更是现代各国刑事诉讼期限立法的通例，也体现出立法者视角的"平民化"趋向。

三、清末民国时期刑事诉讼期限制度转型尝试的评价

刑事诉讼期限制度的现代化，是刑事诉讼体制现代化乃至司法制度现代化这一宏大命题的一项分支。在我国这样一个拥有数千年封建历史的国度，从根深蒂固、自成体系而又合理与落后并存的传统诉讼期限文化，进化为当代以人权保障和程序公正为导向和根基的现代刑事诉讼期限制度，显然并非数个法律条文的修订那么简单。清末民国时期刑事诉讼期限制度的发展是中国向法制现代化转型进程的一环，其中留给我们很多值得思考的东西。

第一，法律移植是法制相对落后国家追赶先进、避免改革弯路的有效途径，但政府主导型的法律借鉴不是单纯的文本复制，法律制度传统、社会现实条件、大众思想观念都是制约域外制度实现本土归化的掣肘因素。正如学者所言，"20世纪中国法律文化现代化的历史进程中，无时无刻不受到中国传统法律文化的影响和制约。"[1]1911年大清《刑事诉讼律（草案）》系模仿日本以及欧陆国家立法而来，虽然因为清朝灭亡在即未能真正施行，但整个民国时期，几部刑事诉讼法的制定都承袭了清末仿效欧陆立法的思路，诸如司法独立、公开审判、无罪推定等原则和理念的确立以及刑事诉讼期限制度的变化即是明证，总体而言，这一阶段的刑事诉讼法"大体上具有近代欧洲大陆法系刑事立法的性格"[2]，在法律结构和内容方面表现出现代法制的基本面相。但是，作为一种上层建筑，法律制度建立在现实的经济基础之上，并受到政治、社会、文化等多重因素制约。值清末民国之际，社会虽处于广

---

〔1〕 刘作翔：《法律文化理论》，商务印书馆1999年版，第303页。

〔2〕 ［日］小野清一郎、团藤重光：《中华民国刑事诉讼法》（上），有斐阁1938年版，第1页。转引自叶秋华等：《借鉴与移植：外国法律文化对中国的影响》，中国人民大学出版社2012年版，第345页。

泛动荡之中，但传统的经济基础、社会结构、统治关系、大众思维并未颠覆，人权和法治的理念尚未切实树立，西方先进的刑事诉讼立法成果在中国缺乏充分的运行土壤。"这种成文的诉讼法律没有成为人们行为的依据和指南，国家司法机关的行为基础仍然是实际的政治利益的需要。因而，这种情况下的诉讼法律，无论其形式如何完美，都不过是一纸空文。"[1]刑事诉讼期限立法同样面临此等命运，例如有关被追诉人受羁押的时间限制，可谓彰显诉讼人权与程序法治的典型，较之我国古代刑事立法的进步性不言而喻，但其究竟能在多大程度上贯彻执行不无疑问。特别是在北洋政府时期，恢复行政兼理司法的封建传统，一者再次面临古代时官员政务繁忙耽搁审判的问题，二者基于逼取口供的目的，羁押能否真正限制在法定期间之内值得怀疑。

第二，时代的转型必然伴随着阵痛甚至很多"无用之功"，但转型时期的过程价值仍然不容轻视。首先，连续审理、羁押有期等西方诉讼原则在近代中国遭遇的"落地"难题，虽然使得这一时期的诉讼期限规定在保障被追诉人人权等方面有所欠缺，但也进一步说明了现代刑事诉讼期限制度的真正贯彻需要立法和司法理念的同步更新，对后续的制度完善不无裨益。其次，具有现代法治色彩的法律规定的实施，是对全社会法制思维的一次洗涤，为现代期限文化的落地生根打下了思想基础。再次，价值理念的冲突性与法律效果的有限性无法磨灭"西法东渐"在规则引入层面的巨大价值，欧陆刑事诉讼期限规定的引入，为革命根据地以及新中国的刑事诉讼立法提供了参照。典型的如关于羁押期限的规定和期限计算规则的专章（节）集中规定。最后，伴随着法律规则的大规模移植，古代刑事诉讼期限立法中不甚合理之处，得以摒弃或纠正。如封建统治者为防止衙役与罪犯串通或怠于履行职责，明确规定应于多长期间内将人犯缉捕归案，其本意虽不坏，但合理性着实欠妥，有违刑事侦查活动的客观规律，在清末修律之后这一规定为立法所抛弃。

第三，传统是与现代相对的概念，但并非所有的传统都是应当摒除的糟粕之物，法制后进国家在寻求通过法律移植加速本国现代法制建设时，对自身固有的优秀法律文化及制度应当在遵照现代法治理念的基础上加以创造性地继承和发扬。在此过程中，"传统法律文化体系尽管从整体式已经解体了，

---

[1] 夏锦文："实证与价值：中国诉讼法制的传统及其变革"，载《法制与社会发展》1997年第6期。

但其内在所包含的许多具有现代性的要素转化为文化传统融于现代法律文化和主体的法律意识一种，在新的系统框架下继续发挥作用。"[1]我国古代有着丰富的诉讼期限制度文化，这种自我生发的"地方性知识"，源于我国独特的社会条件和思想观念，并在不断的应用与完善中获得了坚实的基础，而且具有相当的合理性。因此在清末改制和民国立法中，虽然大规模借鉴移植欧陆各国成果，甚至引入连续审理、庭审更新等制度，但刑事审限制度并未因此消亡，而是以单行法律的形式存留。

四、革命根据地的刑事诉讼期限制度

由于执政者的同一性和执政思路的连续性，新中国成立后第一部《刑事诉讼法》的制定以及其中的诉讼期限制度必然体现出对新民主主义革命时期根据地法制的直接继承。因此回溯我国刑事诉讼期限制度的历史，有必要对此进行单独考察。总体而言，受时代条件决定，根据地的刑事诉讼期限制度与南京国民政府的规定体现出一定程度的共通性，如摒弃了封建社会的不合理因素、注重对人权的保障；同时，政权性质的区别和立场思路的不同使得根据地的诉讼期限制度具备一定的特色，如并未照搬西方集中审理制、对审判效率更加重视等。这种吸收优秀法制传统与适应时代发展步伐的工作思想，也成为新中国刑事诉讼期限制度立法的重要指导原则。

（一）继承传统审判期限制度精神

在带领人民建立社会主义政权之前，共产党领导的革命根据地颁布的刑事法律文件中，已有明确的关于刑事审判期限的内容。早在第二次国内革命战争时期，1931年10月4日鄂豫皖区苏维埃政府革命法庭发布的《鄂豫皖区苏维埃政府革命法庭的组织与政治保卫局的关系及其区别》中提出，"各地送来法庭审讯的案犯，除证据特别难于考查之外，最迟不过十六天就要判决。"[2]进入抗日战争时期，各根据地更加重视法制工作，制定了刑事、民事等一系列法律文件，审判效率问题被反复强调。1942年《陕甘宁边区保障人权财权条

---

〔1〕　夏锦文主编：《冲突与转型：近现代中国的法律变革》，中国人民大学出版社2012年版，第458页。

〔2〕　韩兆龙、常兆儒编：《中国新民主主义革命时期根据地法制文献选编》（第4卷），中国社会科学出版社1984年版，第341页。

例》第 11 条规定:"司法机关,审理民刑案件从收到之日起,不得逾 30 日必为判决之宣告,俾当事人不受积延讼案。但有特殊情形,不能实时审判者,不在此例。"〔1〕1942 年《晋西北保证人权条例》第 17 条规定:"审判机关,处理民刑案件,自传到之日起,简易案件,不得逾 15 日,复杂案件,不得逾 30 日,必为判决之宣告,但有特殊情形者,不在此限。"〔2〕虽然囿于革命形势的紧迫,这些规定略显粗糙,但正式的审限规则制度显然源于我国古代审判程限传统,而与同时期国民政府立法中采行的集中审理制形成鲜明对比。

有必要进一步阐明的是,当代刑事诉讼法中的诉讼期限制度正是通过革命根据地时期继承古代审限制度而来,绵延千年的审限传统成为当下制度建构的"底本"。1949 年新中国成立后,由于废除了国民党的"六法全书",社会主义法制建设面临着"从零开始"的局面。在当时向苏联"一边倒"的基本国策指导下,司法制度借鉴移植的对象从西方资本主义转向同属社会主义阵营的苏联。就刑事诉讼法而言,包括公开审判原则、民族语言原则、保障被告人辩护权、直接原则、群众路线原则等在内的一系列基本原则和制度,都被借鉴移植到了我国刑诉法中。但是,1979 年《刑事诉讼法》中关于审理期限的规定,却并非来自苏联经验。

1961 年颁布的《苏俄刑事诉讼法典》〔3〕第 239 条虽然名为"审判庭审理案件的期限",但规定的仅仅是交付审判后迅速开启庭审程序的时间要求:"从审判员决定或处理庭作出裁定将刑事被告人交付审判的时候起,审判庭至迟应在 14 日以内开庭审理案件。"至于庭审阶段的效率,主要通过审理不间断原则加以保证。依第 240 条规定,"第一审法院在审理案件时,必须直接调查案件证据:讯问受审人、受害人、证人,听取鉴定人的意见,检验物证,

---

〔1〕 武延平等编:《刑事诉讼法学参考资料汇编》(上册),北京大学出版社 2005 年版,第 119 页。

〔2〕 武延平等编:《刑事诉讼法学参考资料汇编》(上册),北京大学出版社 2005 年版,第 298 页。

〔3〕 新中国成立后,关于审限制度的立法构想最早见于 1963 年最高人民法院、最高人民检察院、公安部联合发布的《关于及时办理重大的现行犯案件的联合通知》,其中提出:"为了……把案件办得及时一些……我们认为应当采取下列措施:……对于现行案件,由于罪证明确易查,案件的处理,可以大体规定一个时限。"参见武延平、刘根菊等编:《刑事诉讼法学参考资料汇编》(中册),北京大学出版社 2005 年版,第 930 页。因此,考虑到借鉴的可能性和影响的直接性,笔者选取了最有可能为这一构想提供思路的 1962 年《苏俄刑事诉讼法典》作为考察对象。

宣读笔录和其他文件。审判庭审理每一案件，除规定的休息时间外，都应当不间断地进行。在已经开始审理的案件宣告终结以前，同一审判员不准审理其他案件。"继之的第 241 条确定了案件审理过程中法庭成员不得变更的原则："每一案件必须由同一的审判员组成法庭加以审理。如果审判员当中有人不能继续出庭参加，可以由其他审判员代替，但是案件的审理，除本法典第 242 条所规定的情形外，应当从头开始进行。"[1]可见，苏联刑诉法中并没有关于审判期限的规定，也就不可能为我国提供审限制度的立法思路。

事实上，1963 年《关于及时办理重大的现行犯案件的联合通知》中审限制度构想的提出及其在 1979 年《刑事诉讼法》中的落实，也并非是借鉴资本主义国家法制的成果。首先，中国直至 1978 年才开始实行改革开放，西方法律制度的研究工作刚刚起步，尚无法对 1979 年《刑事诉讼法》的制定产生太大影响，这一阶段反而是苏联的影响仍然在发挥作用。其次，西方资本主义法治国家自始至终都没有采取通过明定审限保障审判效率的方法。英美法系虽然没有明确的成文法规定，但司法实务中均采取"庭审不中断、法官不更换"的审理原则；大陆法系各国则多在其刑事诉讼法中确立了集中审理原则。因此即使符合时间条件，西方资本主义各国立法也无法成为我国审限制度的借鉴来源。可以说，作为中国特色社会主义法律体系的一部分，刑事诉讼审判期限制度并非移植西方资本主义国家或苏联法制的结果，而是继承我国古代刑事审限制度精华和新民主主义革命时期根据地的优良传统而确立的，并根据新的时代条件加以改造和逐步完善的一项现代诉讼制度。

（二）规定羁押期限保障嫌犯人权

纠问式诉讼模式之下，被告人沦为诉讼客体，仅仅被视为发现事实的工具。对被追诉人权利的漠视是我国封建社会司法制度的重要特征和重大弊端，诉讼期限制度本质上乃为规制缉捕、承审官员之用，并非对被告人人权之关照。直至清末民国时期引入西方人权保障理念和程序公正意识，诉讼期限的设置开始具备现代规则色彩。这一观念转变和认识发展也反映在革命根据地

---

[1]　王之相译：《苏俄刑事诉讼法典》，陈汉章校，法律出版社 1962 年版，第 98 页。另，该法第 242 条规定为："对于需要长时期进行审理的案件，可以邀请预备的人民陪审员。预备的人民陪审员从本案开始审理的时候起，即列席审判庭，并在人民陪审员离职时加以代替。如果代替离职的人民陪审员的预备人民陪审员，不要求重新进行审理，案件的审理即继续进行。"

颁布的法律文件中，直观的体现就是关于羁押期限的规定。

晋察冀边区行政委员会第 46 次会议通过的《关于特种刑事案件审理程序之决定》特别规定了审判阶段羁押被告人的期限："羁押被告侦查中不准逾 2 月，审判中不准逾 1 月，但特殊情形侦查中得于期限未满 3 日前报请同级军法审判机关核准展限 2 月；审判中得自动展限 1 月，但均以 1 次为限。"[1]羁押期限已满但对被告人尚未起诉或作出裁判的，办案机关应当立即停止羁押，予以释放或采取保释、则付、限定住址等措施。羁押超过法定期限的，被告人及其亲友可以催促羁押机关立即停止羁押，或者向其上级机关申请命令停止羁押。对于故意超期羁押被告人的办案人员，应当予以刑事制裁或行政处分。

由于社会条件特殊，尽管有关文件将逮捕决定和执行之权赋予司法机关及公安机关（《陕甘宁边区保障人权财权条例》第 7 条），但对于现行犯以及汉奸、逃兵等特殊嫌犯的拘捕主体是比较广泛的。为防止非法拘禁侵犯嫌犯人权，法律文件中明确规定了解交时间，接受机关则应尽快进行讯问或审问（这一点与当前关于拘留、逮捕后应在 24 小时内进行讯问的规定十分相似）。如《陕甘宁边区保障人权财权条例》第 9 条规定："非司法机关或公安机关之机关、军队、团体或个人，拘获现行犯时，须于 24 小时内连同证据送交有检察职权或公安机关依法办理，接受犯人之检察或公安机关应于 24 小时内侦讯。"[2]1943 年《苏中区第二行政区诉讼暂行条例》第 12 条规定："民众或民众团体逮捕前条人犯，应于 24 小时以内解交主管区署或有审判权之司法机关。区署拘禁人犯，不得超过 48 小时，应即解送主管县政府。"[3]

---

〔1〕 武延平等编：《刑事诉讼法学参考资料汇编》（上册），北京大学出版社 2005 年版，第 205 页。

〔2〕 武延平等编：《刑事诉讼法学参考资料汇编》（上册），北京大学出版社 2005 年版，第 119 页。

〔3〕 武延平等编：《刑事诉讼法学参考资料汇编》（上册），北京大学出版社 2005 年版，第 424 页。

第三章
刑事审前程序中的期限问题

我国采取严格的刑事诉讼阶段划分，审前程序概念之下涵盖刑事侦查和审查起诉阶段，具体包括了侦查措施、强制措施、审查逮捕、审查起诉等多项内容，其运行、开展都伴随着诉讼期限问题。

第一节　拘传措施期限

拘传是刑事强制措施中强制性最弱、持续时间最短的一种，其"程序性功能是强制犯罪嫌疑人、被告人到案接受讯问，同时，其收集证据、获取口供以找到侦破案件的突破口的实体性功能也不容小觑。"[1]但自 1979 年《刑事诉讼法》确立该制度后，特别是 1996 年《刑事诉讼法》为拘传设置期限规则以来，拘传制度一直被诸多法外强制到案措施取代，陷入虚置境地。究其原因，一方面在于我国强制措施体系设置的不合理，另一方面与拘传制度立法不完善大有干系。

一、拘传期限的设置

刑事拘传制度创设于 1979 年《刑事诉讼法》，与传唤同属法定到案措施。[2]但"考察侦查到案实践，除传唤、拘传外，口头传唤、留置、抓捕也被侦查

---

〔1〕　陈卫东主编：《刑事诉讼法理解与适用》，人民出版社 2012 年版，第 137 页。

〔2〕　因本节研究对象为强制措施，故此处以拘传为题，但传唤和拘传同为法定到案措施，且法律将二者置于一起加以规定，因此笔者在此部分论述过程中常以二者并列，或以传唤适用情况作为分析拘传问题的基础，所得结论也基本同时适用于二者。

人员加以使用。这五种措施构成了实际的侦查到案措施体系"〔1〕，而且后面三种非法定到案措施是侦查实践中的主流选择，拘传反而基本处于虚置状态。一份针对S省Y区公安局到案措施适用情况的调查显示，2000年至2003年四年间，该公安局没有采用拘传措施的案件，2004年仅有1例，绝大多数甚至全部为留置、口头传唤和抓捕到案。〔2〕

　　司法实践对拘传措施的弃置，很大程度上源于法外到案措施在适用条件和效果上的优势。以对拘传冲击最大的留置措施为例，二者的适用条件基本重叠，但拘传的审批程序更加严格，需要事先获得县级公安机关负责人批准，而留置采事后审批制，批准主体仅为公安机关派出所负责人。最为重要的是，拘传可以持续的时间相对更短，所能实现的查证效果远不如留置措施。根据1996年《刑事诉讼法》规定，拘传期限为12个小时，侦查机关需要利用这段时间开展讯问并尽可能地获得犯罪嫌疑人口供。但根据侦查心理学，犯罪嫌疑人从开始接受讯问到供述有一个时间过程，"需经历抵触、试探、动摇、交代等几个阶段的心理历程……在12小时内完成质的转变显然是不现实的。"〔3〕特别是在职务犯罪案件中，犯罪嫌疑人具有高学历、高智商、反侦查能力强等特点，要在12小时内突破其心理防线更非易事。累犯案件同样如此，犯罪嫌疑人已经有过多次接受讯问的经历，对侦查讯问方法更加熟悉，抵抗的心理更加固化，非短时间可以瓦解。一些侦查人员直言，要想犯罪嫌疑人开口供述，至少要到讯问第二天才行。狭窄的拘传期间无法为这样长时间的讯问活动提供条件，更加便利的留置措施便进入了侦查人员视野。根据《中华人民共和国人民警察法》第9条规定，警察对有违法犯罪嫌疑的人员，经出示相应证件并当场盘问、检查后，符合特定情形的可以将其带至公安机关继续盘问；对被盘问人的留置时间自带至公安机关之时起不超过24小时，在特殊情况下，经县级以上公安机关批准，可以延长至48小时。《公安机关适用继续盘问规定》第8条规定，在对有违法犯罪嫌疑的人员当场盘问、检查后，

---

　　〔1〕马静华："侦查到案制度：从现实到理想——一个实证角度的研究"，载《现代法学》2007年第2期。

　　〔2〕参见马静华：《中国刑事诉讼运行机制实证研究（三）：以侦查到案制度为中心》，法律出版社2010年版，第59页。

　　〔3〕樊崇义主编：《走向正义——刑事司法改革与刑事诉讼法的修改》，中国政法大学出版社2011年版，第76页。

不能排除其违法犯罪嫌疑且具有四种情形之一的，警察可以将其带至公安机关继续盘问。继续盘问的一般以 12 小时为限；在 12 小时内确实难以证实或者排除其违法犯罪嫌疑的，可以延长至 24 小时；对不讲真实姓名、住址、身份，且在 24 小时以内仍不能证实或者排除其违法犯罪嫌疑的，可以延长至 48 小时。留置盘问期限较之拘传措施长达 4 倍之多，加之审批手续更加简单，二者的性价比可谓"高下立判"。

　　针对拘传措施被架空的问题，取消留置制度似乎是一种可行的方案。然而调查发现，"停止使用留置后，传唤、拘传的适用率并未明显增加，无须审批的口头传唤与抓捕却成为主要的到案措施。"[1] 可见问题在于传唤、拘传制度自身。为此，《刑事诉讼法》一方面增设了口头传唤方式，以应对持证执行模式无法满足侦查需要的情况；另一方面扩展了传唤、拘传期限，规定"案情特别重大、复杂，需要采取拘留、逮捕措施的"可以延长到 24 小时，以缓解到案期限与初步查证任务之间的矛盾。对此，学界大多持肯定态度，但认为"案情重大、复杂"的期限延长条件过于笼统，在司法解释未作出细化的情况下可能遭到滥用。

　　从理论层面来讲，这种担心并非杞人忧天，但有学者就侦查到案实践调查发现，"口头传唤是否延长并不真正取决于是否具备'案情特别重大、复杂'这一法定条件，而主要取决于由刑拘证明标准所产生的查证压力：查证压力较小的，口头传唤期间一般可控制在 12 小时之内；查证压力较大的，多延长至 24 小时。"[2] 如果此种操作具有普遍性，那么针对"案情特别重大、复杂"的解释基本上不会切实发挥作用，办案机关会想方设法在面临较大查证压力时套用细化后的解释规则。

　　事实上，公安司法机关基于何种事由选择是否延长拘传期限并非十分严重的问题，因为最长 24 小时的期限已经限定了拘传措施限制人身自由的程度。放眼域外，24 小时的拘传期限也并不突出。如《德国刑事诉讼法典》第135 条规定："拘传时，应当将被指控人立即解送法官予以讯问，不允许依据

〔1〕　左卫民等：《中国刑事诉讼运行机制实证研究》，法律出版社 2007 年版，第 27 页。

〔2〕　马静华："新《刑事诉讼法》背景下侦查到案制度实施问题研究"，载《当代法学》2015年第 2 期。

拘传令将被指控人扣留超过拘传后的第二日结束。"[1]在美国，"所有司法辖区都要求将被羁押的被逮捕人须迅速带至治安法庭，通常……不超过 24 小时就要到庭……一些司法管辖区为了限制周末的开庭时间，允许审前拘禁达到 48 小时。"[2]当然，谈论域外立法并非否定控制拘传期限的必要性，应当通过司法解释对"案特别重大、复杂"的情形予以细化，除此之外，还可考虑借鉴英国式的定期审查机制[3]避免拘传措施的非必要性延续。

二、拘传期限的起算

《刑事诉讼法》对拘传期限的规定系载于"讯问犯罪嫌疑人"一节，作为侦查措施的程序性规则，暗示了拘传时间与讯问时间的重合关系。按照 2019 年修订的《人民检察院刑事诉讼规则》第 83 条规定，拘传持续时间从犯罪嫌疑人到案时开始计算，犯罪嫌疑人到案后，应当立即讯问；讯问结束后，责令犯罪嫌疑人在拘传证上填写讯问结束时间。这实际上是将拘传时间与讯问时间做了重叠化处理，排除了自犯罪嫌疑人被限制人身自由至到案（开始讯问）之间的时间。

现代社会，基础设施建设的突飞猛进和交通工具的多样化、便捷化使得人口移动变得十分高效。犯罪嫌疑人与办案机关在同一城区的，到案时间往往不超过一两个小时，即使犯罪嫌疑人在异地，在途时间至多也就是十余小时。在拘留、逮捕等长达数日、数月的强制措施语境下，这些时间显得有些"微不足道"，但在以小时计算的拘传制度中却是一个值得讨论的大问题。如果办案机关刻意放缓将犯罪嫌疑人拘传到位的速度，就会变相架空拘传期限规则，甚至凭空再造出一次拘传，到案途中讯问活动的不可观察性更是潜藏着侵犯犯罪嫌疑人权利的巨大隐患。为约束侦查讯问活动，维护被拘传人合法权益，建议将拘传时间起算点提前至剥夺人身自由之时，即把在途时间纳入其中。考虑到异地拘传需要更多时间，甚至可能超出法定拘传期限，对于

---

[1] 李昌珂译：《德国刑事诉讼法典》，中国政法大学出版社 1995 年版，第 62 页。

[2] [美] 伟恩·R. 拉费弗、杰罗德·H. 伊斯雷尔、南西·J. 金：《刑事诉讼法》（上册），卞建林、沙丽金译，中国政法大学出版社 2003 年版，第 18 页。

[3] 根据英国 1984 年《警察与刑事证据法》规定，拘留犯罪嫌疑人后，警察应在第 6 个小时、第 15 个小时和第 24 个小时分别审查继续拘留的必要性。

犯罪嫌疑人、被告人不在办案机关所在地的，可以将其拘传到其所在市县内的指定地点进行讯问。

三、两次拘传的时间间隔

在法条中规定两次强制到案措施之间的时间隔断，是一项颇有"特色"的立法创制。基于以往"一旦将有关人拘传到案后往往搞成变相拘禁，将其羁押在司法机关，不予放回"[1]的司法乱象，1996年《刑事诉讼法》规定了拘传时限，并明确禁止办案机关"以连续拘传的形式变相拘禁犯罪嫌疑人"。由于立法和司法解释均未说明何为"连续拘传"，将被拘传人释放然后立即再次拘传成为一项普遍做法，甚至"有的执法单位提出'出门八步'，即犯罪嫌疑人在拘传到期后，在其走出执法机关的大门八步后就再行拘传。"[2]这种明显有违立法本意的实践异化，遭到学界一致批评。在2012年《刑事诉讼法》通过后的司法解释制定过程中，对于两次拘传之间的时间间隔曾有讨论，2012年颁布的《人民检察院刑事诉讼规则（试行）》（以下简称2012年《人民检察院刑事诉讼规则（试行）》）征求意见稿中，曾经表述为"两次拘传间隔的时间不得少于12小时"。即无论何种情况、何种案件，两次拘传均需间隔12小时以上。令人遗憾的是，最终通过的司法解释文本中在原则性规定之中开了一个小"口子"，规定"两次拘传间隔的时间间隔一般不得少于12小时"。由于司法解释中没有进一步限定哪些不属于"一般"的情况，我们有理由担心，其很可能步"连续拘传"规定的后尘，再次异化为"变相拘禁"。几十年的刑事司法实践在不断提示我们，为弥补基本规定不足设定的例外条款，在适用中很容易"喧宾夺主"，最终"原则成为例外、例外成为原则"。笔者认为，应当在司法解释中明确两次拘传间隔可以短于12小时的情形，以"发现新证据且有必要立即向犯罪嫌疑人调查核实"为要件，同时应规定两次拘传之间最少应间隔8个小时。

---

〔1〕　刘玫："关于拘传的立法完善"，载《人民检察》1996年第7期。

〔2〕　李忠诚："刑事强制措施功能研究"，载《法制与社会发展》2002年第5期。

第二节　取保候审和监视居住期限

一、取保候审和监视居住期限的理解问题

取保候审和监视居住同属非羁押性强制措施序列，意在通过部分地限制犯罪嫌疑人、被告人人身自由的方式确保诉讼顺利进行。1979 年《刑事诉讼法》仅赋予公、检、法三机关决定取保候审、监视居住的权力，并未规定取保候审和监视居住的期限，各地公安司法机关在实际操作中出现了许多不合理的做法。一些办案机关在宣布取保候审、监视居住之后便消极侦查、保而不侦，导致案件拖延数年无法完结；一些办案单位在排除犯罪嫌疑之后不采取任何措施，取保候审、监视居住成了最终的结案方式，极大地损害了被追诉人的权利，也不利于刑事诉讼任务的完成。1996 年《刑事诉讼法》修改时，于第 58 条增加规定取保候审和监视居住期限："人民法院、人民检察院和公安机关对犯罪嫌疑人、被告人取保候审最长不得超过 12 个月，监视居住最长不得超过 6 个月。"按照文义解释方法，既然是人民法院、人民检察院"和"公安机关，就意味着三机关共同分享、总体适用 12 个月的取保候审和 6 个月的监视居住。但在法律修订后的司法解释制定过程中出现了不同理解。1998 年率先修正的《公安机关办理刑事案件程序规定（修正）》第 92 条、第 103 条规定，公安机关采取取保候审最长不超过 12 个月，监视居住最长不超过 6 个月。后续制定的最高检和最高法司法解释不得不作出同样规定。依1999 年《人民检察院刑事诉讼规则》第 55 条、第 56 条、第 69 条、第 70 条规定，人民检察院决定对犯罪嫌疑人取保候审、监视居住的，最长不得超过 12 个月、6 个月，公安机关决定对犯罪嫌疑人取保候审、监视居住的，案件移送检察院审查起诉后，需要继续采取的，检察院应依法办理取保候审、监视居住。1998 年《最高人民法院关于执行〈中华人民共和国刑事诉讼法〉若干问题的解释》第 75 条规定，检察院、公安机关已经采取取保候审、监视居住，移送起诉后法院认为符合条件的，应当对被告人重新办理取保候审、监视居住，其期限重新计算。对此，学者普遍持否定态度，认为在法律条文比较笼统的情况下，"应当作有利于犯罪嫌疑人、被告人的解释……然而，三机

关的解释没有遵循这一法律解释的原理。"[1]

看起来，这似乎是中国式"司法解释僭越立法"乱象的一处典型体现。但是在 1996 年《刑事诉讼法》颁布后法律起草机关编著出版的《〈中华人民共和国刑事诉讼法〉释义》一书中，对于《刑事诉讼法》第 58 条规定中的"和"所做的正是类似于"或"的解释，"也就是说，如果犯罪嫌疑人、被告人分别被公安机关、检察机关、法院采取取保候审措施的话，每一机关有权决定取保候审的期限最长不超过 12 个月；如果被监视居住，每一机关有权决定的期限不超过 6 个月。"[2]在某种意义上讲，法律起草机构针对法律条文做出的解读可以视为立法者原意，因此最高法、最高检和公安部的解释并非无的放矢，需要检讨的反而是法律起草机构的做法。基于维护法律权威的目的，在法律颁布实施后，任何的解释、适用工作都应当严格基于法律条文本身。如果立法者本意是赋予法院、检察院、公安机关针对同一刑事被追诉主体各自适用 12 个月的取保候审或 6 个月的监视居住措施的权力，正确的选择是在刑事诉讼法中直接言明，而非在法律甫一颁布后再进行引起争议的解读。但是抛开立法技术的问题，需要进一步追问的是，取保候审、监视居住的期限究竟应如何规定，是由三机关共享 12 个月、6 个月还是各自适用 12 个月、6 个月？

笔者认为，"独享"较之"共享"更加合理。首先，"独享"模式更加符合保障人权的司法理念。批评者认为，如果允许公、检、法各自计算期限，被追诉人最长会承受长达 3 年的取保候审，导致一个本来较轻的强制措施变成了长期限制人身自由的手段，不利于保护被追诉人权利。表面看来的确如此，但在犯罪嫌疑人、被告人被羁押的案件中（这显然是我国刑事司法实践中的常态），取保候审、监视居住是作为法定羁押期限用尽时的一种承接性方案存在的。《刑事诉讼法》第 98 条规定："犯罪嫌疑人、被告人被羁押的案件，不能在本法规定的侦查羁押、审查起诉、一审、二审期限内办结的，对犯罪嫌疑人、被告人应当予以释放；需要继续查证、审理的，对犯罪嫌疑人、被告人可以取保候审或者监视居住。"据此，在羁押期限用尽后，办案机关只有释放被追诉人或改采取保候审、监视居住两种选择。考虑到完全释放可能

---

[1]　陈光中主编：《刑事诉讼法实施问题研究》，中国法制出版社 2000 年版，第 88 页。

[2]　全国人大常委会法制工作委员会刑法室：《〈中华人民共和国刑事诉讼法〉释义》，法律出版社 1996 年版，第 72 页。

出现的逃跑、再犯、毁灭证据等诉讼风险，采取部分限制人身自由的非羁押性强制措施必然成为公安司法机关的首选项。如果采用相对更短暂的期限"共享"模式，也就更易出现期限用尽的情况，届时，办案机关在完全释放的风险压力下，可能会选择寻找继续羁押的理由，如此反而对犯罪嫌疑人、被告人不利。犯罪嫌疑人、被告人未被羁押的案件同样如此，办案机关通常会采取取保候审、监视居住措施以便为程序正常进行提供保障，而非单纯地任由其在社会上自由活动，如果取保候审、监视居住期限用尽，犯罪嫌疑人、被告人将面临的很可能是转为羁押措施而非完全的活动自由。

其次，"共享"模式存在技术性难题。由公、检、法三机关共同享有取保候审和监视居住期限，就存在一个内部分配问题。如果不在立法中预先分配好各自的期限"配额"，就必然会出现在先的办案机关耗时过多甚至将期间耗尽，导致后一机关无期限可用的情况。但要在不同诉讼阶段间预先作出期限分配也并非易事。有学者认为，应当规定"在侦查阶段，每次取保候审的期限不得超过3个月，总期限不得超过6个月，每次监视居住的期限不得超过2个月，总期限不得超过4个月；在审查起诉和审判阶段，取保候审和监视居住的期限不得超过法定的审查起诉期限和审理期限。"[1]该观点具有一定合理性，考虑到了侦查活动的复杂性，并通过将取保候审和监视居住期限与审查起诉和审判程序挂靠，减少制度融合成本。但是，《刑事诉讼法》规定的审查起诉期限和审判期限实为犯罪嫌疑人、被告人在审查起诉和审判阶段的羁押期限，将非羁押性强制措施期限与之等同，不符合强制措施体系原理。再者，尽管通常而言，案件的侦查活动更加复杂且不可控，需要的办案时间更久，但审判阶段需要齐聚诉讼各方参与以及查明事实才能做出裁判，同样需要充分的时间保证。遂行为侦查阶段配给更多办案期限，有违司法规律，也不符合审判中心主义改革方向。

鉴于我国刑事羁押比率高企的现状，为鼓励公安司法机关适用非羁押性强制措施，切实保护犯罪嫌疑人、被告人诉讼权利，应当将司法解释的规定吸收进刑事诉讼法，规定人民法院、人民检察院和公安机关对犯罪嫌疑人、被告人取保候审最长分别不得超过12个月，监视居住最长分别不得超过6

---

[1] 李昌林："侦查阶段的取保候审与监视居住"，载《刑事法评论》2009年第2期。

个月。

二、取保候审和监视居住折抵刑期问题

"刑期折抵，也即把受刑人的未决羁押日数换算判决中确定的刑罚的一种刑事法律制度。"[1]刑期折抵制度建立在人类刑法理念和刑罚目的观念进步的基础上，其中蕴含了丰富的人权保障和司法公正价值以及人文关怀。就其本质而言，刑期折抵是为了弥补未决羁押的非正当性。根据无罪推定原则，任何人非经法院依法判决不得被视为有罪，受刑事追诉者得享有任意支配其人身的基本自由。但为确保刑事诉讼有序推行、防止判决前的二次犯罪等目的，被追诉人需要在其刑事罪责确定之前暂时承受人身自由受限的状态，折抵刑期可以视为国家对于先行"侵犯"犯罪人人权的事后补救措施。另外，犯罪者被执行自由刑与其所受先行羁押状态乃基于同一犯罪事实，且其之于人身的限制效果具有同质性，允许在刑罚执行期间将该羁押状态折抵，符合"任何人不得因同一犯罪行为而两次遭受生命或身体的危害"的法治理念。

按照《中华人民共和国刑法》（以下简称《刑法》）第41条、第44条、第47条规定，管制判决执行以前先行羁押的，羁押1日折抵刑期2日；有期徒刑和拘役判决执行以前先行羁押的，羁押1日折抵刑期1日。在我国刑事诉讼架构下，羁押并非法定的、独立的强制措施种类，而是采取拘留和逮捕导致的对犯罪嫌疑人、被告人人身自由予以持续性限制的状态，因此满足折抵刑期条件的只有拘留和逮捕措施。可以作为佐证的是，最高人民法院曾以批复的形式明确监视居住期间不得折抵刑期，理由在于"监视居住并未完全剥夺犯罪嫌疑人、被告人的人身自由"[2]。然而令人困惑的是，在另一份批复中，最高人民法院又认为监视居住"只是限定了被告人的活动区域，并对被告人在此活动区域内的行动自由加以监视，而并没有规定完全限制其人身自由……只有……限制了人身自由的，才予折抵刑期"[3]。究竟是"完全剥夺"人身自由、"完全限制"人身自由还是"限制"人身自由，混乱的表述使得人们无法把握最高人民法院关于"羁押"标准的真正立场，学界就此产

---

〔1〕 石经海："刑期折抵立法比较研究"，载《环球法律评论》2008年第2期。
〔2〕 最高人民法院《关于监视居住期间可否折抵刑期问题的答复》。
〔3〕 最高人民法院《关于依法监视居住期间可否折抵刑期问题的批复》。

生了分歧，进而引发了关于取保候审和监视居住期间要否折抵刑期的争论。

有学者认为，"羁押既可以是人身自由的被完全剥夺，也可以是人身自由的被完全或部分地限制……那种认为'羁押本身就意味着被羁押人已经失去了人身自由'的观点是缺乏理论和法律根据的。"〔1〕以此为标准，监视居住虽然只是限制被监视人的活动范围，但不能否定其（部分）限制人身自由的性质，监视居住期间应当折抵刑期，并与管制适用一比一的折抵比例。相比之下，取保候审只是限制被取保候审人不得离开"大的活动区域"，限制人身自由的程度不深、强度很弱，与监视居住有较大区别，因此取保候审期间不宜折抵刑期。〔2〕有学者支持将监视居住纳入折抵刑期的情形，同时认为取保候审同样是限制人身自由的措施，其强度至少与缓刑考验及管制相当，因此也应折抵刑期。〔3〕

笔者认为，这种观点值得商榷。首先，《刑法》将折抵刑期的前提严格限定为"先行羁押"，在当时及当下的刑事诉讼语境中，羁押就是特指拘留和逮捕，将取保候审和监视居住纳入折抵范畴，与法律相违背，更会对刑事强制措施体系结构造成巨大冲击。其次，根据刑事诉讼法规定，存在采取取保候审、监视居住空间的一般是那些案情较为简单、性质不太严重的案件，其最终的判决结果一般较轻，即使按照最严格的解释，判决执行前的取保候审、监视居住期限也可分别长达 12 个月、6 个月之久，这就意味着罪犯得以直接"豁免" 6 个月、3 个月的有期徒刑或拘役，最终很可能导致"刑期倒挂"问题的恶化。再次，允许对取保候审和监视居住期限进行折抵，意味着法定的五种强制措施中已有四种可以在判决之后产生对被告人"有利"的结果，这不符合刑事诉讼制度设计的基本法理，会降低刑罚的威慑力，并有诱发拘留、逮捕扩大适用的危险。因为既然都会给犯罪分子带来"实惠"，追诉机关甚至包括法院可能会倾向选择更能实现诉讼保障目标的羁押性强制措施。最后，仅允许对剥夺自由的羁押措施进行折抵刑期与域外通行立法一致。如根据《法国刑事诉讼法典》第 716-4 条规定，"在诉讼的任何阶段实施先行拘押的时间，全部折抵宣告的刑罚刑期"；"当事人因执行押票或逮捕令而被剥夺自

〔1〕 石经海："论刑期折抵的若干问题"，载《法律科学》2004 年第 6 期。
〔2〕 参见石经海："论刑期折抵"，中国社会科学院研究生院 2004 年硕士学位论文。
〔3〕 参见李昌林："侦查阶段的取保候审与监视居住"，载《刑事法评论》2009 年第 2 期。

由，因执行欧洲逮捕令或者引渡要求在国外受到关押，以及依第 712-17 条第 2 款即第 741-3 条之规定受到的关押，亦适用前款之规定。"[1] 其中，"拘押""逮捕""关押""剥夺自由"的措辞足以说明刑期折抵以严格的先行羁押为限。

三、取保候审和监视居住措施解除问题

一段期限的形成，离不开起始时间和终结时间，其中后者可能更为重要。为避免取保候审、监视居住措施超期适用，《刑事诉讼法》规定了办案机关的解除义务。法院、检察院、公安机关在发现不应当追究犯罪嫌疑人、被告人刑事责任时或者取保候审、监视居住期限届满的，应当及时予以解除。立法的用意当然是督促公安司法机关勤勉办案、保障被追诉人合法权益，但该条规定存在需要检讨之处。首先，刑事诉讼法既然规定了取保候审、监视居住期限，则在期限届满之后应视为自动解除，法律为其设置解除程序不仅不合逻辑，更潜藏着制度异化的漏洞。在司法实践中，一些办案机关由于不负责任的心态、办案力量的不足或侦查开展的客观困难，采取"保而不侦"的做法，任凭取保候审到期而不予解除甚至彻底遗忘此事，导致被取保候审人常年背负着犯罪嫌疑人身份，无法恢复正常的工作和生活秩序，严重侵犯了其合法权益。建议取消此种情形下的解除程序，规定取保候审、监视居住期限届满的视为自动失效。其次，发现不应对犯罪嫌疑人、被告人追究刑事责任的，意味着取保候审或监视居住措施失去了存在的正当性根据。"解除"的表述具有消极性和权力控制性，其强制性和权利恢复色彩不够强烈，建议改用"撤销"，即"对于发现不应当追究刑事责任的，应当立即撤销取保候审、监视居住"。

第三节　指定居所监视居住期限

伴随着《刑事诉讼法》的每一次修改，指定居所监视居住的程序规则在不断调整。1979 年《刑事诉讼法》仅规定了监视居住的决定机关、执行机关

---

[1] 罗结珍译：《法国刑事诉讼法典》，中国法制出版社 2006 年版，第 546 页。

和被监视居住人不得离开指定区域，对于监视居住的含义、被监视居住人应当遵守的规定和违反规定的后果均未明确，导致执行中出现了很多问题。1996年《刑事诉讼法》对强制措施体系做了重点修订和完善，在被监视居住人应当遵守的规定中第一次提出了指定居所监视居住，即"未经执行机关批准不得离开住处，无固定住处的，未经批准不得离开指定的居所"。2012年《刑事诉讼法》通过分化取保候审和监视居住适用条件，加强了强制措施的体系化和梯度性，取保候审适用于没有逮捕必要的情况，而监视居住适用于有逮捕必要但不宜羁押的情况。同时，在保留无固定住处的指定居所监视居住基础上，增加危害国家安全犯罪、恐怖活动犯罪、特别重大贿赂犯罪案件中"在住处执行可能有碍侦查"时的特殊指定监视居住，并对执行场所的限制、通知家属、被监视居住人委托辩护、检察监督等做了原则性规定。配合职务犯罪侦查职能的转隶，2018年《刑事诉讼法》对指定居所监视居住的适用范围做了相应调整，删除特别重大贿赂犯罪案件，检察机关不再作为指定居所监视居住的批准机关。因此在刑事司法视野下，对指定居所监视居住措施的研究，限于公安机关决定的"无固定住处型"和两类案件中"有碍侦查型"。

一、指定居所监视居住的权利抑制属性

关于指定居所监视居住的性质，学界存在非羁押性强制措施、准羁押性强制措施、羁押性强制措施等不同观点。从《刑事诉讼法》第74条的规定来看，监视居住适用于两类情况，一是案件符合逮捕条件但具有不适宜羁押的情形，二是符合取保候审条件但不满足保证形式的案件，为了避免释放和羁押的两难选择。据此，监视居住被定位为强制程度高于取保候审的羁押替代措施。作为监视居住措施下位概念的指定居所监视居住显然不属于羁押措施，但其特殊的适用条件又使其很难承载羁押替代功能，而只能沦为一种准羁押措施甚至超羁押措施。

由于在一定程度上发挥着替代"双规""两指"措施的作用以及相对逮捕措施更小的办案压力和风险，指定居所监视居住在检察机关侦查的职务犯罪案件中率先得到了重视。"从实践情况来看，人民法院基本上不适用指定居所监视居住的强制措施，公安机关适用该措施的需求并不如检察机关的反贪

部门大。"〔1〕在实际执行过程中，为完成突破口供的任务和保证办案安全，侦查人员对犯罪嫌疑人采取了高强度的人身限制，甚至比逮捕措施更加严密。在看守所内，犯罪嫌疑人能拥有一定的活动自由，存在固定的放风时间，可以保证固定的休息和饮食，同其他在押人员交流，并通过集中的学习、劳动打发时间。而处于指定居所监视居住期间的犯罪嫌疑人不能离开指定的狭小区域，行走、坐卧、饮水、吃饭等都要先向看管人员报告，洗澡、如厕都要受到监视，毫无隐私和自由可言；在执行初期和突审期，甚至无法获得正常的生活休息条件。此外，犯罪嫌疑人"不允许上网、看电视、看书、读报，缺乏精神食粮。这对一个正常人而言，如果长时间不允许看书、读报、聊天、交谈，绝对比关在看守所更令人煎熬"〔2〕。

　　受适用数量、办案机关态度等因素影响，针对公安机关采取的指定监视居住执行情况的实证研究相对较少。有学者经过考察发现，不同公安机关在适用监视居住方面存在两极化现象，积极适用者多是采取非羁押化执行方式，通过每日报到、上门检查、电话检查、旅店经营管理人员监管等进行间断式监视；一些地区采取 24 小时三班倒的全天候看守，巨大的警力和经济成本使其对采取指定监视居住态度消极。〔3〕实际上，出于办案安全的考虑以及多数执行场所未配备电子监控设备的现实情况，公安机关采取贴身监视方法的更为多见，指定居所监视居住的羁押化问题凸显。

　　在侦查讯问方面，为防止刑讯逼供的发生，2012 年《刑事诉讼法》制定了诸多新对策：拘留、逮捕后应当立即将被拘留人、被逮捕人送看守所羁押；犯罪嫌疑人被送交看守所以后，侦查人员对其进行讯问，应当在看守所内进行；可能判处无期徒刑、死刑的案件或者其他重大犯罪案件，应当对讯问过程进行录音或者录像。指定居所监视居住的适用，绕开了这些法定程序要求。以地方侦查机关操作观之，指定居所监视居住期间的讯问活动表现出常态化、随意化的特点，成为获取口供、突破案件的"黄金时期"。在指定居所内的讯

---

〔1〕　张智辉、洪流："监视居住适用情况调研报告"，载《中国刑事法杂志》2016 年第 3 期。

〔2〕　谢小剑："职务犯罪指定居所监视居住的功能评析"，载《南京大学法律评论》2015 年第 1 期。

〔3〕　参见马静华："公安机关适用指定监视居住措施的实证分析——以一个省会城市为例"，载《法商研究》2015 年第 2 期。

问多采取谈话的名义，既不会传唤到办案机关审讯室内，也不会进行同步录音录像，为疲劳审讯、暴力威胁甚至刑讯逼供等非正当讯问方法的适用提供了可能。2014 年《公安机关讯问犯罪嫌疑人录音录像工作规定》规定"讯问"包括对不需要拘留、逮捕的犯罪嫌疑人在指定地点或者其住处进行的讯问活动，但应当录音录像的案件范围中并未列举"危害国家安全犯罪、恐怖活动犯罪"，为指定居所监视居住内讯问录音录像留了"后门"。有检察人员通过法律监督发现，由于警力不足，侦查人员和执行人员混用的情况时有发生，存在以谈话、亲笔书写供词等替代审讯，无法完全避免刑讯逼供等非法取证活动。[1]

此外，律师无法介入指定居所监视居住阶段会见犯罪嫌疑人，为其提供法律帮助。为缓解刑事辩护困局，《刑事诉讼法》对会见程序作出修改，原则上辩护律师可持"三证"会见在押的犯罪嫌疑人、被告人，但危害国家安全犯罪和恐怖活动犯罪案件应当经侦查机关许可，而这恰恰是"有碍侦查"型指定监视居住的适用范围。出于办案安全考虑，律师很难获得会见许可。这一点在过去职务犯罪案件的指定监视居住实践中已经得到了充分体现，一些地方的指定居所监视居住案例中，辩护律师会见率甚至低到了零，办案机关均以重大贿赂案件正在侦查为由加以拒绝。[2]律师无法会见犯罪嫌疑人，就无法及时为其提供法律帮助，并就可能存在的非法取证活动寻求司法救济。鉴于实践执行中的羁押化操作方式、侦查讯问监督的不能和律师介入的困难，对公安机关采取指定居所监视居住仍然需要严格限制其适用。

二、指定居所监视居住期限的改革方案

防止指定监视居住滥用，需要从每一项制度元素入手，适用期限也是需要改进之处。《刑事诉讼法》在增设特殊案件的指定监视居住后，并未为其单独设置期限，而是一体适用监视居住 6 个月的期限。基于指定监视居住的特殊性质以及实际执行中的强度，如此设置不利于保护犯罪嫌疑人权益，也不

---

〔1〕 参见王朝亮："公安机关决定指定居所监视居住执行中的违法违规行为及监督——以 T 市检察数据最多的 X 区为样本"，载《中国检察官》2018 年第 7 期。

〔2〕 参见谢小剑、赵斌良："检察机关适用指定居所监视居住的实证分析——以 T 市检察机关为例"，载《海南大学学报（人文社会科学版）》2014 年第 5 期。

符合比例原则。但就如何具体设置，是直接缩短期限长度还是通过审查规则加以控制，存在多种可能方案。有学者提出，"综合考虑诉讼效率和注重对犯罪嫌疑人、被告人的权益保障，建议对犯罪嫌疑人、被告人采取指定居所监视居住措施一般不得超过四个月。"[1]2012 年《人民检察院刑事诉讼规则（试行）》在遵守立法规定的同时，通过必要性审查机制对监视居住进程进行动态控制，"人民检察院侦查部门应当自决定指定居所监视居住之日起每 2 个月对指定居所监视居住的必要性进行审查，没有必要继续指定居所监视居住或者案件已经办结的，应当解除指定居所监视居住或者变更强制措施。"

　　然而从司法实践来看，指定居所监视居住的运行节奏要比立法预测的快得多。多地职务犯罪案件侦查实践表明，平均时间为 15 天左右，基本不超过1 个月，甚至一半以上的案件不超过 10 天。指定监视居住的短期化与最高检坚持的"少用、慎用、短用"态度分不开，2014 年最高人民检察院曾专门出台了《关于全国检察机关在查办职务犯罪案件中严格规范使用指定居所监视居住措施的通知》，提出要严格控制使用的时限，原则是控制在 15 天以内。超过 15 天的要报上一级检察院批准。但从根本上讲，还是由于制度目的与制度成本。"通过访谈，几乎所有接受访谈的检察官都表示实践中检察机关判断是否指定监视居住，都是以'防止串供、突破口供、调查取证'为标准。"[2]而为了短期之内突破犯罪嫌疑人心理防线，就不得不采取高强度监视和讯问方式，由此造成的高成本对检察机关而言也是不小的压力，因此往往在侦查目标已经实现后立即解除这种"劳民伤财"的措施。

　　公安机关的侦查实践与此不尽相同。一份针对 5000 余份裁判文书的实证研究显示，公安机关采用指定居所监视居住期间 15 天以下的占总数一半，60天以上的占 25.21%，183 天以上的 249 人，占总人数的 4.18%。[3]由此数据可知：指定居所监视居住的短期化（15 天以下）属于普遍现象，间隔 2 个月的必要性审查和 4 个月的总体期限控制在大部分案件中无法发挥作用；出于

　　〔1〕　程权、孟传香："指定居所监视居住期限不宜笼统规定"，载《检察日报》2014 年 3 月 10日，第 3 版。

　　〔2〕　谢小剑："职务犯罪指定居所监视居住的功能评析"，载《南京大学法律评论》2015 年第 1期。

　　〔3〕　参见谢小剑、朱春吉："公安机关适用指定居所监视居住的实证研究——以 5955 个大数据样本为对象"，载《中国法律评论》2019 年第 6 期。

替代逮捕而非保障办案需要的案件占据一定比例，大多需要持续较长时间；仍然存在实际执行期间过长甚至突破现有法定监视居住期限的情况，反映出动态控制机制的缺位。

考虑到修改刑事诉讼法的方案较难实现，有学者建议借鉴《关于全国检察机关在查办职务犯罪案件中严格规范使用指定居所监视居住措施的通知》的期限控制方式，要求公安机关适用指定居所监视居住原则上不得超过 15 天，超过 15 天应当报上级公安机关审核批准，超过 60 天的报省级公安机关审批。[1]笔者赞同这一方案，但同时认为，在指定居所监视居住的口供输出功能得到矫治之前，任何缩短期限的努力都无法真正达成减少权利侵犯的目标。如果公安机关采取指定居所监视居住的目的仍然是为了侦查办案需要，那么在更加严格的期间限制面前，办案机关必然选择进一步提升人身控制和精神强迫程度，确保在期间届满前完成获取口供的任务。因此，除将 6 个月期间细化为 15 天初始期限和阶段性延长审批机制外，应当明确指定居所监视居住的强制措施性质和侦查保障功能，杜绝指定监视居住场所内的讯问并安装录音录像系统，取消全天候、贴身式监视模式，满足被监视居住人读书、看电视等精神层面的需求。

对于指定居所监视居住超过法定期限的，属于明显的违法行为，应当采取必要的制裁和救济措施。一是对于超期指定监视居住期间获得的口供，应当予以排除；二是被监视居住人最终被判刑的，超期的时间予以双倍折抵刑期，即适用于审前羁押同等的折抵比例；三是被监视居住人未被判刑的，应当予以必要的国家赔偿。针对最后一点，需要特别说明。根据《国家赔偿法》，对公民采取拘留措施超过法定时限，其后撤销案件、不起诉或判决宣告无罪的，受害人有取得赔偿的权利。既然剥夺人身自由的超期拘留措施属于赔偿范围，那么具有准羁押性质的指定居所监视居住也应当获得国家赔偿。再者，被监视居住人被定罪的，指定居所监视居住期间可以获得折抵刑期的抵偿，那么在未追究刑事责任的案件中对其予以国家赔偿，才符合法律的体系性精神。

---

[1]　参见谢小剑、朱春吉：“公安机关适用指定居所监视居住的实证研究——以 5955 个大数据样本为对象”，载《中国法律评论》2019 年第 6 期。

三、指定居所监视居住折抵刑期问题

考虑到指定居所监视居住对人身自由的限制和剥夺程度比一般监视居住和取保候审更强，为切实保护被追诉人合法权益，《刑事诉讼法》第 76 条规定："指定居所监视居住的期限应当折抵刑期。被判处管制的，监视居住 1 日折抵刑期 1 日；被判处拘役、有期徒刑的，监视居住 2 日折抵刑期 1 日。"

关于刑期折抵的比例，学界存在一定争议。《刑法》第 41 条、第 44 条、第 47 条规定，被告人被判处管制，判决执行以前先行羁押的，羁押 1 日折抵刑期 2 日；被告人被判处拘役、有期徒刑，判决执行以前先行羁押的，羁押 1 日折抵刑期 1 日。可见，指定居所监视居住期限对刑期的折抵比例是羁押期限的一半。"这样规定，主要是考虑到……从与刑罚的比较来看，指定居所监视居住与管制的强度相似，但明显低于拘役、有期徒刑。"[1] 根据《刑法》第 38 条、第 39 条规定，对被判处管制的犯罪分子实行社区矫正，其仍然可以住在家中，在所居住市、县内自由活动，参加劳动并享受同工同酬。而被监视居住人却不得离开指定的居所，并被剥夺与家人交流以及正常工作的权利。据此，一些学者提出质疑："纵然指定居所监视居住与拘役、有期徒刑之间强制性有所区别，但指定居所监视居住按照一比一的比例折抵管制的刑期，也忽略了指定居所监视居住与管制之间的差异性。"[2] 因此建议将指定居所监视居住期限折抵比例与未决羁押等同，即犯罪分子被判处管制的，监视居住 1 日折抵刑期 2 日；被判处拘役、有期徒刑的，监视居住 1 日折抵刑期 1 日。

笔者认为，就被执行主体人身所受限制而言，指定居所监视居住重于管制刑罚是无可争议的事实，但就此将指定监视居住期限与管制刑的折抵比例改为一比二，合理性存疑。不可否认的是，不止指定监视居住，住所型监视居住对人身自由的限制程度也高于管制，犯罪嫌疑人虽然得以与家人共同生活，却无外出活动、劳动的自由。按照前述观点，则所有监视居住都应当折抵刑期，如此将彻底破坏强制措施体系性。事实上，立法者对指定监视居住的定位就是比取保候审和监视居住强制程度更高的"准羁押""类羁押"措

---

[1] 全国人大常委会法制工作委员会刑法室编：《〈关于修改中华人民共和国刑事诉讼法的决定〉条文说明、立法理由及相关规定》，北京大学出版社 2012 年版，第 102 页。

[2] 汪建成、胡星昊："论监视居住制度的司法完善"，载《中国刑事法杂志》2013 年第 6 期。

施，将其折抵比例定为拘留、逮捕的二分之一也就顺理成章。如果将折抵比例提高，等于变相承认了指定监视居住的羁押性质，可能倒逼立法和司法将其改造为羁押性强制措施，如此又将面临指定监视居住的重新定位和强制措施体系的调整。当然，司法实践中各办案机关并未严格遵从法律规定，而是将其变为了一种强（超）羁押性强制措施，此种情况的确不宜适用与管制一比一的法定折抵比例，以免违背实质公正、损害诉讼人权。建议赋予被监视居住人在法庭上提出异议的权利，一旦被告人提出曾遭受过度强制性监视而执行机关无法提供充分反证的，即应予认定并适用更高的折抵比例，即犯罪分子被判处管制的，监视居住 1 日折抵刑期 2 日；被判处拘役、有期徒刑的，监视居住 1 日折抵刑期 1 日。

另外，在 2012 年《刑事诉讼法》修订之初已有学者指出，在普通的监视居住案件中，犯罪嫌疑人仅仅因为在办案机关所在地多了一套固定住处就不能享受折抵刑期的"优惠"，有违背法律面前人人平等原则的嫌疑，且存在规则被不当利用的风险。这一担忧在某些地方变成了现实。许多犯罪嫌疑人本来在办案机关所在地有住房，但通过一些手段变成没有住处，然后租住宾馆，再由公安机关指定居所监视居住，待监视居住期满后再将案件移送检察机关，最后法院判决时予以折抵刑期，个别罪行较轻的案件中，甚至正好相抵。对此，通过检察监督及时加以阻止和制裁当然是比较理想的解决渠道，但监视居住决定机制的内部性和检察监督的无力性可能极大地影响发现的及时性和有效性。另一种解决方案是取消无固定住处型指定监视居住的刑期折抵资格，如此不仅可以解决因折抵造成的有、无固定住处犯罪嫌疑人之间的不平等，也可消除故意变成没有住处从而适用折抵制度的违法做法。同时，为避免在无固定住处型指定监视居住和有碍侦查型指定监视居住之间造成不公平结果，立法应将前者定位于与住所型监视居住相同的羁押替代性措施，不得适用更强的监视力度。这一点并非无法实现，因为犯罪嫌疑人无固定住处的指定监视居住在 1996 年《刑事诉讼法》中已有确立，彼时也并无折抵刑期的规定。至于 2012 年《刑事诉讼法》增设的指定监视居住，本来就是适用于特殊类型的犯罪，基于案件性质的考量，显然更加需要稍高强度的监视活动，从而产生折抵刑期的必要。

第四节　技术侦查措施期限

随着犯罪手段日益组织化、隐蔽化、科技化，传统侦查方法在侦破案件方面越发无力，各国侦查机关不得不采取一些技术性侦查措施加以应对。在我国，运用技术手段进行侦查，已成为各地侦查机关越来越多采用的方法。在规范层面，1993 年《中华人民共和国国家安全法》及 1995 年《中华人民共和国人民警察法》规定国家安全机关和公安机关因侦查犯罪的需要，根据国家有关规定，经过严格的批准手续，可以采取技术侦察措施。由于仅有授权条款，缺少相应的实体条件和程序规制，1996 年《刑事诉讼法》修改时又未能将两部法律中的规定及时转化固定，导致各地在实际操作中标准不一、做法各异，技术侦查的合法性存在障碍，侵犯人权的情况难以避免。

经过理论界和实务部门多年的呼吁，2012 年《刑事诉讼法》修订时以专节的方式对技术侦查措施进行了规范，[1]内容涉及适用主体、适用范围、批准决定、技术侦查人员的保密义务、所收集证据的效力等。为严格限制技术侦查措施的适用，特别规定了批准决定的有效期限。但基于"宜粗不宜细"的立法思路，包括适用期限在内的诸多程序规则存在漏洞，需要在从严限制的精神指导下加以系统完善。

一、技术侦查措施应从严适用

通常认为，技术侦查是指为侦查犯罪而借助技术手段采取的特殊侦查措施，包括电子监听、电话监听、电子监控、秘密拍照或录像、邮件检查、网络侦查等秘密的专门技术手段。技术侦查措施与传统侦查方法的显著区别在于技术性和秘密性，侦查人员在采取监听、拍照等方法时无须经过被调查人同意甚至知悉。被调查对象在住处、办公场所甚至一切地点的谈话、举动、交流、思想包括与案件无关的生活隐私完全暴露在侦查人员眼前，而其对此

----

〔1〕　关于《刑事诉讼法》第 2 编第 2 章第 8 节以"技术侦查措施"命名，学界通说认为并不妥当。本文所称技术侦查措施仅指《刑事诉讼法》第 150 条规定的针对危害国家安全犯罪等案件实施的电话监听、电子监视等技术侦查手段，不包括《刑事诉讼法》第 153 条规定的诱惑侦查和控制下交付。

一无所知。技术侦查的秘密性，意味着对隐私权的极大侵害性。在现代公民基本权利体系中，隐私权具有特别重要意义，是公民人格尊严和主体性的必要保障。"某人若被任意监视、窃听或者干涉，将无法对个人事务保有最终决定权，势必听命于他人，丧失其独立个体的地位。"[1]《中华人民共和国宪法》（以下简称《宪法》）界定的公民基本权利体系中虽然没有隐私权的概念，但对于公民的住宅、通信自由、通信秘密等的不受侵犯性已有直接规定。限制技术侦查措施适用是维护隐私、自由等基本人权，贯彻《宪法》规定的必然要求。

在传统刑事侦查场域内，侦查机关在案发之后使用勘验、鉴定、辨认、讯问等明确而直接的手段获取案件线索和信息，而技术性侦查手段的介入改变了这种格局，其"本质上是国家采取的不光彩手段获取证据与信息，这些手段使用的本身就是对国家执法机关公信度与诚实度的减损，频繁使用必然引发不良社会反响，甚至是政府诚信危机"[2]。况且，技术侦查措施并不必然能够达到侦破案件的目标，但其对全社会隐私利益的破坏却是实实在在的。以美国 1969 年至 1972 年期间的数据来看，共电话监听 73 000 人，其中 72 000 人是清白的或与犯罪案件无关的人，数据显示通过监听只有 1.4% 的概率查出犯罪，却有 98.6% 无辜者的隐私与秘密通信自由被侵犯。[3]但侦查机关对此多半不会在意。在侦查人员看来，破案才是最重要的，至于侵犯有关人员的隐私权也可以归结为"必要的恶"。只有通过立法对技术侦查措施进行严格规范，才能防止其遭到滥用。

二、技术侦查措施的控制机制

《刑事诉讼法》第 151 条规定了技术侦查措施的有效期限："……批准决定自签发之日起三个月以内有效。……对于复杂、疑难案件，期限届满仍有

---

〔1〕 王泽鉴："人格权的具体化及其保护范围：隐私权篇（上）"，载《比较法研究》2008 年第 6 期。

〔2〕 陈卫东主编：《2012 刑事诉讼法修改条文理解与适用》，中国法制出版社 2012 年版，第 214~215 页。

〔3〕 参见李牧、王和文："日本《通信监听法》之检讨及其启示"，载《武汉理工大学学报（社会科学版）》2017 年第 2 期。

必要继续采取技术侦查措施的，经过批准，有效期可以延长，每次不得超过三个月。"根据期限结构规则，技术侦查期限由三部分构成，即 3 个月的基础期限、3 个月的延长期限和不限延长次数造成的期限上限缺失。对于最后一点，后文会有详述。针对延长期限，立法确定了三重条件："复杂、疑难案件"由于标准模糊，完全依赖于侦查机关判断，或者说可以适用于所有已启动技术侦查的案件；"仍有必要继续采取"的条件，与《刑事诉讼法》第 150 条中采取技术侦查措施的"根据侦查犯罪的需要"具有同质性；"经过批准"，2019 年《人民检察院刑事诉讼规则》第 229 条和《公安机关办理刑事案件程序规定》第 266 条均解释为经原批准机关批准。由此可见，技术侦查有效期延长的条件与初次采取技术侦查措施的条件基本重合，讨论技术侦查措施的谦抑化以及技术侦查措施期限的规范化，应当从案件范围、适用条件、审批机制三个方面着手。

（一）技术侦查措施的适用范围

技术侦查措施的引入的确有助于提高破案效率，但其与公民人权的冲突使得我们不能放任其适用于任意案件之中，限制技术侦查措施的适用范围是控制其过度适用的第一道端口。各法治国家基本都确立了重罪原则，即只有严重犯罪案件中才能采用。美国《综合犯罪控制与街道安全法》第 3 条规定，秘密监听只能适用于间谍罪、叛国罪、劳动敲诈罪、谋杀罪、绑架罪、抢劫罪、敲诈勒索罪、贿赂政府官员罪、赌博罪、贩毒罪、伪造罪等严重犯罪案件。[1] 根据《德国刑事诉讼法》第 100a 条的规定，只有在危害国防罪、谋杀罪、重大结伙盗窃罪、诈骗罪等严重犯罪中才允许采取电话监听措施。

我国《刑事诉讼法》第 150 条以列举的方式规定了技术侦查措施的适用范围，具体分为三类：一是公安机关立案侦查的危害国家安全犯罪、恐怖活动犯罪、黑社会性质的组织犯罪、重大毒品犯罪或者其他严重危害社会的犯罪案件；人民检察院立案侦查的利用职权实施的严重侵犯公民人身权利的重大犯罪案件；追捕被通缉或者批准、决定逮捕的在逃的犯罪嫌疑人、被告人的案件。《公安机关办理刑事案件程序规定》第 263 条第 1 款对公安机关采取技术侦查措施的案件范围作了细化规定："公安机关在立案后，根据侦查犯罪

---

[1] 参见兰跃军："比较法视野中的技术侦查措施"，载《中国刑事法杂志》2013 年第 1 期。

的需要，可以对下列严重危害社会的犯罪案件采取技术侦查措施：①危害国家安全犯罪、恐怖活动犯罪、黑社会性质的组织犯罪、重大毒品犯罪案件；②故意杀人、故意伤害致人重伤或者死亡、强奸、抢劫、绑架、放火、爆炸、投放危险物质等严重暴力犯罪案件；③集团性、系列性、跨区域性重大犯罪案件；④利用电信、计算机网络、寄递渠道等实施的重大犯罪案件，以及针对计算机网络实施的重大犯罪案件；⑤其他严重危害社会的犯罪案件，依法可能判处七年以上有期徒刑的。"以"罪名+刑期"的方式限定技术侦查措施适用的范围，符合国际通行的"重罪原则"，但仍有一些不足之处：其一，前四项规定的案件是否需要同时满足"可能判处7年以上有期徒刑"的条件存在疑问；其二，"集团性、系列性、跨区域性"三个要件的关系是并列还是选择关系有待明确，各自的含义也需要进行界定，如"系列性"是指犯罪嫌疑人实施同种犯罪还是数种犯罪等。此外，《刑事诉讼法》第150条第3款关于追捕期间可以采取必需的技术侦查措施的规定较为宽松，实际上抛弃了"重罪原则"的限制，甚至不需要履行"严格的批准手续"，只需"经过批准"即可，具有较大的滥用风险，应当对适用条件和可以采取的具体措施作出具体规范。

针对"复杂、疑难案件"这一延长技术侦查有效期的案件范围条件，有学者建议参照《刑事诉讼法》第158条的规定，理由在于这些案件性质相同，都具有侦查取证的困难。[1]这种见解值得商榷。技术侦查措施的核心特征之一是其依托现代科技手段，与传统侦查方法发挥作用的方式和场域存在明显区别，所面临的困难也完全不同。《刑事诉讼法》第158条规定的四类情形虽冠之以"重大复杂案件"，却未必属于技术侦查措施视域下的疑难案件，如"交通十分不便的边远地区的重大复杂案件"，采取传统的现场勘验、询问证人等侦查措施当然意味着要投入更多取证时间，但在采取电话监听的情况下距离、交通不再是难以克服的问题；又如"流窜作案的重大复杂案件"，侦查的难度来自到各地现场取证的时间耗费，却未必有采取技术侦查措施的必要。事实上，"复杂、疑难案件"并不构成限制技术侦查措施期限延长的实质要件，它只是对"仍有必要继续采取技术侦查措施"这一核心要件的修饰而已，

---

[1] 参见吴真文、黄辉军："完善我国技术侦查措施的立法思考"，载《湖南社会科学》2014年第2期。

也因此，从案件范围的角度讨论控制技术侦查措施期限的不当延长，与限制技术侦查措施的不当启动是同一命题。

（二）技术侦查措施的适用条件

案件范围是限制技术侦查措施的第一道防线，但并非只要侦办此类案件就要加以适用。鉴于技术侦查措施对于公民隐私、住宅安宁等权利的威胁，只有在确有必要时才可启动。国际上通行的是"最后手段原则"，即只有在常规侦查手段已经无法实现侦查目的的情况下，技术侦查措施作为最后的手段才得以采用。根据《德国刑事诉讼法》第100a条规定，采取监听措施必须满足"以其他方式查清案情或侦查被指控人所在地可能十分困难或无望"[1]的条件。美国法要求在批准通讯截获时必须满足"最后手段原则"，即常规的侦查手段已经尝试、常规侦查手段不可能成功或过于危险。[2]

我国《刑事诉讼法》仅仅关注了对案件性质的宏观把控，忽略了个案中启动技术侦查的必要性。"根据侦查犯罪的需要"和"仍有必要继续采取技术侦查措施"的条件，实际上没有任何限制作用，完全由侦查机关自行决定。而在后者看来，显然所有手段都是为侦查犯罪服务的，也是为侦查犯罪所必需的。因此该条件与其说是"限权"不如说是"无限授权"。2012年《人民检察院刑事诉讼规则（试行）》在职务犯罪案件的技术侦查措施中曾规定了"采取其他方法难以收集证据"的限制条件，然而随着职务犯罪侦查职能的剥离，2019年《人民检察院刑事诉讼规则》删除了该项表述，与《公安机关办理刑事案件程序规定》一道继续沿用了《刑事诉讼法》的规定。为防止侦查机关在实际执行中抛弃心理束缚，任意启动技术侦查措施，造成大规模的隐私窥视"灾难"，应当在《刑事诉讼法》中明确"最后手段原则"，规定只有在"采取其他方法难以收集证据"的情况下才能采取技术侦查措施。

（三）技术侦查措施的审批程序

严格的适用条件需要与严格的审查机制结合，才能真正发挥防止技术侦查措施滥用的作用。在审查程序方面，刑事诉讼法再次贯彻了"宜粗不宜细"的立法思路，仅规定需要"经过严格的批准手续"。而何谓"严格"，没有进

---

〔1〕 宗玉琨译：《德国刑事诉讼法典》，知识产权出版社2013年版，第58页。

〔2〕 参见程雷：《秘密侦查比较研究——以美、德、荷、英四国为样本的分析》，中国人民公安大学出版社2008年版，第514页。

一步明确。根据法律起草者的说明，之所以未对批准程序进行明确，是"由于实际情况较为复杂，针对不同的适用对象、不同的犯罪情况采取的技术侦查措施种类是不同的，要经过的批准程序也不尽相同，所以法律上采取了目前的原则表述的方法"〔1〕。这种立法初衷的合理性颇值得商榷。首先，为确保成文立法的稳定性和适用力，采取一些原则性的表述无可厚非，但"严格的批准手续"不仅缺乏明确性，甚至不具备基本的指导功能。正如学者所言，"所谓的'严格的批准手续'只能表示'批准手续'的控制力程度，并不能告诉我们对技术侦查措施是如何控制的。"〔2〕其次，"批准程序不尽相同"不构成回避作出规定的理由，即使技术侦查措施种类不同，但综观各国立法例，可供选择的程序性控制机制不外乎那么几类。最后，《刑事诉讼法》已经对技术侦查措施的种类作了回避处理，再在审批程序设置上玩弄这种看似严厉实则空白的文字游戏，势必导致技术侦查措施在实践中的"脱缰"，从一种特殊侦查方法异化为常规侦查手段。

《刑事诉讼法》在批准程序方面的留白，实际上是将审批权限交给了侦查机关行使。《人民检察院刑事诉讼规则》照搬了《刑事诉讼法》的规定，可以说毫无建树。相比之下，《公安机关办理刑事案件程序规定》在一定程度上发挥了司法解释的职能，其第 265 条第 1 款规定："需要采取技术侦查措施的，应当制作呈请采取技术侦查措施报告书，报设区的市一级以上公安机关负责人批准，制作采取技术侦查措施决定书。"尽管采取的是内部审批机制，但"这一审批级别是目前刑事诉讼法中设置的各种侦查措施、强制措施中批准级别最高的"〔3〕。

鉴于技术侦查措施对隐私权的巨大威胁，为切实控制其发动的必要性，学者大多主张进一步强化审批机制。比较通行的观点是两步式立法，即长远来看建立技术侦查措施的司法审查机制，由法院对技术侦查申请进行审查批准；现阶段，考虑到法院介入技术侦查审查可能影响其中立性和公信力，由

---

〔1〕 郎胜主编：《〈中华人民共和国刑事诉讼法〉修改与适用》，新华出版社 2012 年版，第 277 页。

〔2〕 刘方权："突破与缺憾：技术侦查制度评析"，载《四川警察学院学报》2012 年第 6 期。

〔3〕 陈卫东主编：《〈人民检察院刑事诉讼规则（试行）析评〉》，中国民主法制出版社 2013 年版，第 203 页。

检察机关担任审查主体。也有观点认为可以参考英国的行政审查模式,"在保留技术侦查行政审批单提高审批级别的情况下,成立独立的委员会,负责对某些严重侵犯公民隐私权的侵入式技术侦查进行审查和监督。"[1]笔者认为,域外多样的制度模式表明,并非只有法院主持的司法审查机制才能完成控制技术侦查措施的目的,而应当综合考虑本国司法体制、诉讼模式、配套制度等因素。随着职务犯罪侦查职能的转移,检察机关的侦查主体色彩大大弱化,法律监督职能更加凸显。加之检察机关在逮捕措施适用中长期担任着审查者的角色,而法院缺乏相应的心理建设和内在动力,由检察机关负责对技术侦查措施的审查更为合理。

关于批准机关应如何开展审查程序,《刑事诉讼法》和《人民检察院刑事诉讼规则》中同样未置一词,《公安机关办理刑事案件程序规定》要求办案人员应当制作呈请采取技术侦查措施报告书,可见审查该报告书是程序内容之一,但相比逮捕审查等程序其规范详尽度仍然十分欠缺。考虑到刑事侦查的非开放性特别是技术侦查措施的秘密性,采取诉讼式或者听证式审查程序并不妥当,但即便是采用行政审批模式,也应当通过法律规范的形式对具体程序作出明确。

三、技术侦查措施期限应遵循封闭性原则

在此前的刑事侦查实践中,技术侦查的持续时间长短更多地考虑破案的需要,由办案机关自行操作,殊少规制。《刑事诉讼法》在实现技术侦查手段入法的基础上,对其期限作出了限定。技术侦查措施自签发之日起3个月内有效,期间届满需要继续采用的,可以延长3个月,但不限制延长次数。对此,许多学者提出了批评,认为在内部审批机制加持下,这近乎于无限制的监控,极易导致侦查权力的滥用。

事实上,在2012年《刑事诉讼法》立法草案讨论过程中,就有人针对这种不设延长上限的规定提出质疑,但"公安机关等实务部门则认为,实践中存在大量需要长期监控、盯防的案件,一刀切式的规定一个最长期限不符合

---

〔1〕 胡铭:"技术侦查:模糊授权抑或严格规制——以《人民检察院刑事诉讼规则》第263条为中心",载《清华法学》2013年第6期。

侦查实践"〔1〕。这种观点并非没有道理。刑事侦查活动具有特殊性，案件能否侦破、何时侦破不仅与侦查人员的主观努力分不开，更受侦查技术、证据收集、犯罪手段、群众配合乃至运气影响，侦查进展具有很强的不可预测性。犯罪的日益智能化、隐蔽化、复杂化、集团化更加剧了案件侦破的困难，人为划定技术侦查措施的最长期限确实可能导致个别案件中无法满足侦查需要。从比较法角度来看，域外各国基本都未对延长期限的次数进行限制。在荷兰，窃听命令的有效期最多为 4 个星期。有效期可以多次再延长最多 4 个星期。美国的监听令状所授权的监听期限最长不得超过 30 天，监听期限可以延长，但必须按照法定的申请、批准程序和条件重新办理手续，且最长不得超过 30 天，但法律对申请和批准延期的次数没有限制。〔2〕

由于侦查活动的特殊性，在此阶段贯彻期限封闭性原则面临巨大挑战。但技术侦查措施系以现代科技手段为依托，对被追诉人生活进行秘密且深入的窥探，具有极强的隐私侵犯性，必须予以严格规制。这当然不能天真地寄望于权力自我克制，事实上，在侦查权的追诉倾向和扩张本性、内部行政审批方式、弹性期限延长条件的综合作用下，在侦查机关人权保障理念尚待加强的司法现状下，不限制期限延长次数的立法换来的很可能是技术侦查措施的长期化甚至无期化。至于"一刀切式的规定一个最长期限不符合侦查实践"的辩解，在被追诉人基本人权、人性尊严、生活安宁严重受损的后果面前无疑是苍白的，更何况技术侦查措施即使经过长期适用也未必可以实现预期效果。

现代法治文明成果确实是我国刑事立法完善的有益参照，但不能将目光局限于其技术侦查措施期限条款本身。更应看到的是，在其"宽松"的期限延长规范背后，有着多重且严格的规制体系，除广泛存在的司法审查原则外，英国、日本、我国香港等国家和地区还有另外的监督机构和机制。然而，我们的技术侦查续期仅需满足"仍有必要""经过批准"等条件，控制力度不足。在规制手段配置不足之时妄行授权，实非明智之举。况且，无限延长模式虽是域外较普遍的立法模式，却并非唯一选择。日本《关于犯罪侦查中监

---

〔1〕 陈卫东主编：《2012 刑事诉讼法修改条文理解与适用》，中国法制出版社 2012 年版，第 221 页。

〔2〕 参见孙长永：《侦查程序与人权——比较法考察》，中国方正出版社 2000 年版，第 138 页。

听通讯的法律》规定，法官签发的监听令状以 10 日为限，应检察官或司法警察员的要求且法官认为有必要时，可以予以 10 日以内的延长，但监听的期间总计不得超过 30 日。在瑞典，"秘密搭线窃听和秘密电子监控问题由法官根据检察官之申请受理。准许进行秘密搭线窃听或秘密电子监控的裁定应说明电讯地址和准许期间。该期间不得超出必要时间，且自裁定之日起不得超过 1 个月。"[1]

有论者同意现行的不限延长次数模式，同时考虑到可能无限延长风险，建议在批准方式方面予以加强，如采取期限届满重新申请模式[2]，或延长超过 3 次时"引入更为严格的中立审查机制，由侦查机关所在的人民代表大会及其常务委员会直至全国人民代表大会及其常务委员会批准决定"[3]。就第一种观点而言，重新申请显得比报请延长更为慎重，有利于强化技术侦查措施限制适用的外观，但就其本质而言，不仅批准机关并未改变，报请材料也不会有所区别，因此无法起到真正的控制作用。考察第二种观点，引入更高级别的第三方审查主体在形式上体现出更加明确的严格态度，在实质层面较之原决定机关能够避免思维惯性，切实发挥审查功能。但是，相比长期处于刑事诉讼场域并承担具体办案职能的法院、检察院、公安机关而言，人大常委会作为权力机关负责宏观的法规、政策制定，对具体刑事侦查活动的把握能力有限，面对经过精心处理的书面报请文件，能否做出更加理性、严格、准确的决定不无疑问。另外，针对以往人大监督存在的乱象，2007 年实施的《中华人民共和国各级人民代表大会常务委员会监督法》明确了其履行监督职能的基本形式，包括听取和审议"一府两院"专项工作报告、组织执法检查、进行规范性文件的备案审查等，侧重于宏观层面的掌握。将人大常委会作为延长刑事技术侦查措施的审查机关，与其法定职能定位不符，更可能引发新的监督乱象，成为领导干部干预司法新的"温床"。

鉴于我国刑事侦查法治化水平，技术侦查措施期限延长审查机制大幅转向的阶段性难度，在技术侦查措施适用中贯彻期限封闭性原则是比较符合人

---

〔1〕　刘为军译：《瑞典诉讼法典》，何家弘校，中国法制出版社 2008 年版，第 101 页。

〔2〕　参见兰跃军："比较法视野中的技术侦查措施"，载《中国刑事法杂志》2013 年第 1 期。

〔3〕　詹建红："理论共识与规则细化：技术侦查措施的司法适用"，载《法商研究》2013 年第 3 期。

权保障理念的选择。关于具体修改方案，许多学者主张在不改变现行 3 个月基础期限和单次展限幅度 3 个月的基础上，将延长次数限制在 2 次，即技术侦查措施期限最长为 9 个月。笔者认为，应当进一步根据技术侦查措施对隐私权的侵犯程度进行差别化设置，对于住宅内监控和通讯监听以延长 1 次为宜，其余监控措施最多延长 2 次。

第五节　补充侦查的问题与消解

补充侦查是我国刑事诉讼程序中的重要制度，在审查批捕、审查起诉和法庭审理程序之中都可适用，其目的在于夯实不牢固的侦查工作，确保案件事实清楚、证据确实充分，提高审查批捕、审查起诉和裁判结果的正确性。补充侦查通常不计入办案期限，且补充侦查完毕后须重新计算案件原处诉讼阶段期限，其不当运用会严重破坏法定办案期限制度，冲击刑事诉讼期限制度基础，因此必须加以严格规制。在三个诉讼阶段中，审查起诉阶段的补充侦查应用度最高，问题也最多，因此本部分以此为研究对象。

一、补充侦查的实践乱象

第一，补充侦查比例高。根据法律规定，补充侦查的启动以存在犯罪事实不清、证据不足或遗漏罪行、遗漏同案犯罪嫌疑人等情形为前提。在良性、有序、高效的刑事诉讼运行机制下，补充侦查应当属于偶发事件或个别情况，但我国的侦查、起诉实践展示出了与此完全不同的一面，补充侦查、二次补侦占移送审查起诉案件比例较大是一种十分普遍的现象。以北京地区为例，2010 年至 2012 年北京市大兴区人民检察院公诉部门共受理案件 4127 件 5414 人，第一次退回补充侦查 1237 件 1999 人，所占比例分别为 30%、36.9%；第二次退回补充侦查 477 件 865 人，所占比例分别为 11.6%、16%。[1]也就是说，将近三分之一的移送审查起诉案件都要经过补充侦查程序，十分之一的案件要经过两次补充侦查。退回补充侦查制度再次演绎了"原则成为例外、例外成为

---

〔1〕　参见杨永华、王秋杰："审查起诉阶段案件退回补充侦查实证分析"，载《人民检察》2013 年第 20 期。

原则"的"魔咒",成为刑事审查起诉实践中的常态,严重影响了刑事诉讼效率,损害了犯罪嫌疑人合法权益。

第二,补充侦查事由集中、质量不高。补充侦查数量的高企在一定程度上说明了现阶段刑事侦查的质量不高,进一步来看,补充侦查事由呈现集中化分布特征。就案件类型而言,传统的严重犯罪属于高发区域,故意伤害、盗窃、强奸等案件占补充侦查案件的相当比例。据北京市人民检察院公诉处针对海淀、朝阳、丰台、通州四个人民检察院的抽样调查统计显示,2001年上半年四个人民检察院办理的退补案件中,仅盗窃罪、抢劫罪、伤害罪"三类案件总数为 548 件 835 人,件数和人数分别占退补案件总数的 59.57% 和 59.3%"[1]。除案件类型外,补充侦查事项也相对集中,一些问题反复出现,如取证工作不规范,应该提取的证据没有提取,或取证方式不合法影响证据效力;各种诉讼文书制作存在瑕疵需要予以补正或重新制作;遗漏伤情鉴定、精神病鉴定、笔记鉴定等各种鉴定意见;言词证据之间存在明显矛盾但未合理地进行排除;等等。补侦情形的集中化表明侦查机关没有认真研究退补案件基本特点,进而在以后的侦查工作中进行有针对性的改进,致使案件在审查起诉阶段出现本不应发生的程序回转和延宕。即使在发生退补的案件中,侦查机关的补侦工作也未达到理想效果,补充侦查质量不高是检察人员经常抱怨和诟病的问题之一,这一点直观地反映在二次补侦的数量方面。对比两次退回补充侦查提纲可以发现,其中列举的侦查事项存在很大重复。在前述北京市人民检察院的调查统计中,"随机抽取的 114 份退补提纲中,两次退补案件 31 件,共需补侦事项 324 项,重复补侦的事项达 166 项,重复补侦率为 51.23%。"[2]说明初次补侦工作非常不到位,浪费了程序正常推进的机会,造成诉讼效率和人权的双重受损。

第三,存在利用补充侦查"互借期限"问题。补充侦查虽发生于审查起诉阶段,但侦查机关和检察机关均借此获得了规避办案超期责任的渠道,即"互借期限"。就侦查机关而言,由于案件原因或人为原因导致侦查羁押期限

---

〔1〕　周莘芳:"关于北京市检察机关审查起诉阶段补充侦查进行情况的调研报告",载《中国刑事法杂志》2002 年第 3 期。

〔2〕　周莘芳:"关于北京市检察机关审查起诉阶段补充侦查进行情况的调研报告",载《中国刑事法杂志》2002 年第 3 期。

届满而无法顺利侦查终结的，侦查机关往往选择先将案件移送审查起诉，事后再主动要求检察机关退回补充侦查；个别案件中，侦查机关事先取得检察机关同意，仅办理案件移送手续而不移送卷宗，同时办理退回补充侦查手续，从而多获得 2 个月的侦查时间。站在检察机关的角度，利用补充侦查制度的方式单一，但"借期限"的原因较为复杂，除了因客观原因无法在期限内完成审查外，规避年终考核、等待关联案件判决结果、选择自行补侦但期限不足等都是可能的诱发因素。需要指出的是，"互借期限"问题具有相当的隐蔽性，从退补提纲中很难发现确凿证据，但我们或许可以从检察机关决定补充侦查的时间节点找到蛛丝马迹。根据天津市河东区人民检察院 2010 年到 2014 年上半年退回补充侦查数据显示，在审查起诉期限"剩余 0 天时才退查的案件占到全部案件的 38%，剩余 3 天以下的案件占全部退查案件的 77.9%，而退查时审查期限尚余 10 天以上的案件仅占 9%。虽然单凭该数据很难说明这些退查案件在'借时间'，但不容否认存在较高的可能性"[1]。

二、补充侦查乱象的主要成因

补充侦查制度在司法实践中的异化，与刑事案件的复杂性和个别办案人员工作不负责脱不开关系，但根本的问题还是在于立法不规范及配套制度不完善。

首先，法律规定存在缺陷。根据《人民检察院刑事诉讼规则》第 342 条规定，补充侦查的启动条件为"犯罪事实不清、证据不足或者存在遗漏罪行、遗漏同案犯罪嫌疑人等情形"。"事实不清、证据不足"的表述明确性不足，司法实践中，几乎所有情况都可以套用这一规定，为补充侦查措施的滥用打开了缺口。就检察机关可以采用的两种补充侦查方式而言，自行补充侦查相比退回补充侦查可以避免侦查机关消极侦查的问题、提高补充侦查质量，并且因自行补充侦查计入审查起诉期限可以避免审查起诉程序的实质延长，但本就紧张的期限压力削弱了检察人员自行补侦的积极性，法律又没有明确哪种情况下必须采取此种补侦方式，加之客观存在的侦查手段限制和办案风险，退回补充侦查成为基本的程序选择。此外，刑事诉讼法仅允许将精神病鉴定期间不计入办案期限，但实践中进行鉴定的需要广泛存在，物证鉴定、笔记

---

〔1〕 齐冠军等："起诉阶段退回补充侦查程序运行情况调查"，载《人民检察》2014 年第 22 期。

鉴定、伤害鉴定等鉴定活动可能持续数日、数月，侵占了审查起诉期限的大部或全部，迫使检察机关不得不通过退回补充侦查获取更多办案时间。

其次，侦查机关和起诉机关对证据合法性和起诉标准的认识不同。刑事诉讼程序的阶段划分是我国刑事诉讼立法和司法的显著特征，侦查机关和检察机关各自负责案件侦查和审查起诉工作。受工作内容和任务性质决定，侦查机关在执法中更多地考虑案件侦破的需要，认为达到案件事实清楚、证据确实充分时即移送审查起诉。检察机关在收到移送来的案件后，更多的从庭审证明、获得有罪判决的角度加以审查，很多证据可能被发现存在合法性、规范性瑕疵，综合全案证据尚无法使法官就犯罪嫌疑人被告人有罪产生内心确信，不得不发回侦查机关进行补充完善。

最后，考评机制不当。在侦审合一体制下，侦查机关往往将破案作为对侦查人员进行奖惩的主要判断标准，破案率、批捕率、抓捕率是评判办案质量的主要考核依据。受此考评体系影响，侦查人员难免产生"破案即结案""批捕即起诉"的错误思想，在报请批捕之前尚能认真收集证据，获得批捕后就不再重视；只求案件侦破，忽视取证手段合法性和固定证据的重要性；在案件退补之后，因无考评机制逼迫而怠于开展补侦工作。左卫民教授领导的课题组通过研究发现，检察机关启动二次补充侦查程序，除了实现立法预期功能外，还有其他原因。"实践中，由于严格控制不起诉，检察机关一般都是通过建议公安机关撤回起诉，而不是适用不起诉来终结审查起诉程序。"[1]通过两次退回补充侦查，检察机关获得了法律认可的程序终结权，即案件系因事实不清、证据不足达不到起诉条件，并非检察人员不愿意提起公诉，从而得以规避来自不起诉率控制机制的"责难"。

三、补充侦查制度的完善建议

补充侦查是我国刑事诉讼中的一项特色制度，有利于发现案件实体真实，并在此基础上实现控制犯罪和保障人权的诉讼目的。针对实践中暴露的问题，不应因噎废食、妄谈废弃，采取相应措施规范其运行，实现制度功能回归才是正途。

---

〔1〕 左卫民等:《刑事诉讼运行机制实证研究》，法律出版社 2007 年版，第 224 页。

首先，明确补充侦查的适用条件。"事实不清、证据不足"的补充侦查条件不够明晰，应当对其进行细化。考虑到检察机关负责捕诉的部门侦查能力、条件、经验不足，以及直接开展实质侦查活动存在的职能冲突问题，检察机关自行补充侦查的情形应包括：案件主要事实清楚、证据充分，仅需调查个别事实、证据、情节；案件经过一次退回补充侦查后未达到预期效果，检察机关认为可以自行开展补充侦查的；侦查机关存在违法取证行为且情节严重，不宜退回补充侦查的；等等。与之对应，退回补充侦查的实体条件应当是"与定罪量刑有关的主要犯罪事实不清、证据不足"，程序条件包括侦查机关违反回避制度、严重侵害诉讼参与人权利、收集证据手段或程序违法、侦查人员存在贪污贿赂等可能影响司法公正的违法行为等。

其次，加强检察机关对侦查活动的引导和监督。对大陆法系国家"检警一体"关系模式进行反思性吸收后，公诉（检察）引导侦查制度引起了学界和实务部门的强烈兴趣。检察引导侦查的法律性质和依据存在一定争议，但其实质无外乎检察机关提前介入到侦查取证活动中，通过口头交流、书面建议、联席会议等方式引导侦查机关开展证据收集、规范其取证行为。在原有规定基础上，修订后的《人民检察院刑事诉讼规则》第 256 条第 1 款规定："经公安机关商请或者人民检察院认为确有必要时，可以派员适时介入重大、疑难、复杂案件的侦查活动，参加公安机关对于重大案件的讨论，对案件性质、收集证据、适用法律等提出意见，监督侦查活动是否合法。"检察机关的提前介入有助于提高侦查质量，减少补充侦查的发生，有必要进一步探索检察引导侦查的方式方法，扩大检察机关提前介入的案件范围。

再次，将退回补充侦查情况纳入侦查工作考核体系。"退查率"在侦查机关考评体系中的缺位是导致侦查人员缺乏侦查质量意识的重要因素，建立退查情况考核机制有助于遏制退回补充侦查滥用。这一点，已经得到了实践验证。例如东北某省某市公安机关规定因办案人员把握不严致使案件被退卷补充侦查的，扣除审查人员一定的奖金，侦查人员特别是案卷审查人员的积极性被调动起来，办案质量因而大幅提高，补充侦查数量得到有效控制，2007年至2009年该公安机关的刑事案件补充侦查比例一直控制在5%左右，且呈逐年下降趋势，其中2009年更低至3.359%。同处一省的另一市级公安机关，因未采取相关控制措施，刑事案件补充侦查比例处于明显的高位，2007年到

2009 年的比例分别为 13.63%、10.79%、19.07%。[1]

　　最后，建立退回补充侦查的跟踪监督和告知制度。对侦查人员来讲，补充侦查是对其工作质量的负面评价，难免产生抵触情绪，不积极开展补侦活动；也可能因为不了解起诉视角下的证据收集要求和证明标准，无法圆满完成补侦任务。《人民检察院刑事诉讼规则》第 257 条对于补充侦查提纲的内容作了明确，包括"补充侦查的事项、理由、侦查方向、需补充收集的证据及其证明作用等"，对于统一实践操作、增强补充侦查的针对性和有效性具有重要意义。但是，补充侦查提纲制度并非新鲜事物，以往的司法实践已经表明其无法防止侦查机关消极补侦问题，为发挥补充侦查提纲的指导性、弥补其强制效力不足，应当探索检察机关对于退回补充侦查工作的实时引导和监督机制。另外，补充侦查的启动意味着诉讼流程和办案信息的变化，不仅导致羁押期限的延长，也会对犯罪嫌疑人的辩护权产生影响。为充分保护犯罪嫌疑人合法权益、监督司法权力运行以及提高程序合法性，应当建立补充侦查信息告知制度，使犯罪嫌疑人及其辩护人及时获知案件启动补充侦查的情况，以便其对羁押期限形成合理预期以及通过向审查起诉机关提出意见等方式充分行使辩护权。

---

　　[1] 参见韩丹、刘大伟："检侦关系改进论——以公安机关考核机制对退回补充侦查的影响为视角"，载《辽宁大学学报（哲学社会科学版）》2011 年第 5 期。

第四章

刑事审判期限制度的存废之争

刑事案件的审判期限制度是我国独有的法律创制,具有悠久的历史基础,更在当下的刑事司法实践中发挥着重要作用。但立法本身的瑕疵加之诉讼体制、配套机制等方面的不完善,导致司法实践中审判超期的问题难以根治,由此引发了一场审限制度存废论争。

第一节　超审限问题引发的审限制度存废之争

刑事审限制度的主要目的在于督促法官及时审判,但由于方方面面的原因,刑事审判超过法定审限要求的现象一直存在。为全面摸清 1996 年《刑事诉讼法》实施情况,2000 年全国人大常委会组织了一次执法大检查,在肯定各地贯彻 1996 年《刑事诉讼法》成绩的同时,指出存在三方面的主要问题,包括超期羁押问题突出、刑讯逼供不容忽视、律师履职存在障碍等。为此,全国法院系统开始了如火如荼的超审限清理工作。在 2000 年 4 月 7 日召开的"全国法院加强基层建设电视电话会议"上,时任最高人民法院院长肖扬强调,"各级法院也要把解决超审限和久拖不决的问题作为当前法院工作的一项突出任务,抓紧、抓好……力争在年底实现收结案的良性循环,基本解决长期存在的久拖不决、久拖不执问题。"[1] 2000 年 9 月 14 日,最高人民法院通过了《关于严格执行案件审理期限制度的若干规定》(现已修改),再一次明确了各类案件的审理、执行期限,立案、结案时间及审理期限的计算,案件延长

---

[1] 倪寿明:"肖扬在全国法院加强基层建设电视电话会议上强调 大力加强法院基层建设推动司法工作全面发展",载 http://www.china-judge.com/sfgg/sfgg33.html,最后访问日期:2018 年 6 月 2 日。

审理期限的报批等内容，要求各级法院加强对案件审限的管理、监督和检查，并建立审限届满前的催办制度和定期通报制度。对故意拖延办案或因过失延误办案造成严重后果的，依有关规定予以处分。2000 年 9 月 27 日，最高人民法院召开"全国法院进一步清理超审限案件电视电话会议"，进一步强调各级法院要认真部署、严格执行，真正实现超审限案件清理工作的突破性进展。随着两次电视电话会议的召开和《关于严格执行案件审理期限制度的若干规定》的颁布，全国法院开展了卓有成效的清理案件超审限工作。[1]"经过全国法院 30 余万法官和其他工作人员的努力奋战，截至 2000 年底，清理超审限案件工作取得了显著成效，最高人民法院清理超审限案件 385 件，全国法院共清理超审限案件 13.8 万件，清理执行积案 47.5 万余件。"[2]

2003 年下半年，最高人民法院将超审限案件清理与超期羁押问题结合，掀起了第二阶段的治理工作。2003 年 7 月 29 日最高人民法院颁布《关于清理超期羁押案件有关问题的通知》，强调各级法院要进一步提高认识，高度重视超期羁押问题，同时采取有效措施，下大力气开展清理工作。2003 年 11 月 30 日，最高法院又发出《关于推行十项制度切实防止产生新的超期羁押的通知》，指出各级法院在集中清理超审限和超期羁押案件后，必须通过十项制度的推行，实现防止超期羁押工作的规范化、制度化和法制化。一系列司法解释的颁布和检查工作的开展，体现出最高法院对清理超期羁押工作的高度重视，在一个科层式司法组织架构下，这一"上级指示"得以迅速转化为所有法院机构的集体行动。各地纷纷就清超工作作出安排部署，出台相关举措清理超期羁押案件，甚至加班加点处理积案。短短半年时间内，清理工作取得重大成果。"截至 2003 年 12 月 31 日，全国法院共清理刑事超期羁押案件 4100 件，涉及 7658 人，除少数因法定事由外，基本清理完毕。"[3]

虽然官方报告对治理运动的成果给予了充分肯定，然而我们有理由相信，这是一个过于乐观的估计。首先，从其后的有关报道中可以发现，刑事案件

---

〔1〕　相关报道可参见黄星航、边疆、曹始华："辽桂部署清理超审限案件"，载《人民法院报》2000 年 9 月 30 日第 1 版；李明照："武汉法院全面清理超审限积案"，载《湖北日报》2000 年 10 月 11 日第 C01 版。

〔2〕　郝利利："有效率才有公正——全国法院提高审判工作效率述评"，载 http://www.chinacourt.org/article/detail/2002/10/id/15878.shtml，最后访问日期：2016 年 8 月 5 日。

〔3〕　2004 年《最高人民法院工作报告》。

超审限的问题并没有得到有效根治。就全国范围而言，2002 年和 2003 年的刑事一审案件超审限率分别为 0.92% 和 0.93%，但 2004 年迅速反弹至 3.72%。即使在清理过程中，也存在"前清后超""边清边超"等问题。时任最高人民法院副院长沈德咏曾经指出："解决超期羁押问题工作取得的成果是阶段性的，必须在集中清理之后，迅速建立严格防止超期羁押的司法工作机制，严防反弹。"[1]其次，最高法的统计数据可能存在一定"水分"。2003 年 11 月 12 日最高人民法院、最高人民检察院、公安部联合发布的《关于严格执行刑事诉讼法，切实纠防超期羁押的通知》规定，"凡不符合刑事诉讼法关于重新计算犯罪嫌疑人、被告人羁押期限规定的，不得重新计算羁押期限。严禁滥用退回补充侦查、撤回起诉、改变管辖等方式变相超期羁押犯罪嫌疑人、被告人。"这一表述似乎变相承认了司法实践中游离于统计数据之外的隐性超审限行为的存在。可以作为佐证的是，一份题为"全国法院清理超审限案件又创佳绩"的报道中指出，尽管 2001 年全国法院审限内结案率比进行清理工作前的 1999 年有所下降，"但这却是在明确标准、查明实数的基础上得来的真实数据"[2]，暗示了此前统计过程中存在口径不准确问题。

面对超审限问题难以根除的现实，围绕着如何解读与解决，形成了两种不同观点。乐观者认为，最高人民法院的"治超"措施并无明显不当，但由于针对的重点是案件管理与司法体制方面，难以产生实质性效果，应当进一步转变研究方向，通过制度层面的调整解决审限问题。反对者则认为，现有的治理措施只是一种头疼医头脚疼医脚的应激性对策，超审限现象的屡禁不止、屡纠不绝根源于审限制度内在机理的缺陷，必须以西方的集中审理原则取而代之才是正确的解决之道。随着时间推移，"取消论"获得了更多学者支持，集中审理原则的制度优势获得充分阐释。而持"保留论"（或曰"改良论"）者主要从保留审限制度必要性的角度展开论证，缺乏对集中审理原则的正面回应，使得这场缘起于实践乱象的审限制度存废之争未能有效展开。在立法层面，为解决刑事审限制度设计不足带来的超审限现象，2012 年《刑

---

〔1〕 孟娜："最高人民法院推行十项制度防止产生新的超期羁押"，载 http://news. xinhuanet.com/legal/2003-12/01/content_ 1207399. htm，最后访问日期：2016 年 8 月 5 日。

〔2〕 张景义、王立文："全国法院清理超审限案件又创佳绩"，载《人民法院报》2002 年 1 月 17 日，第 1 版。

事诉讼法》进一步延长了一审和二审程序的法定期限，表明了立法者对于保留审限制度的坚定立场。但立法部门的态度无法阻止学术研究和争论，从学术发展与制度完善的长远目标出发，对集中审理原则与审限制度的权衡探讨仍然是必要且必须的。

第二节　作为审限制度替代方案的集中审理原则

一、集中审理原则的基本内涵

"所谓集中审理原则（Konzentrationsmaxime），是指审判程序应尽可能地一口气完成，亦即直到辩论终结均不中断。"[1]根据内涵不同，集中审理原则分为形式上的集中审理和实质上的集中审理。通常意义上所讲的集中审理多指代形式层面，强调审判在时间、地点、人员等方面的集中性，与审理间隔主义相对应。"所谓审理间隔主义，乃指对一个案件分成数次审理，且每次审理的间隔为数日或数周……而所谓集中审理主义，则对一个案件以一次审理完毕，即使对需二日以上审理的复杂案件亦以每日连续审理，以至审理完毕为止，其间除例假日外，并无日数的间隔。"[2]实质层面的集中审理，除了审判活动形式上的连续性外，注重内容的充实性，强调作为庭审核心的证据调查和辩论程序必须集中且充分的进行。日本学者田宫裕认为："集中审理并非字面意义上的连续开庭审理，而是指经过事前的周密准备，避免审判期日空档而进行的高密度的、充实的审理活动。集中审理系指继续审理加上充实的审理。亦即对于集中审理而言，最禁忌的事是审理的空转，最重要的事是审理的充实，因此每隔一日或二日即开庭审理，或一个月开二、三次庭，只要真的按照审理计划进行，审理内容充实，均不妨称为集中审理。"[3]

笔者认为，从制度机理出发并综合两大法系实践，集中审理原则的内容可概括为以下方面：第一，审判时间的集中。为保证裁判人员对案件事实不

---

〔1〕　林钰雄：《刑事诉讼法》（下册 各论编），中国人民大学出版社 2005 年版，第 150 页。

〔2〕　黄东熊、吴景芳：《刑事诉讼法论》，台湾三民书局股份有限公司 2010 年版，第 18~19 页。

〔3〕　[日] 田宫裕：《刑事诉讼法》，有斐阁 1996 年版，第 242 页。转引自彭勃：《日本刑事诉讼法通论》，中国政法大学出版社 2002 年版，第 194 页。

致因审判拖沓和长时间的中断发生淡忘，要求审判原则上应一次审理即告终结，需要持续 2 日以上的，应当在第 2 天连续开庭，直到审理完结。如果因被告人疾病或自然灾害、不可抗力等客观因素导致审判不得不中断较长时间的，应在恢复庭审时更新审判程序。基于同样的原因，要求审判人员在庭审结束后利用心证的新鲜性迅速作出判决并予宣告。第二，审判主体的集中。集中审理原则的重要目的在于保证裁判主体对案件事实和证据的新鲜印象，但在审判人员中途发生更换的场合，后续替补者对以前的庭审活动一无所知，就性质而言较之审判长时间的中断甚至更为严重。为此，合议庭一旦选定，即须全程在场参与案件审理，不得中途更换。如果某位裁判者确实无法继续参加法庭审理，可以由自始在场的候补法官替补审理，否则应更新审判。第三，证据调查与法庭辩论的集中且充分进行。为保证法官获得心证的全面性、深刻性以及当事人行使诉讼权利的充分性，集中审理原则要求"将犯罪证据的调查集中于主要审判期日一次完成，期使所有人证、物证、书证，不论是直接或间接证据，有利或不利证据，均全部呈现于庭审上，公开接受调查、质疑、比对及辨正。"[1]

二、集中审理原则获得广泛认可

放眼域外，集中审理原则已通行于两大法系主要法治国家，成为一项带有"普适性"的制度。美国、英国、加拿大、澳大利亚等英美法系国家，由于其非成文法传统没有通过法典正式规定这一原则，但司法实务中均确立了"庭审不中断、法官不更换"的审理原则。在案件进入实质审理阶段后，特别是在陪审团参与审理的案件中，除非遇有法定节假日或不得不中断的事由，审判必须连日进行，直至终结，甚至力求案件一次审理即告终结。这种审理方式的确立，与英美法系陪审团审判和当事人主义诉讼模式息息相关。首先，由于陪审团成员人数较多且实行一案一组团，间隔式审判会导致陪审员的工作和生活被反复打断，不仅影响公民陪审热情，还会导致诉讼成本增加以及多重社会问题。为此要求控辩双方在法院参与下于开庭前做好充分准备，确保庭审过程的连续和迅速进行。其次，英美法系陪审团制度的目的之一在于利用

---

[1] 蔡墩铭主编：《两岸比较刑事诉讼法》，台湾五南图书出版公司 1996 年版，第 312~313 页。

普通公民的朴素情感和社会常识提高事实裁判的正确性，"法官误认一切的人都像他们一样地合逻辑，而陪审员则往往更明了普通人的混乱和谬误。"[1]但也正因如此，不具备法律专业背景的陪审员面对复杂的案件事实和繁多的刑事证据，更可能在时间的流逝下出现遗忘的情况，更加需要通过审判的连续进行获得充分心证。

　　大陆法系各国，基于追求事实真相的职权主义诉讼传统，并鉴于民众对审判拖冗的批评，大多在其刑事诉讼法中对集中审理制作出了明确规定。德国将集中审理原则视为与口头原则密切相关的重要原则，认为"法庭判决必须建立在通过审判得来的生动印象的基础之上，所以审判不能被长时间隔断，以免法官淡忘了在审判中的所见所闻。"[2]根据《德国刑事诉讼法典》第226条和第229条规定，法庭审理应当在裁判人员、检察机关和法院书记员连续不间断在场的情况下进行；中断审判的最长时间为3周，如果此前已经过10天以上的审理，则中止时间可以达到1个月，审判未能在此期间届满前继续进行的应当重新开始。[3]《法国刑事诉讼法典》第307条规定："审理不得中断，并且应当进行到重罪法庭作出判决结案。在法官、民事当事人以及被告人所必要的休息时间内，审理得暂行中止。"[4]

　　进入21世纪，集中审理原则的"领地"越发扩大，一些国家和地区先后通过修改刑事诉讼法的方式引入、重申或强化了这一制度。日本最高法院于1948年制定的《刑事诉讼规则》中已有关于集中审理制的规定，要求"法院对需要审理2日以上的案件，应当尽可能连日开庭，连续审理"。但二战后日本刑事审判拖延的问题一直比较突出，民众对此意见颇大，学界及律师界也多有批评之声。因此日本司法制度改革审议会在2001年向内阁提交的《支撑21世纪日本的司法制度——司法制度改革审议会意见书》（以下简称《意见书》）中指出，过去马拉松式的刑事审判已经成为影响国民对于刑事司法的信任的重要原因，应当在法律上将连续开庭的有关制度加以明确，以切实实

---

〔1〕　[美]哈罗德·伯曼编著：《美国法律讲话》，陈若恒译，生活·读书·新知三联书店1988年版，第41页。

〔2〕　[德]托马斯·魏根特：《德国刑事诉讼程序》，岳礼玲、温小洁译，中国政法大学出版社2004年版，第138页。

〔3〕　参见宗玉琨译：《德国刑事诉讼法典》，知识产权出版社2013年版，第186~187页。

〔4〕　罗结珍译：《法国刑事诉讼法典》，中国法制出版社2006年版，第236页。

现"刑事审判的充实和高效化"。2004 年修改的《日本刑事诉讼法》落实了《意见书》的建议，于第 281 条之 6 规定法院对于需要 2 天以上时间审理的案件必须连日开庭、持续审理，集中审理原则由此得以法定化。2007 年《韩国刑事诉讼法》修订时，于第 267 条增加了有关集中审理的内容：如果审理需要 2 日以上的，除特殊情况以外，必须连日继续审理。因不得已的情况而不能连日继续审理的，除有特殊情况以外，应当从上次公审之日起 14 日以内指定下次的公审日期。如果审判需数次开庭，为了实现审理的连续、迅速和高效，审判长可以一次性指定拟数次举行的公审日期。同时为保证集中审理之规定能够真正得到贯彻，《韩国刑事诉讼法》第 267 条之二第 5 款要求诉讼关系人遵守公审日期，不得给案件审理带来不必要的麻烦，并赋予审判长采取必要措施的权力。[1]

就制度适用的广泛性而言，集中审理原则俨然已经演变为一项"普世价值"，而刑事审限制度则成为我国独有的一种"地方性知识"，甚至在"多数人的暴政"下被衬托为一种落后的存在，这也是学者主张取消审限制度的一项潜在理由。

三、集中审理原则兼具效率和公正价值

（一）集中审理原则有利于提高审判效率

第二次世界大战之后，各国犯罪数量出现爆炸式增长，在司法人员增速明显赶不上刑事案件增幅的情况下，案件积压的问题随之而来。对于刑事诉讼程序效率低下的问题，各国民众也多有批评之声。扩大简易程序对刑事案件的分流以及保证依普通程序审理的案件的快速终结，成为一项普遍的价值诉求。"集中原则只是在普遍的快速原则下对开庭审理所规定的一个特别原则。"[2]作为集中审理最直观的表现，刑事庭审过程应当尽量在 1 天以内终结，因案件复杂无法 1 天审结的应在第 2 天连续开庭。时间的连续性和内容的充实性必然将审判压缩在一个相对更为紧凑、短暂的时间跨度内，诉讼效率的目标自然得以实现，这也是学者对其大为推崇的主要原因。

---

[1] 参见宋英辉等：《外国刑事诉讼法》，北京大学出版社 2011 年版，第 540 页。

[2] ［德］约·阿希姆·赫尔曼："《德国刑事诉讼法典》中译本引言"，载《德国刑事诉讼法典》，李昌珂译，中国政法大学出版社 1995 年版，第 17 页。

从相关统计数据来看，作为取代审限制度的首要和根本理由，集中审理原则确实缔造了一个控制审判时间、防范诉讼拖延的"神话"，特别是在英美法系国家。Janet Bick-lai Chan 和 Lynne Barnes 曾经针对 1992 年和 1993 年两个统计年度澳大利亚各高等法院审结的数千件刑事案件的审判时间进行调查，结果显示绝大部分刑事审判（在大多数司法区超过90%的案件）用时不到 10 天。联邦高等法院虽然耗时最多，但超过 80%的案件审判时间不超过 10 天，用时 11 天到 20 天的案件在 10%左右，审判持续 20 天以上的仅占总案件数的 8%。审判效率最高的西澳大利亚州高等法院，超过 99%的审判都是在 10 天内完成的。[1]苏格兰法院的审判效率更高，2007 年其郡法院陪审团审理的刑事案件平均持续 2 天，高等法院由陪审团审判的案件平均耗时 5 天，大部分陪审员在单一案件中履行陪审义务的时间不超过 1 周。[2]美国刑事审判的高效更是堪称神话。"轻罪审判通常只延续 1 天以内，重罪陪审团审判在某种程度上时间长些，但是绝大部分会在 2~3 天内结束。"[3]根据美国联邦法院公布的数据，2011 年 10 月 1 日至 2012 年 9 月 30 日，94 个联邦地区法院共审结刑事案件 7968 件，其中一天之内审结的为 5369 件，约占全部案件的 67.38%；用时 2~3 天的为 1421 件，占总数的 17.83%；用时 4~9 天的案件 967 件，约占 12.14%；10~19 天审结的案件有 171 件，约占 2.1%；而审判时间超过 20 天的只有 40 件，占全部刑事案件的 0.5%左右。[4]

对"冗长审判"（long/lengthy trial）的界定标准也侧面反映了英美法系诸国的高速审判效率。在 1995 年 Janet Bick-lai Chan 和 Lynne Barnes 为揭示影响审判时间的诸项因素而开展的研究中，对"lengthy trial"的定义是审判时间超过 20 天的案件。[5]如果说这只是学者出于研究目的作出的学术界定，那么苏格兰的认定标准则具有更多的官方色彩。"虽然陪审员对于陪审服务的承受

〔1〕 See Janet Bick-lai Chan, Lynne Barnes, *The Price of Justice：Lengthy criminal trials in Australia*, Hawkins Press, 1995, p. 14.

〔2〕 See R. R. Donnelley, *The Modern Scottish Jury in Criminal Trials*, Scottish Executive, 2008, p. 29.

〔3〕 ［美］伟恩·R. 拉费弗、杰罗德·H. 伊斯雷尔、南西·J. 金：《刑事诉讼法》（上册），卞建林、沙丽金译，中国政法大学出版社 2003 年版，第 24 页。

〔4〕 参见 http://www.uscourts.gov/uscourts/Statistics/JudicialBusiness/2012/appendices/T02Sep12.pdf，最后访问日期：2014 年 5 月 2 日。

〔5〕 See Jason Payne, *Criminal trial delays in Australia：Trial Listing Outcomes*, Australian Institute of Criminology, 2007, p. 12.

能力和反应存在差别，但苏格兰法院服务署（Court Service）认为在郡法院审理的案件超过 5 天、高等法院审理的案件超过 10 天的构成'冗长审判'（long running trials）。"[1]

即使在英美法系之外，也存在令我们震惊的数据。如德国的一项研究表明，1989 年、1990 年间地方法院由独任法官和陪审法庭（1 名职业法官和 2 名非职业法官）审理的案件平均持续 1.2 天，州法院由 3 名职业法官和 2 名非职业法官组成的法庭则平均需要 2.7 天（1989 年）和 2.9 天（1990 年）审结一个案件。[2]为建立使国民满意的司法制度，日本司法制度改革审议会在提交内阁的意见书中提出建立新的国民参与刑事诉讼程序的制度，使一般国民可以同法官互相配合、共同负责，真正以主体的法律地位参与审判过程。根据这一建议设立的裁判员制度于 2009 年 5 月正式生效。数据显示，在该制度实施后的第一年内裁判时间出现大幅下降。由裁判员审理的案件从开庭陈述到作出裁判通常耗时 3~4 天，大大少于传统的审判程序。[3]

（二）集中审理原则有利于保障司法公正

公正是司法的灵魂和生命线，实体公正则是当事人参与刑事诉讼的最终追求。作为与直接言词原则相通的一项现代诉讼原则，集中审理原则有利于保证法官心证的正确，进而促进公正判决的作出。"集中审判是提供法官形成心证的最佳方式，也是法官形成正确心证所能保证的手段和程序。"[4]其一，集中连续的审判活动有利于法官对庭审信息的清晰印象，在持续而高度的庭审对抗中不断强化法官对案件事实的认识并获得最终的内心确信。如果分次进行证据调查，则因前后间隔过久，法官难免丧失对证据整体性的了解，心证的鲜活性和正确性无从保障。其二，在集中审理之下，所有证据都要提交到法庭上进行集中的调查和质证，更有利于案件真实的发现。尤为重要的是，集中审理强调法庭审判的口头性，非特殊例外，证人必须出庭接受交叉诘问，这被认为是最佳的真相揭示方式。在面对面的审理中，法官可以通过对证人

---

〔1〕 R. R. Donnelley, *The Modern Scottish Jury in Criminal Trials*, Scottish Executive, 2008, p. 29.

〔2〕 See Markus Dirk Dubber, "American Plea Bargains, German Lay Judges, and the Crisis of Criminal Procedure", *Stanford Law Review*, 49（1997）, p. 569.

〔3〕 See Makoto Ibusuki, "'Quo Vadis?': First Year Inspection to Japanese Mixed Jury Trial", *Asian-Pacific Law and Policy Journal*, 12（2010）, p. 38.

〔4〕 蔡墩铭主编：《两岸比较刑事诉讼法》，台湾五南图书出版公司 1996 年版，第 308 页。

面部表情和行为举止的观察判断其是否存在作伪证的嫌疑；被告人由于对案件事实最为清楚和关心，有能力也有动机提出适当问题，揭发证人证言中的矛盾；而且从心理学来讲，一般人比较会在背后捏造事实污蔑他人，而当面撒谎相对而言就不是那么容易。其三，人的记忆会随着时间流逝而渐趋模糊，物证可能会在长久的岁月中逐渐湮灭，被告人的同案犯或其亲友可能利用等待审判的时间实施威胁证人、毁灭证据的行为，这一切都可能导致案件真相最终无法发现，而集中开展并迅速终结的审判程序有利于克服"时间湮灭事实"的问题。

集中审理有利于保障司法独立，防止法外因素对裁判结果的干预。其一，证据调查和法庭辩论活动的集中进行，有助于审判公开原则的贯彻，当事人乃至公众得以对审判过程实施监督，防止法官消极怠职和暗箱操作。其二，与审判长时间中断后的更新审判意旨一致，在庭审结束后，法官应于心证新鲜、坚实之际迅速作出裁判并予宣告。从庭审结束到裁判作出和宣告的时间，在一定程度上反映了、决定了法官脱离庭审进行裁判的空间。缩短定期宣判的时间间隔、提高当庭宣判的数量，有利于减少法外因素干预法官独立审判的机会，也可以在一定程度上促使法官将视线从案卷之上更多地转移到庭审之中。

集中审理原则有助于保障被追诉人权利，实现控辩平等和程序终局。其一，"与民事诉讼不同，在国家作为诉追者具有压倒优势的刑事程序中，如何保障被告者的人权构成了程序正义的特殊内容。"[1]联合国《公民权利和政治权利国际公约》第 14 条有关"公正审判权"的规定被认为是保证被告人获得公正审判的最低限度标准。其中，"讯问或业已讯问对他不利的证人，并使对他有利的证人在与对他不利的证人相同的条件下出庭和受讯问"的权利，称为"对质权"或"眼球对眼球的权利"，是被告人享有的一项重要的程序性权利。集中审理原则因强调通过庭审活动为法官提供新鲜和正确的心证，因而对被追诉人的对质权同样有所要求，除非特定情形，不得以宣读证人先前作出的书面证言的方式代替证人出庭。其二，"从纠纷解决方式演进的历史路径来看，纠纷双方法律地位的平等对于诉讼程序的运作和司法正义的实现

---

〔1〕〔日〕谷口安平：《程序的正义与诉讼》，王亚新、刘荣军译，中国政法大学出版社 2002 年版，第 8 页。

至关重要。"[1]控辩平等首先意味着静态的"平等武装",即在立法层面上赋予被告人与控诉方同等的程序参与机会和对等的攻防手段。在采行集中审理原则的刑事诉讼程序中,法官于集中审理之时,应将一切物证、人证齐聚于庭审现场,并由控辩双方特别是处于天然弱势地位的被告人一方尽其所能实施攻击和防御,就不利己方的证据和证人进行充分辩驳。"换句话说,只有在集中审判,各种证据毕陈之状况下……足可给予被告实质的防御,实现法庭上双方武器平等的理念。"[2]其三,通过对所有不利证据和证人证言予以面对面诘问、驳斥,被告人也借此表达了自己的观点,使得自己的诉讼主张得以对裁判结果产生实质影响,从而满足了程序正义的另一个侧面——程序参与原则。在集中进行的刑事审判程序中,被告人可以竭尽所能地参与证据调查和辩论过程,感受到公平对待和受尊重的主体地位,有助于提升其对裁判过程和裁判结论公平性的内在认同。

第三节　集中审理原则下高效审判"假象"的成因

提高效率、减少拖延是改采集中审理原则最重要的理由。如果将英美"一两天式审判"与我国一两个月的法定审限甚至动辄超审限的现实相比,那么推翻审限制度采行集中审理制的建议确实十分合理。但事实上,无论是大陆法系还是英美法系,其普通审判程序都要持续数月时间,所谓的"一两天式审判"完全是"审判时间"统计口径不同造成的假象,集中审理原则适用阶段的狭窄性也决定了其无法实现提高审判过程整体效率的目标。

一、严格区分庭审时间与非庭审时间

在我国,对刑事审判时间的统计标准是比较粗放的,通常以日、月来计算,涵盖法院受理案件到宣判的完整期间。英美法系对审判时间的计量标准则十分精细,不仅将审判持续时间量化到分钟而且严格区分庭审时间与非庭审时间。

---

〔1〕　冀祥德:"论控辩平等之理论基础",载《求是学刊》2009年第5期。
〔2〕　蔡墩铭主编:《两岸比较刑事诉讼法》,台湾五南图书出版公司1996年版,第308页。

　　美国州法院中心（National Center for State Courts）曾针对审判时间（trial length）进行专门研究，收集并分析了来自新泽西（泽西城高等法院、帕特森市高等法院、伊丽莎白市高等法院）、科罗拉多（丹佛市地方法院、科泉市地方法院、果登市地方法院）、加利福尼亚（奥克兰市高等法院、蒙特利高等法院、马林县高等法院）三个州九个法院1500个刑事和民事审判的数据。结果显示，新泽西州伊丽莎白市高等法院的效率最高，被选取的69个刑事案件审判时间中值[1]仅为6小时41分钟，审判效率最低的加利福尼亚州奥克兰市高等法院平均仅需25小时20分钟。对比我国动辄数次开庭、持续数日乃至数月之久的审判实践，这样的审判效率可谓惊人。但必须指出的是，这些精确到分钟的数据仅仅是庭审持续的绝对时间，不包括任何的休庭、假期等开庭以外的时间经过。以伊丽莎白市高等法院为例，6小时41分钟的平均（中值）审判时间大致包括：遴选陪审团1小时10分钟，控方时间（开庭陈述、举证、反驳、最后辩论）2小时42分钟，辩方时间（开庭陈述、举证、最后辩论）1小时16分钟，陪审团评议时间1小时33分钟。奥克兰市高等法院25小时20分钟的审判时间中值大体包括：遴选陪审团8小时17分钟，控方时间8小时16分钟，辩方时间3小时21分钟，陪审团评议过程5小时26分钟。[2]

　　为了更好地与我国审判情况作比较，我们将这些精确到小时、分钟的时间折算为庭审日数。如果按照法院每个工作日8小时工作时间计算，伊丽莎白市高等法院平均每天可以审结1个刑事案件，效率最低的奥克兰市高等法院也仅需要3天半时间。但实际的情况远非如此。据科罗拉多州法官报告称，每个庭审日从早上8点30分开始，中午休息，下午1点30分开始上班直到5点以后。同时为法庭参与人员的健康考虑，每2个小时会休息15分钟到20分钟，平均每天上午、下午各休息一次。有时法官也会在审判间隔中安排一些其他活动，如听取与案件有关的动议、讨论如何指示陪审团等。新泽西州法院审判期日的平均持续时间最短。据该州法官报告，审判一般早上9点开始，

────────────

　　〔1〕　中值（median），又称中位数，是统计学中的概念。将一组数据按照大小排列，居于中间的数值即为中值。相比于平均值（average），中值受数据样本中极端（极大或极小）数值的影响更小，更能反映该组数据的中等水平。

　　〔2〕　See Dale Anne Sipes, Mary Elsner Oram, *On Trial: The Length of Civil and Criminal Trials*, National Center for State Courts, 1998, p.19.

午餐时间 1 小时，直到下午 4 点。一般不会在审判过程中安排休息时间，但是如果出现与正在进行的审判无关的情况或为了维护司法利益的必要（如证人迟到），法官可以决定进行非正式的休息。[1]如此一来，审判根本不可能在 1 天之内进行 8 个小时。

事实上，研究人员将每个审判的总体时间（不包括陪审团评议）除以审判持续的天数，从而得出了每个审判日持续的大概时间。从结果来看，这一时间离 8 小时相差较远，而作为庭审活动参与者的控辩双方律师，乃至法官对每个庭审日（trial day）平均时间的估计也存在一定偏差。

（陪审团审判）庭审日时长（时：分）

法院		法官预估时间	律师预估时间	实际的平均庭审日时长
加利福尼亚州	奥克兰	4：54	4：48	3：10
	马林县	5：12	4：17	3：19
	蒙特利	4：42	5：51	3：45
科罗拉多州	丹　佛	4：56	5：12	3：31
	科　泉	5：08	6：22	3：45
	果　登	5：02	6：41	4：00
新泽西州	泽西城	3：36	5：47	2：41
	帕特森	4：42	5：57	2：51
	伊丽莎白	5：30	5：54	3：01

对于每个案件的庭审活动花费了几天时间，我们无从得知，但可从各法院平均审判时间和平均庭审日时间反推出审判持续的天数。如新泽西州伊丽莎白市高等法院审判时间中值为 6 小时 41 分钟，平均每个庭审日（trial day）审判时间为 3 小时 1 分钟；加州奥克兰市高等法院审判时间中值为 25 小时 20 分钟，每天平均审理 3 小时 10 分钟。将前述平均审判时间（trial time）转换为审判日，那么伊丽莎白市高等法院每一案件平均耗费 2.2 个庭审日，奥克兰市高等法院则耗费 8 个庭审日。考虑到对每天审判时间低估的可能，将每

---

〔1〕 See Dale Anne Sipes, Mary Elsner Oram, *On Trial：The Length of Civil and Criminal Trials*, National Center for State Courts, 1998, p. 79.

天审判时间假设为 4 小时，则前述数据分别为 1.7 天和 6.3 天。据此粗略估计，伊丽莎白市高等法院由陪审团审理的重罪案件历时 1 天半到 2 天半，而奥克兰市高等法院则需要 1 周左右。[1]

如此效率似乎仍然令我们望尘莫及，但事实上这一数据也存在"水分"。因为法律虽然规定审判应当持续进行，但如果遇到节假日、被告人不能到庭等情况，审判可以中断也必须中断。司法实践中，导致审判中断的事由可谓多种多样，由此导致许多案件虽然在法庭上经过的时间很短，但从陪审团遴选到裁判作出的时间跨度很大。如澳大利亚 1995 年 R v. Wilson and Grimwade 一案，共进行了 294 个庭审日，但历时逾 22 个月，是澳大利亚司法史上持续时间最久的刑事审判。[2]大陆法系国家也存在这种统计"误差"。1994 年、1995 年间德国法院的几个案例显示：杜塞尔多夫市法院对数名库尔德人的审判耗费 353 个庭审日，历时 4 年半；在德国北部，发生在希尔德斯海姆的三兄弟杀害两名警察的案件，审判过程持续了 180 个审判日，历时 2 年半。[3]

从数个小时到数月、数年的转变并非对各国特别是英美法系刑事审判时间的歪曲，而恰恰是对真相的还原。问题的关键在于统计口径的不同，即是否包含法庭不开庭的时间。如果采用与英美法系相同的统计标准，那么我国的刑事庭审也是十分迅速的。有学者针对某基层人民法院 34 起案件的平均庭审时间统计得出，适用普通程序审理的案件庭审过程平均用时 45.5 分钟，其中最长的用时 200 分钟，最短的仅需 10 分钟。适用简易审判程序审理的案件则更为迅速，最长的仅用时 28 分钟，最短的则仅需 6 分钟即庭审结束，平均的时间耗费是 13.75 分钟。[4]这样的庭审速度即使相比英美等国也不遑多让。

二、审判时间被转移至庭前准备程序

如果说对开庭时间与非开庭时间的严格区分只是造成高效审判假象的

---

〔1〕 See Gordon Van Kessel, "Adversary Excesses in the American Criminal Trial", *Notre Dame Law Review*, 67（1992）, pp. 469-471.

〔2〕 See Janet Bick-lai Chan, Lynne Barnes, *The Price of Justice: Lengthy criminal trials in Australia*, Hawkins Press, 1995, p. 2.

〔3〕 See Markus Dirk Dubber, American Plea Bargains, "German Lay Judges, and the Crisis of Criminal Procedure", *Stanford Law Review*, 49（1997）, pp. 568-569.

〔4〕 参见艾明："实践中的刑事一审期限：期间耗费与功能探寻——以 S 省两个基层法院为主要样板"，载《现代法学》2012 年第 5 期。

"障眼法"，那么成就集中审理原则下高效审判神话的真正秘诀，就是审判时间成本向庭审准备阶段的转移。

为实现法庭审理的连续，控、辩、审三方必须在事前做好充分的准备工作。就法院方面而言，包括指定审判期日、传唤应到庭证人、保全证据以及例外情况下进行证据调查、组织控辩双方开示证据、整理争点等；就控辩双方而言，则要努力调查收集证据、拟具法庭辩论计划等。可以说，"充分的准备乃集中审理的前提"[1]。对此，各国和地区立法者与学者都有清醒认识。我国台湾地区在2003年修正"刑事诉讼法"时对第273条第1项（准备程序中应处理之事项）的内容作了调整，理由就是"刑事审判之集中审理制，既要让诉讼程序密集而不间断地进行，则于开始审判之前，即应为相当之准备，始能使审判程序密集、顺畅。参考日本刑事诉讼规则第一九四条之三规定，除修正、组合本条第一、二项之文字内容外，并将准备程序中应处理之事项，增列其中，以资适用"[2]。为高效、集中地进行公审日期的审理，2007年修正的《韩国刑事诉讼法》增设了公审前的准备程序，以整理案件的争点及证据，这与日本2004年修订《日本刑事诉讼法》时增设的审理前整理程序类似。在澳大利亚有关审判效率的调查中，也有政府律师认为，如果控辩双方能够在审判开始之前坐到一起解决证据等问题，那么法庭审判的时间完全可以缩短，这一观点也得到了很多法官的支持。[3]

美国的庭审之所以能在一两天内终结，可以说完全建立在开庭之前长期而充分的准备基础上。在案件起诉至法院后，控辩双方可以在法庭主持下进行辩诉交易、开示证据等活动，法院也可依申请或依职权召开庭前会议、进行证据保全等。除了这些基本和必要的时间耗费外，辩护律师可能希望有更多的时间来准备辩护计划，或利用控方拖延战术为委托人谋取来自速审权救济方面的利益；检察官可能希望有更多的时间取得新的证人证言，或等待同案犯的审判结果；法庭也可能由于庞大的待审案件数量而倾向于延后审理某

---

[1] 林钰雄：《刑事诉讼法》（下册 各论编），中国人民大学出版社2005年版，第151页。

[2] 林俊益："刑事准备程序中事实上之争点整理——台上字第二〇四号判决析述"，载《月旦法学杂志》2007年第9期，总第148卷，第264页。

[3] See Janet Bick-lai Chan, Lynne Barnes, *The Price of Justice: Lengthy criminal trials in Australia*, Hawkins Press, 1995, p. 1, 51, 52.

一案件。由于控、辩、审三方的这种"不谋而合"，案件从起诉到开庭可能需要很长时间。美国学者和官方进行的多项研究均证实了这一情况。[1]以美国州法院中心（National Center for State Courts）、都市法院会议（National Conference of Metropolitan Courts）和司法部援助执法厅［Law Enforcement Assistance Administration（LEAA）］联合资助的审前迟延项目（The Pretrial Delay Project）为例。该项目选取全美21个法院共计20 000个案件（每个法院选取1976年处理的500个民事案件、500个刑事案件）作为研究对象。结果显示，在被调查的21个法院中，加利福尼亚州圣地亚哥郡高级法院处理案件的速度最快，从案件起诉至法院到启动陪审团遴选平均需要67天。纽约州布朗克斯郡最高法院效率最低，从起诉到审判开始平均需要405天。[2]将这些时间与庭审经过的期间相加[3]，那么英美法系的刑事审判相比我国并无效率优势，甚至更为冗长，这也正是英美对抗式诉讼模式更加耗费司法资源的一大表征。[4]

　　将视线转向大陆法系刑事诉讼实践可以发现，集中审理原则无益于缩短审判时间的事实更加清晰。与我国相同，大陆法系国家的刑事审判是指从提

　　〔1〕　See M. A. Levin,"Delay in Five Criminal Courts", *The Journal of Legal Studies*, 4（1975）. S. Wildhorn et al., *Indicators of Justice: Measuring the Performance of Prosecution, Defense and Court Agencies Involved in Felony Proceedings*, Santa Monica: Tand Corp, 1976; John A. Goerdt, Chris Lomvardias and Geoff Gallas, *Reexamining the Pace of Litigation in 39 Urban Trial Courts*, National Center for State Courts, 1991.

　　〔2〕　See Thomas Church, Jr. et al, *Justice Delayed: The Pace of Litigation in Urban Trial Courts*, The National Center for State Courts, 1978, pp. 14~15.

　　〔3〕　美澳等英美法系国家对"审判"的定义与我国不同，一个典型的、完整的刑事审判包括六个主要阶段：选择陪审团；开场陈述；证人作证与交叉询问；最后辩论；陪审团指示；陪审团评议和裁决。（参见 http://criminal.findlaw.com/criminal-procedure/criminal-trial-overview.html）这大致相当于我国的庭审阶段，因此为了对比的科学，必须将其"审判时间"与起诉至审判的时间相加。

　　〔4〕　英美正式审判程序耗时较长的问题，也得到"取消论"者的认可。如万毅教授认为，"在英美法系国家，只要进行正式程序开庭审理的案件，一般审理时间都拖得较长，尤其是一些比较有名的案件一般都长达数年"。但其进一步指出，"由于辩诉交易、罪状认否程序的存在，绝大多数案件已经先期分流，无须审理，因此总体上并不存在案件拖延的问题。"笔者对此存有异议：首先，英美法系国家由于实行法庭一次只审理一个案件直到终结的审判方式，因而实质上贯彻了集中审理原则。承认"只要进行正式程序开庭审理的案件，一般审理时间都拖得较长"，也就否定了集中审理原则的效率价值。其次，"绝大多数案件先期分流"能否与"开庭审理案件时间拖得较长"中和，进而换算出"总体上不存在案件拖延"的结论存在疑问，毕竟这不是简单的数学运算。况且我们要讨论的是如何防止正式审判程序进行过慢的问题，而不是刑事诉讼程序的整体效率，这一推导有偷换概念之嫌。退一步讲，如果承认这一结论的正确性，也就意味着我们只需要扩大先期分流机制的适用即可，不必再引入集中审理原则。

起公诉到裁判结果确定的整个诉讼程序。虽然通过在开庭前解决证据等问题保证了庭审过程的迅速，但包含庭前准备阶段的审判程序平均仍需数月时间。在日本，根据平成 15 年（2003 年）的统计，在地方法院审理的普通第一审案件的平均审理时间是 3.2 个月（自白的案件为 2.8 个月、否认有罪的案件为 9.3 个月），这一处理速度被认为是比较快速的。[1]在建立国民参与司法的新形式——裁判员制度后，考虑到裁判员的负担问题，开庭的连续性尤其得到重视。为此，作为裁判员制度的准备措施之一，2004 年修改的《日本刑事诉讼法》建立了庭审前整理程序。即在第一次审理之前，在法院主持下通过整理案件争点、进行证据开示、商定审理日期等活动，确保庭审日审理内容的明晰化和审理活动的连续、快速。这样一种审前的整理活动由于内容的丰富性和重要性，客观上需要占用一定时间。根据统计，在裁判员制度生效后的 2009 年 5 月至 2010 年 2、3 月间，裁判员共参与审理案件 444 件（被告人认罪案件 324 件，不认罪案件 120 件），从起诉到判决的平均审判周期（trial period）为 6 个月（被告人认罪案件为 5.8 个月，不认罪案件为 6.8 个月），其中大部分时间被审前整理程序所占据（被告人认罪案件审前程序平均历时 4 个月，不认罪案件则耗时 4.8 个月）。[2]我国台湾地区采用集中审理制已有数十年时间，但据其"主管部门"司法统计年报统计分析资料显示，2008 年地方法院全部刑事终结案件中平均一件所需日数为 61.68 日；第一审公诉通常程序平均结案日数为 96.29 日，其中行交互诘问及未行交互诘问平均结案日数分别为 230.49 日、77.00 日；高等法院方面，2008 年刑事终结案件中平均一件所需日数为 67.49 日。由以上的统计数据，可见一审通常程序终结案件平均一件约需 3 个月左右的时间。[3]

综上所述，集中审理原则指导下的高效审判神话，只是"审判时间"认定标准不同造成的假象而已。英美法系国家虽然刑事审判过程平均只需一两天，但这是排除庭审中断时间和庭前准备时间的结果，以我国的标准判断，

---

〔1〕 参见［日］田口守一：《刑事诉讼法》，张凌、于秀峰译，中国政法大学出版社 2010 年版，第 20 页。

〔2〕 See Makoto Ibusuki, "'Quo Vadis?': First Year Inspection to Japanese Mixed Jury Trial", *Asian-Pacific Law and Policy Journal*, 12（2010），p. 38.

〔3〕 参见陈运财："《刑事妥速审判法草案》评释——由日本法之观点"，载《月旦法学杂志》2010 年第 2 期。

则其刑事审判历时更久。大陆法系国家虽然庭审也较为迅速，但由于转嫁到庭审之前的准备时间也计算在审判之内，因而较客观地反映了真实的审判耗时，通常也需数月时间。

归根结底，集中审理原则在遏制诉讼拖延、缩短审判时间方面的无力，是由其自身特性决定的。首先，集中审理原则的适用范围过于狭窄，仅仅是保障庭审过程的连续性，对于案件系属法院后准备阶段的效率问题，必须依赖速审权等制度的配合，从而决定了其效果的有限性。更为重要的是，由于缺少对审限的硬性规定，庭审过程完全可以合法地持续数月、数年时间。如由于"德国法律并未规定审判的整个期限；因此，如果不考虑刑事诉讼法第229条的时间限制，审判可以持续几年"[1]。

第四节 集中审理原则的公正价值遭遇实践冲击

通过增强法官心证清晰度进而促进裁判正确性的首要价值定位，似乎印证了"取消论"者关于"审限制度人为地设置一条不能逾越的界线……从而使效率凌驾于正义之上……而集中审理原则虽然追求效率，但却以公正为位优价值诉求，体现了合理的价值定位"[2]的论断。但从其实际运用来看，集中审理原则不仅未能很好地实现提高审判整体效率的目标，促进裁判公正的价值也受到一定冲击。

一、司法实践对集中审理原则的规避

审判应迅速连续进行是集中审理原则的核心内涵，但在审理过程中难免出现需要暂时中断的情况，为保证裁判者不致因此淡忘了审判中的所见所闻，大陆法系各国大多规定了庭审中断一定时间后的更新审判制度。如根据《德国刑事诉讼法》第229条规定，对正在进行的审判允许中断至10日，如果审判至少已经进行了10日时，允许对审判一次中断至30日。如果至迟未在这一期限届满后的第2日继续进行审判的时候，对审判应当重新开始。《日本刑

[1] [德]托马斯·魏根特：《德国刑事诉讼程序》，岳礼玲、温小洁译，中国政法大学出版社2004年版，第139页。
[2] 万毅、刘沛谞："刑事审限制度之检讨"，载《法商研究》2005年第1期。

事诉讼规则》第 213 条规定："在开庭后因被告人心神丧失而停止公审程序的场合，应当更新公审程序。在开庭后经过长时间未再开庭的场合，认为必要时，可以更新公审程序。"[1]

更新审判制度的立法本意是良好的，但在实践中遭到了变通的执行乃至规避。其一，召开"小型审判"。德国司法实务中，为了不违反《德国刑事诉讼法》第 229 条的规定，"有时使得法庭举行小型审判，法庭只开庭几分钟，处理一些日常事务，只是为了满足持续审判的法律要求。"[2]这种"小型审判"虽然形式上符合连续审判的要求，但由于不进行正式的庭审调查或辩论，而且时间较短，无法阻止法官心证的弱化。其二，将法定的不必更新审判的中断期限作最大化利用。我国台湾地区"刑事诉讼法"第 293 条规定，审判非一次期日所能终结者，除有特别情形外，应于次日连续开庭；如因事故间隔至 15 日以上者，应更新审判程序。"但是，目前实务常以 14 日以内的间隔'连续'开庭，以规避更新审判程序的规定，因此审判便会需要数个月以上的时间方能结束。"[3]这种"顶格"使用期限的做法虽形式上合法，但在实质合理性层面存在问题。很难说法官的心证在审判中断 15 天时会弱化，却在中断 14 天时不受影响。其三，在法律规定可更新可不更新时采取不予更新审判的方式。如日本"旧法要求在开庭间隔超过 15 日时，进行更新。现行法放弃了这种严格的观点，改变为裁量式的方式，但实际上几乎没有使用基于这种理由的更新"[4]。

二、过度的审前准备可能导致庭审程序空洞化

充分有效的审前准备是庭审得以集中连贯进行的前提条件，为此要求控辩双方在法院的组织下，深入开展整理案件争点、开示证据、提出排除证据动议、商定庭审期日等活动。但是，这种准备活动必须保持适度"克制"，否

---

[1] 宋英辉译：《日本刑事诉讼法》，中国政法大学出版社 2000 年版，第 185 页。

[2] ［德］托马斯·魏根特：《德国刑事诉讼程序》，岳礼玲、温小洁译，中国政法大学出版社 2004 年版，第 139 页。

[3] 李荣耕："简评新制定之刑事妥速审判法——以美国法制为比较"，载《法学新论》2013 年第 40 期。

[4] ［日］松尾浩也：《日本刑事诉讼法》（上卷），张凌、丁相顺译，中国人民大学出版社 2005 年版，第 345 页。

则就会喧宾夺主，导致庭审程序的空洞化。

我国台湾地区实务之运作，"往往极其膨胀准备阶段，纵使无特殊理由，也往往以准备程序所谓的'调查庭'取代审判期日的'审理庭'，大部分的讯问以及调查证据工作，提前于调查庭完成，审理庭成为行礼如仪的过水仪式。"[1]对于集中审理原则之下庭前准备程序与庭审程序的失衡可能，日本学者也有一定担忧。为实现"迅速裁判"之要求，日本2004年修订《日本刑事诉讼法》新增了审理前整理程序，适用于"法院认为需要持续地、有计划地、迅速地进行审理"的案件和裁判员参加审理的一些重大案件。整理程序的内容十分广泛，包括明确、追加、撤回、变更诉因或处罚条款，明确在审理时将要提出的主张而整理案件的争点；允许当事人请求证据调查，决定调查证据或决定驳回证据调查请求，确定调查证据的顺序和方法；作出证据开示的裁定；确定或者变更审判日期等。"在新的审理前整理程序中，以前在审理日期才做的事情，现在大大提前了，因此，值得担心的是，随着今后的适用，审理前整理程序在整个程序中的比重可能越来越大。审理前整理程序毕竟是审判的准备程序，'应当尽快地终结该程序'（第316条之三第1款），如何维持审理前整理程序与审判中心主义的适当平衡关系，是今后需要研究的问题。"[2]

三、职权主义诉讼传统对集中审理原则的掣肘

就集中审理原则的实质面来说，要求所有的证据都要在法庭以口头方式提出，经过彻底的调查和充分的辩论，确保法院以最新、确实所形成的心证作出裁判。[3]在英美法系国家，调查证据、推进审判是控辩双方的责任。为赢得案件，双方必须努力举证、尽职辩论，一旦举证完毕裁判者即可依此作出裁决，证据调查和辩论活动在审判期日的集中进行因此成为可能。而在职权主义诉讼传统之下，法官负有发现案件实体真实的义务，主导庭审活动并

---

〔1〕　林钰雄：《刑事诉讼法》（下册 各论编），中国人民大学出版社2005年版，第152页。

〔2〕　[日]田口守一：《刑事诉讼法》，张凌、于秀峰译，中国政法大学出版社2010年版，第213页。

〔3〕　参见叶肖华："论集中审理原则在中国之采行——以刑事诉讼为视角"，载《社会科学战线》2011年第6期。

依职权调查证据，控诉方和辩护方在庭审中活跃度不够，庭审对抗性不足。此外，由侦查、起诉机关制作的卷宗，随着公诉的提起流向审判阶段，法官得以从中了解案件基本情况并形成初步的判断，已提供书面证词的证人即使不出庭也不影响事实的查明。卷宗的存在降低了法官对庭审辩论的依赖，增加了集中审理实现的难度。

职权主义因素对集中审理之掣肘效果，在我国台湾地区司法实践中体现得颇为明显。我国台湾地区"刑事诉讼法"中，对审判的连续性早有严格要求，且除法律有特别规定外，判决应经当事人之言词辩论为之。但由于职权主义的深刻烙印，司法实务中距离集中审理的目标相去甚远：其一，我国台湾地区在过去职权主义设计下，法官负有调查证据的主要责任，即使当事人没有主张或予请求调查的事项，法院也应本着发现真实的目的加以调查。遇证据不足时，法官还需采取一切必要调查方法之后始能作出判决。而进一步查明事实的过程，自然又需耗费额外的时间，导致审判程序的延长。其二，与法官负担发现真相义务相关联，检察官经常未充分进行侦查即将案件推向审判程序，导致法院需要探究的范围扩大，而法官又往往在审理之前缺乏详尽的计划，经常是甫一收案即批示审理单，随着先期证据调查活动的推进才逐步明了待证事实和证据调查方法为何，集中审理因此无从开展。其三，辩护人一方过于消极。没有聘请辩护人的被告人，由于法律知识的缺乏以及人身自由受到限制时收集证据的不能，其答辩准备的充分性和有效性自然无法保证。即使有辩护人协助，也由于实践中过于消极、被动的表现，未能尽力调查收集证据和拟制辩护计划，甚至在庭审开启后才提出抗辩或者证据调查的申请，这也是导致法庭无法集中审理的原因之一。其四，证人、鉴定人虽经合法传唤也经常缺席庭审，导致预定庭审日期无法正常开庭，法院对此也没有有效的应对举措。随着 2003 年"刑事诉讼法"大幅修改，我国台湾地区诉讼模式由传统的职权主义转向"改良式当事人主义"。在审判程序方面，明定了审前准备程序应处理的事项和操作程序等内容，以期使集中审理原则真正贯彻到司法实践之中。但囿于职权主义诉讼传统深刻影响，审判文化未改，而配套措施又不完备，"迄今绝大多数之审判仍非集中审理。"[1]

---

[1] 王兆鹏："建构我国速审法之刍议——以美国法为参考"，载《台大法律论丛》2004 年第 2 期。

可见，虽然越来越多的大陆法系国家（地区）规定了集中审理原则，但职权主义的诉讼模式与之并不完全契合，审判文化的延继、配套措施的滞后均可能严重削弱集中审理原则的应有功效。

第五节　理性对待审限制度与集中审理原则关系

一、审限制度与自由心证原则并不冲突

有"取消论"者认为，"自由心证的达成拒斥审限制度的存在"，因为"审限制度在根本上动摇了自由心证这一支撑现代西方刑事诉讼程序的基石……由于自由心证是一个心理变化过程，是一个'化学反应'，一个由'白纸'状态到形成有罪判断的过程，对这一过程，是不应当也不可能用时间来加以限制的。一言以蔽之，谁能保证在2个月或者3个月内，主审法官或陪审团就一定能够形成内心确信、排除合理怀疑呢？"[1]笔者认为，这种观点流于片面。刑事审限制度在防范审判拖延的同时，与保障法官的自由心证并不冲突。

首先，从诉讼法理上讲，案件虽然千差万别，但通过长期的司法实践，仍然可以总结出一定规律，这既是诉讼认识论的体现也是归纳法的功能所在。审限制度的出现也是如此，我们不能因为审限是由人为设定并适用于所有案件就彻底否定其合理性。即使某些案件中裁判者无法在2个月或3个月内形成内心确信，也必然不是一般情况，况且《刑事诉讼法》还为此规定了审限延长条款。当前案件超审限问题的突出，主要是法律规定不完善造成的，绝不能以此得出审限制度与自由心证互不兼容的结论。审限过短影响法官从容审理、充分审理的问题，完全可以通过适当延长审限、区别案件类型规定不同审限等方式加以解决。2012年《刑事诉讼法》第202条对普通程序第一审公诉案件审理期限的延长，正是这种努力的体现。

其次，就司法实践而言，刑事审限与自由心证的共存已有千年历史。"限期断狱，始于唐朝"[2]，而自由心证作为证据评价的方式，存在时间比审限

---

〔1〕　万毅、刘沛谞："刑事审限制度之检讨"，载《法商研究》2005年第1期。
〔2〕　陈光中、沈国峰：《中国古代司法制度》，群众出版社1984年版，第124页。

制度更为长久。在封建社会的中国，虽然有"据众证定罪"和"断罪必取输服供词"等规定，但仍然以"五听"为审理案件的主要方式，司法官员在评断证据时有很大的自由裁量权。[1]我国1979年《刑事诉讼法》和1996年《刑事诉讼法》虽然没有明确承认自由心证制度，但这在某种程度上是学术问题政治化和对该制度缺乏真切了解的结果。[2]"如果我们不是专注于概念的有无，而以实事求是的态度看待问题，那么，我们将惊讶地发现，在我国司法实践中，裁判者自由评价证据不仅是不容否认的现实，而且，'比起其他国家来，其自由度有过之而无不及'。"[3]值得肯定的是，2012年修订的《刑事诉讼法》在一定程度上体现了对自由心证的肯认。该法第53条第2款规定："证据确实、充分，应当符合以下条件：……③综合全案证据，对所认定事实已排除合理怀疑。"而通说恰恰认为，自由心证与排除合理怀疑是一个标准的两个方面。

综上所言，作为集中审理原则的首要价值目标，其保障裁判者心证新鲜、准确的功能并未得到完美实现，其中既有制度本身的瑕疵也有司法实践的变通执行，更受到职权主义诉讼传统的掣肘。相反，主要为防止审判拖延的刑事审限制度也并非置法官心证和裁判公正于不顾，而真正是在"保证案件审判质量的前提下，提高司法效率，使当事人在法定期限内获得公正审判"[4]。

二、审限制度与集中审理原则可以共存

虽然由于制度本身、配套措施和诉讼语境等方面的原因，集中审理原则并非如学者所言那般完美，但作为一项现代诉讼原则，其合理性无可否认，对我国刑事审限制度乃至诉讼机制的改革也不无裨益。而且，两种制度并非势同水火、不可并存。

集中审理原则的实质内核，在于通过连续而集中的法庭审理保证裁判者

---

〔1〕 参见郑未媚：《自由心证原则研究——以刑事诉讼为视角》，中国人民公安大学出版社2008年版，第163页。

〔2〕 参见秦宗文：《自由心证研究：以刑事诉讼为中心》，法律出版社2007年版，第198~204页。

〔3〕 樊崇义主编：《诉讼原理》，法律出版社2009年版，第319页。

〔4〕 谢德良："最高人民法院出台'十戒'防止新的超期羁押"，载《北京娱乐信报》2003年12月2日第4版。

获得正确心证。审限制度的存在则是为法院的审判活动设置一个最长时限，防止诉讼无限期拖延。诚然，"诉讼行为之进行，不宜受时间之限制……然法律为个人之安宁便利及程序之正确整齐计，特设种种之限制。此种观念，古今从同。"[1]而且，一套设计合理的审限制度与集中审理规则并不冲突：根据案件类型设置不同审限，辅之以合理的期限延长规定，最大程度地抵消了审限"红线"施予法官心证形成过程的压力；开庭是否连续、证据调查与法庭辩论是否集中进行的问题，不属于审限制度规制的范畴，与之并不抵牾。

在集中审理原则与审限制度并存问题上，我们还有一定的经验可资借鉴。清末变法修律中，本着"参考古今，博稽中外"的指导方针，在1911年《刑事诉讼律（草案）》中引入停止公判后的更新审判制度，同时废除了自唐律中建立并沿用千年的限期断狱制度。1935年南京国民政府颁布的《刑事诉讼法》"通过1928年《刑事诉讼法》继承了清末修律成果的精华"[2]，在继续不规定审限规则的同时，于第286条确立了现代意义上的集中审理原则："审判非一次期日所能终结者，除有特别情形外，应于次日连续开庭。如下次开庭因事故间隔至15日以上者，应更新审判程序。"但是，审限规定在刑事诉讼法文本中的消失，并不意味着这一制度的消亡。在1935年1月公布《刑事诉讼法》后，南京国民政府于同年4月颁布了《刑事诉讼审限规则》，用单行法的形式保留了审限制度。1939年7月，南京国民政府又制定了《军法审判审限规则》，对适用会审程序的军法审判审限做了详细规定。

我国台湾地区现行"刑事诉讼法"中，被视为采行集中审理原则的明文规定和集中体现[3]的第293条规定，系沿袭1935年《刑事诉讼法》第286条而来，早在1967年进行全文修订时即已确立，但如此典型的集中审理条款依旧未能阻止刑事审限规则的出台。1980年我国台湾地区"主管部门"发布

---

[1]　徐朝阳：《中国古代诉讼法·中国诉讼法溯源》，吴宏耀、童友美点校，中国政法大学出版社2012年版，第192页。

[2]　吴宏耀、种松志主编：《中国刑事诉讼法百年》（上册），中国政法大学出版社2012年版，第390页。

[3]　参见王梅英：《刑事审判之集中审理》，载林山田主持《刑事程序法研讨会系列（一）：刑事诉讼法改革对案》，元照出版公司2000年版，第400页；李知远：《刑事诉讼法释论》，一品文化出版社2009年版，第61页；林钰雄：《刑事诉讼法》（下册 各论编），中国人民大学出版社2005年版，第151页。

"各级法院办案期限规则"，要求案件的进行除注意正确性外，对于结案平均日数和迟延案件件数，均应注意避免超过管考基准。各法院发现有超过管考基准情形的，应立即自行查明原因、设法改进，并于研考工作简报内报请备查。刑事案件自收案之日起，第一、二、三审分别逾4个月、8个月、4个月尚未终结的，由书记室会同有关单位报请院长核阅后通知承办人员，促其注意；第一、二、三审分别逾6个月、1年、6个月尚未终结的，除由院长负责督促迅速办理外，并按月报填具迟延案件月报表层报本院。[1]"为妥速审结第一、二审法院之民刑事迟延案件，伸张法律正义，提升司法威信"，我国台湾地区"主管部门"又于2000年颁布了"第一、二审法院清理民刑事迟延案件注意要点"，对办案迟延和及时审结所接办迟延案件的法官分别予以惩奖激励。"法官办理之迟延案件，经查明无针对争点、重点为审理，或稽延不结，已逾'各级法院办案期限实施要点'所定期限2个月以上者，经通知改善，而无正当理由不改善时，院长应即检具相关资料，送该院法官自律委员会评议。""对于在一定期限内审结所接办迟延案件之庭长、法官，法院得视需要，自行订定奖励办法，绩效优良者，并由法院报请奖励。"[2]即使2003年我国台湾地区"刑事诉讼法"为实现集中审理增修审判准备程序条款后，这些关于刑事审判期限的司法文件也未废除，反而历经修改后更加具有生命力。

可能有学者认为这些司法文件仅由我国台湾地区"主管部门"制定，且其中并无明确的审判期限要求，不能与祖国大陆刑事诉讼法中的审限规定相提并论。但笔者认为，二者在性质和作用上是相同的。任何制度的贯彻执行都需要来自制裁措施的保障，审限制度也是如此。我国目前虽未建立针对审判超过法定期限的程序性制裁机制，但来自法院内部考评制度和纪律处分的压力极大地抑制了法官故意拖延审判的发生。根据2009年颁布的《人民法院工作人员处分条例》第47条规定，法官故意违反规定拖延办案的，给予警告、记过或者记大过处分；情节较重的，给予降级或者撤职处分；情节严重的，给予开除处分。各地方法院也都将有无超审限案件作为法官考核的重中之重，甚至实行"一票否决"。我国台湾地区"主管部门"颁布的两个文件

---

〔1〕 参见 http://jirs. judicial. gov. tw/FLAW/PrintFLAW02. asp? lsid = FL000872&ldate = 19801103，最后访问日期：2014年6月2日。

〔2〕 参见 http://mywoojdb. appspot. com/j11x/j11x? id=795，最后访问日期：2014年6月2日。

虽然法律位阶略低，且未明示办案迟延法官需承担的责任，但出现迟延案件后的院长督促、填具报表、送法官自律委员会评议等程序和迅速审结接办的迟延案件后的奖励规定，构成了对法官的激励机制，客观上发挥了与审限制度相同的效果。作为启动"书记室会同有关单位报请院长核阅后通知承办人员""院长负责督促迅速办理""填具迟延案件月报表层报本院"等程序的条件，自收案至审结的 4 个月、6 个月、8 个月等时限，更为法官提供了可以也必然遵行的审限标准，与《刑事诉讼法》的规定可谓异曲同工。

三、借鉴集中审理原则补益审限制度

南京国民政府时期和当前我国台湾地区的规定，为我们处理集中审理原则和刑事审限制度的关系提供了有益思路，但在具体的制度设计上不能完全照搬。考虑到我国的诉讼体制和立法体例，以在刑事诉讼法中保留审限制度并吸收集中审理原则合理因素为宜。

（一）构建适度的庭前准备程序

美国、日本、我国台湾地区等国家和地区的刑事司法实践已经表明，充分的庭前准备是实现案件集中审理的必要保障机制，但过于激进的庭前程序又会僭越庭审职能，销蚀集中审理的程序土壤。构建有效且克制的庭前准备程序，才能促进案件集中审理、发挥庭审实质作用。

在我国，庭前准备程序的作用长期受到忽视。1996 年《刑事诉讼法》第151 条关于开庭准备活动的规定，仅仅是法院为召集有关人员按期出席法庭所做的事务性工作，与庭审内容并无关联，当事人也无法参与其中。在这种"一步到庭"式审判模式下，一切有关审判的程序问题都要到法庭审理过程中予以解决，[1] 一方面在控辩双方无异议的程序和事实问题上浪费了时间，另一方面类似管辖、回避、证人出庭等任何"风吹草动"都可能导致庭审中断，严重影响了审判效率和庭审功能发挥。

为帮助"法官确定庭审的主要争议点，妥善安排庭审过程"，2012 年《刑事诉讼法》在关于开庭前准备的规定中增加了庭前会议的内容，同年最高

---

〔1〕　参见陈卫东主编：《2012 刑事诉讼法修改条文理解与适用》，中国法制出版社2012 年版，第251 页。

人民法院颁布的《关于适用〈中华人民共和国刑事诉讼法〉的解释》（以下简称最高法《解释》）和 2012 年《人民检察院刑事诉讼规则（试行）》对庭前会议程序做了细化和补充规定。然而立法关于庭前会议效力的保守规定，和司法实践对庭前会议内容的扩张适用，导致我国的庭前准备程序双向背离了制度初衷，损害了庭审的连续性和实质性。首先，庭前会议的效力问题影响程序启动和功能发挥。根据《刑事诉讼法》规定，庭前会议的功能定位是"了解情况、听取意见"。按照文义解释，"了解情况，听取意见"所体现的只是控辩两造信息向庭前法官的同向运动与单线传递，并不存在构成司法裁判意义上的法官应答或反馈机制，控辩双方的任何程序申请与争议也就不能激发法官"裁判权"的启动。[1]最高人民法院在有关解释说明中提出，"庭前会议只能了解情况和听取意见，法院不能在庭前会议中对回避、出庭证人名单、非法证据排除等程序性事项作出裁定、决定。对于庭前会议达成的共识，也不具有法律效力。"[2]对于程序参与者来讲，程序效力的缺乏就意味着程序价值的丧失，控辩双方不会选择浪费精力在此时亮出"底牌"，审判人员也不会耗费时间和精力进行重复性劳动，将所有问题留待庭审中处理成了各方一致选择。其次，庭前会议处理实体问题有架空庭审的危险。《刑事诉讼法》将庭前会议处理的事项定位于"回避、出庭证人名单、非法证据排除等与审判相关的问题"，对于何为"与审判相关的问题"，是仅指程序性问题还是包括实体性问题，学界存在分歧。最高法《解释》第 184 条规定，审判人员可以询问控辩双方对证据材料有无异议，可以对提起附带民事诉讼的案件进行调解，表达出庭前会议可以涉及实体性内容的倾向。客观而言，类似回避、管辖等纯粹程序性的问题通常不是控辩审三方的注意力所在，而处理非法证据争议以及确定案件争点等工作，都不可避免地涉及实体方面的问题。从世界范围来看，这正是庭前准备程序的核心功能所在。问题在于，司法实践在此方面走得过远，有些地方对本该在庭审中解决的实体性问题放在庭前会议中进行调查，甚至对证据内容、证明力等开展质证，之后再正式开庭审理，等于开

---

〔1〕 参见汪海燕、殷闻："审判中心视阈下庭前会议功能探析"，载《贵州民族大学学报（哲学社会科学版）》2016 年第 3 期。

〔2〕 江必新主编：《〈最高人民法院关于适用《中华人民共和国刑事诉讼法》的解释〉理解与适用》，中国法制出版社 2013 年版，第 190 页。

了两次庭。[1]这就突破了庭前准备程序的适度性，混淆了庭前程序与正式庭审的性质，违背了集中审理服务于实质审理的价值定位。

为解决庭前会议立法和司法中出现的问题，确保法庭集中连续进行，2017 年最高人民法院制定了《人民法院办理刑事案件庭前会议规程（试行）》，在加强解决程序性争议的基础上，特别突出了庭前会议的证据展示、争点整理和庭审安排职能，对于控辩双方决定在庭审中出示的证据，法院可以组织展示有关证据，听取控辩双方对在案证据的意见，梳理存在争议的证据，归纳控辩双方的争议焦点；可以组织控辩双方协商确定庭审的举证顺序、方式等事项，明确法庭调查的方式和重点。此外，赋予庭前会议一定的法律约束力，控辩双方在庭前会议中就有关事项达成一致意见的，除非有正当理由提出反悔，庭审中不再进行处理。这些修改在一定程度上解决了庭前会议内容越位、功能缺位的问题，但如何防止司法实践中对实体性问题进行实质化处理，提升庭前会议程序的公正性，明确控辩双方庭审中反悔的边界，是需要继续研究的课题。

（二）贯彻直接言词审理原则

受司法传统和现实条件影响，1979 年《刑事诉讼法》确定了职权主义甚至超职权主义的审判方式，庭前实质审查、全案卷宗移送、辩护制度不兴、庭审虚化等问题严重。1996 年《刑事诉讼法》修改时，试图引入英美对抗式因素进行审判方式改革，但庭审的实质化程度并未得到明显提升，证人出庭率持续低迷、法官庭后阅卷等都是典型表现。2014 年党的十八届四中全会通过《关于全面推进依法治国若干重大问题的决定》，提出要"推进以审判为中心的诉讼制度改革……保证庭审在查明事实、认定证据、保护诉权、公正裁判中发挥决定性作用"。庭审实质化是以审判为中心的诉讼制度改革的核心要求，具体表现为四个"在法庭"，即"诉讼证据质证在法庭、案件事实查明在法庭、诉辩意见发表在法庭、裁判理由形成在法庭"[2]。

发挥庭审在裁判形成中的实质性作用，必须贯彻证据裁判原则和一系列证据规则，特别是直接言词原则。法官应当亲自从事证据调查和审查，只有

---

〔1〕 参见孙谦："关于修改后刑事诉讼法执行情况的若干思考"，载《国家检察官学院学报》2015 年第 3 期。

〔2〕 《关于全面深化人民法院改革的意见——人民法院第四个五年改革纲要（2014—2018）》。

在法庭上经过法官直接调查的证据才能作为定案根据，且庭审中证据材料的提出、调查以及各种诉讼行为的作出均需采取言词陈述的方式。这一点与集中审理原则不谋而合。实质层面的集中审理注重庭审过程的充实性，要求齐聚各方诉讼主体，在法庭上进行集中充分的证据调查和辩论程序。德国学者托马斯·魏根特曾指出："集中审理原则是与口头原则紧密相关的另一个原则。因为法庭判决必须建立在通过审判得来的生动印象的基础之上，所以审判不能被长时间隔断，以免法官淡忘了在审判中的所见所闻。"[1]

要实现庭审实质化，必须要求审判从"审材料"变为"审人"，只有证人出庭，接受控辩双方的询问，才能满足直接言词原则的要求。[2]证人出庭难一直是我国刑事司法中的"老大难"问题，2012年《刑事诉讼法》针对证人出庭制度作了多方面改革，包括明确证人出庭条件、建立强制证人到庭制度、加强证人保护措施等，然而多项实证调研显示，证人出庭比例并未明显提高，甚至仍然在1%左右。出庭作证难问题的出现，与我国传统文化和社会现实条件有不可分割的关系，但立法的不完善同样是重要原因甚至是根源所在。首先，《刑事诉讼法》第192条规定，证人出庭作证需要同时满足控辩双方对证言有异议、证言对案件定罪量刑有重大影响、法院认为有必要三个条件，实际上是将证人是否出庭完全交由法院自由裁量，而受审限压力、庭审控制、阅读案卷等因素影响，法官对证人出庭的动力不足。其次，《刑事诉讼法》第195条规定，对未到庭的证人的证言笔录、鉴定人的鉴定意见、勘验笔录和其他作为证据的文书，应当当庭宣读。据此规定，书面证言具有进入法庭并成为定案根据的资格，与《刑事诉讼法》第61条关于证人证言必须在法庭上经过控辩双方质证并且查实以后才能作为定案根据的规定形成直接冲突，并在事实上"为刑事审判实践中证人不出庭作证打开了方便之门"[3]。最后，证人人身保护和经济补偿规定尚不完善，如法院和检察院客观上不具有保护证人的能力和条件，在法定范围以外的其他案件中同样可能存在证人

〔1〕［德］托马斯·魏根特：《德国刑事诉讼程序》，岳礼玲、温小洁译，中国政法大学出版社2004年版，第138页。

〔2〕参见陈光中、唐彬彬："深化司法改革与刑事诉讼法修改的若干重点问题探讨"，载《比较法研究》2016年第6期。

〔3〕参见陈光中、陈学权："中国刑事证人出庭作证制度的改革"，载《中国法律》2007年第5期。

受威胁的情况，未规定由哪一主体实际承担经济补偿等。为提高证人出庭比例，落实直接言词原则，应当对《刑事诉讼法》有关证人出庭作证规定进行修改，包括调整证人出庭条件，限制法院对证人出庭的自由裁量权；证人拒不出庭的，其庭前证言不能作为定案根据；将保护证人的执行职责交予公安机关，完善保护措施体系并允许在法定范围外进行特别的个案保护，在三机关之间合理划分经济补偿任务并做专项经费预算；等等。

（三）探索建立庭审更新制度

集中审理原则之贯彻，主旨在于维护庭审程序在事实裁判者心中的清晰"投影"。若审判长时间中断，法官对案件事实之印象必然淡化甚至淡忘，因此再次开庭时需重新进行庭审，以期帮助法官重建心证；同理，合议庭或独任庭法官发生变化的，继任法官对于此前的庭审活动毫无了解，也需要重启审判程序以构筑心证，此即所谓更新审判制度。根据大陆法系各国刑事诉讼法关于集中审理原则的规定，审判过程中法官更易且无候补法官的，以及审判中断一定时日以上的，必须重新进行已经过的庭审程序，以保证再开审判之时，法官对已进行的证据调查和法庭辩论有亲历且新鲜的记忆。

我国目前并未确立审判更新制度。2002年最高人民法院颁布的《关于人民法院合议庭工作的若干规定》（以下简称《合议庭工作规定》）仅仅要求，合议庭组成人员原则上不得在案件审理过程中更换，发生更换后及时通知诉讼当事人。考虑到当前审判力量仍然不足、"案多人少"矛盾持续突出，要求每个案件的审判都配备候补法官（陪审员）是不现实的。但是，在审理中递补而上的法官（陪审员）由于不了解案情，客观上只能借助案卷、法庭记录或其他审判人员的告知，与审判的亲历性相悖。建议建立庭审更新制度，在法官（陪审员）发生更换的情况下重开证据调查和法庭辩论，同时为保障诉讼效率，对重新进行的程序可适当予以简化。

（四）庭审结束及时宣告判决

在案件审理结束后即行评议、作出裁判并宣告判决，既是迅速结案的需要，也有利于防止因裁判者记忆退化或法外因素干扰影响判决公正，是集中审理的题中之意。《德国刑事诉讼法》第268条第3款规定："在审判结束时应当宣告判决。至迟必须是在审判结束后的第11日宣告判决，否则应当重新开始审判。"[1]我国《刑事诉讼法》对于当庭宣判还是定期宣判并未表现出特别的倾向性，对于定期宣判的时间也并无要求。2002 年《合议庭工作规定》第 9 条和第 14 条对此略有涉及："合议庭评议案件应当在庭审结束后 5 个工作日内进行""合议庭一般应当在作出评议结论或者审判委员会作出决定后的 5 个工作日内制作出裁判文书。"这些规定在一定程度上体现了集中审理原则迅速裁判的要求，但并不彻底。毕竟 5 日内评议、制作裁判书和 5 日内宣判并非一个概念，只要判决未曾宣告，即存在改动可能。为切实贯彻庭审的中心地位，有必要对法院的当庭宣判率提出更高要求，不能当庭宣判的，也应当明确定期宣判的期限。

当然，在法官仍有卷宗依赖以及案件尚需行政审批的环境下，一些案件即使表面上满足了当庭宣判的形式，也未必真正做到了"集中审理"。经过报批、阅卷形成裁判结论后再次开庭并当庭宣判，使得当庭审判成为了一种徒具其表的"文字游戏"。在无法予以外部监督的情况下，不管 5 天还是 10 天的定期宣判期限，都为司法裁判的行政审批留出了一定的空间。正如我们反复阐述的那样，制度再好，终需由人操作，作为社会性的人显然无法成为僵硬执行的工具。因此，"尽量当庭宣判，尽速定期宣判"规定的落实，仍然需要司法环境的整体改善、法官司法理念的提升作为支撑。

（五）绝对化的集中审理方式不可行

"所谓绝对化的集中审理模式，是指法院将其调查证据的时间全部用于特定（单一）事件，就该事件的庭审辩论，或集中于一次言词辩论期日完成，或是在时间不间隔的情况下开数次言词辩论期日，且在数次期日之间不审理其他事件，待该事件审理终结后再审理其他事件的程序结构模式。"[2]有学者对我国刑事案件"并行审理、间隔审理"的做法提出批评，认为会打断审理活动的连续性，从而为防止记忆淡化不得不进行一些重复性的庭审活动或每次开庭前重复阅卷，建议借鉴集中审理原则，规定每个合议庭或独任法官一次只能承办一个案件的审判任务，直至审理终结。[3]

---

[1] 李昌珂译：《德国刑事诉讼法典》，中国政法大学出版社 1995 年版，第 110 页。

[2] 汤维建："论民事诉讼审前程序的模式转变"，载《河南省政法管理干部学院学报》2005 年第 4 期。

[3] 参见万毅、刘沛谞："刑事审限制度之检讨"，载《法商研究》2005 年第 1 期。

　　这种观点有待商榷。首先，"一次一案直至审结"的审案方式是对集中审理原则的误读。"审理是否集中，系就个案来观察，法院在受理多数案件时是否同时并行，与集中审理并不冲突。"认为"'法官在一段期间内仅就一个事件或少数事件为集中之审理，致该事件判决完了后，始再进行其他事件，此种集中处理案件之方式，称为集中审理主义'，应有误会。"[1]其次，某一刑事审判的持续进行，同时也就意味着更多的案件在起诉至法院后处于长时间的排期待审状态，对处于羁押中的被告人而言是对生理和心理的双重折磨。再次，由于当前辩护率仍显低下、辩护权开展困难，在漫长的待审期内，被告人无法在律师的帮助下为即将到来的审判进行准备活动，这与英美法系辩护律师及被告人在庭前准备阶段完成的大量工作形成鲜明对比。复次，随着我国刑事案件数量的持续增加，审判力量不足的问题日渐突出。如果将一名或多名法官（陪审员）固定于一个案件直至审结，必然导致案多人少的矛盾加剧。最后，前文对两大法系审判情况的分析已经揭示出，即便采取"一次一案直至审结"的模式，审判仍可能持续数月乃至数年，在这期间不进行其他案件的审理显然是极其不合理的。因此，现有的"并行审理"方式仍有保留之必要。

---

　　[1]　王梅英：《刑事审判之集中审理》，载林山田主持《刑事程序法研讨会系列（一）：刑事诉讼法改革对案》，元照出版公司 2000 年版，第 400 页。

第五章

刑事审判期限制度的完善

第一节　一审审判期限的完善

任何法律制度的创设都寄托着立法者一定的价值期待，为实现特定之立法目的。由于人类认识能力有限性与客观世界复杂性之间的矛盾，很难找到毫无瑕疵且运行完美的制度样式，刑事审判期限制度也是如此。从几十年的司法实践来看，审限制度的问题集中表现为审理超期现象，严重妨碍了监督法官办案、提升诉讼效率的制度目的的实现。

一、1996 年《刑事诉讼法》中一审审限规则的缺陷

（一）审判超期：审限制度实施中的传统问题

经过 2000 年至 2003 年的集中整治，审判阶段的审理超期、超期羁押现象得到一定遏制，且在此之后，从中央到地方一直将审限管理作为法院工作的一项重点，使得超审限率维持在极低的水平。根据最高人民法院所作工作报告显示：2003 年至 2007 年，最高人民法院共审理各类案件 20 451 件，监督指导地方各级人民法院和专门人民法院审结各类案件 3 178.4 万件，全部案件审限内结案率达到 96.06%。2008 年至 2012 年五年间，最高人民法院受理案件 50 773 件，审结 49 863 件，审限内结案率 82.4%。在地方层面，各级人民法院创新审判管理机制，推行、颁布了许多防治审判超期的专项清理、文件规定和工作机制，并将办案有无超审限情况作为绩效考核的重要内容，甚至将其提升到错案的程度予以严肃对待。通过这些规则、机制的管控，各地方法院基本都实现了超审限治理的巨大成果。根据最高人民法院统计，2008 年

至 2012 年间"地方各级人民法院受理案件 5610.5 万件，审结、执结 5525.9 万件，结案标的额 8.17 万亿元，同比分别上升 29.3%、29.8% 和 47.1%，审限内结案率 98.8%"[1]。这一数据与地方法院的统计基本一致，个别法院甚至实现了 100% 的审限内结案率。极低的超审限案件数量甚至 100% 的审限内结案率，体现了各级法院系统对审限问题的重视和努力，但是与前文所析的美国审判时间"神话"一样，这些近乎"完美"的数据也存在"失真"的危险。如根据上海市二中院关于第一审刑事公诉案件审限问题的调研报告显示，2010 年该院审理妨害社会管理秩序罪案件 51 起，超审限结案 47 起，超审限率达 92.1%；审理贪污贿赂犯罪案件 8 起，超审限 8 起，超审限率甚至达到了 100%，平均需要 242 天才能审结。[2] 从 100% 法定审限内结案率到 100% 超审限率的巨大反差，源于对"法定审限"的不同界定，也体现出超审限现象从"台前"走向"幕后"、由"显性"转为"隐性"的趋势。

审判超期行为的"隐身"主要通过以下几种方式实现：第一，利用审限延展和扣除条款消除超限危机。考虑到不同案件之间的差异性和可能出现的特殊情况，三大诉讼法均在基本审限规范之外设置了延展与扣除规则，以免法院因不可归于自身的原因承担违限处罚。由于法律规定在明确性方面的不足，这些延长和扣除审限的规则遭到不适当地扩大适用，成为法院规避违限处罚的重要工具。例如"交通十分不便的偏远地区"等四种审限延长情形，法律语言模糊弹性，一旦遇到审限超期的问题，即使案件不属于这四类情形，法官也会以某种较为牵强的理由向高院申请延期。又如，《刑事诉讼法》规定了中止审理的四种情形，其中作为兜底条款的"不能抗拒的原因"，为法官谋求不合理的审限延长打开了方便之门。

第二，向控辩双方"借"期限以缓解审限压力。审判过程中遇到某些原因导致审判暂时不能继续时，法庭可以决定延期审理，待影响审理进行的原因消失后再行恢复。延期审理的时间原则上应当计入审理期限，但根据 1996 年《刑事诉讼法》及 1998 年最高人民法院发布的《关于执行〈中华人民共和国刑事诉讼法〉若干问题的解释》（以下简称 1998 年最高法《解释》）规定，

〔1〕　2013 年《最高人民法院工作报告》。
〔2〕　参见徐松青等："刑诉法修改要完善公诉案件审限制度——上海二中院关于第一审刑事公诉案件审限问题的调研报告"，载《人民法院报》2011 年 7 月 21 日，第 8 版。

两种情况属于例外。首先，检察院补充侦查的案件，补充侦查完毕移送法院后，重新计算审理期限。据此，合议庭在发现审限不足时，可以与控方商量由其申请退回补充侦查，退侦后补充一两项证据再移送法院重新开启审判程序。在"分工负责、互相配合、互相制约"的刑事诉讼原则异化为"配合有余、制约不足"的当下，法院开口、检方配合并非罕见，更何况后者在"无罪判决率"等方面还有求于前者。有实证调查发现，与检察院互借期限，实现期限共享是法官隐性超审限、实现零超限的常用手段。其次，当事人和辩护人申请通知新的证人到庭、调取新的证据、申请重新鉴定或者勘验的，延期审理的时间不得超过1个月，但不计入审限。虽然从条文规定来看，延期以被告人一方申请为前提，但法院却可以要求、"建议"或暗示辩护人主动提出申请，"这源于法官与辩护人的地位在当前审判过程中实质并不对等，辩护人基于期望法官公正审理案件的需求，对法官要求辩护人主动申请延期，辩护人一般不会拒绝……这条路径是法官最愿意采用的。"[1]事实上，由于向高院申请延期既须满足一定条件，又有繁琐而耗时的程序要求，且申请延期的数量还是下级法院考核的重要指标，因此为规避这些风险，法官在面对审理超期时更加青睐向控辩双方"筹借"期限的方式。

第三，利用程序转化获取更多审限。为提高诉讼效率，减轻当事人诉讼负担，我国1996年《刑事诉讼法》修改时也增设了简易程序。简易程序有其特定适用范围，在刑事审判过程中法院发现案件不宜适用简易程序的，应当转为普通程序并重新计算审判期限。由于是否"不宜适用简易程序"完全由法院自由裁量，且司法解释规定了"其他依法不应当或者不宜适用简易程序"的兜底式条款，一些法官在发现审限不够时就会利用这一规定，以某种理由将简易程序转为普通程序，从而获得至少1个半月的审限延长。据一份问卷调查显示，"此种方法使用的比例相当之高，有61.54%的被调查者都使用过此种方法来缓解审限压力。"[2]除这些常用方式外，实践中还存在其他"作弊"方法，如明明已经过了审批期限或者审理期限，回过头来补办延长审限、扣除审限相关手续；为了提高网上信息系统考核分数，在网上虚填数据、根

〔1〕 沈言、潘庸鲁："我国刑事诉讼法一审普通程序法定审限问题检讨"，载《中国刑事法杂志》2011年第6期。
〔2〕 张慧敏："我国刑事一审审限问题研究"，四川大学2006年硕士学位论文。

据最佳结案时间调整案件结案日期等。[1]

超审限现象从显性向隐性的蜕变，表面上维持了我国刑事一审审判实践的合法面相，但在实质层面并未减损对诉讼人权、程序公正、司法权威的损害，甚至犹有过之。审判超期问题的屡禁不止，与人案矛盾、司法行政化等因素自然脱不开关系，但审限制度立法的不合理、不完善仍然是直接且重要原因并遭到学者广泛批评。

（二）法定审限不足是审判超期问题直接原因

根据 1996 年《刑事诉讼法》第 168 条规定，法院审理公诉案件应当在 1 个月以内宣判，至迟不得超过 1 个半月，符合特定情形的可以再延长 1 个月。据此，按照普通程序审理的一审案件基础审限为 1 个半月。长期的司法实践表明，这根本无法满足审判需要。

第一，1 个半月时间并非全部可以用于核心审判工作。在这 45 天内包含 6 个周末，也就需要排除 12 个工作日；在庭审之前和之后仍需时间处理相关事务，如立案受理、案件分配至少需要 1 至 2 天；为保证被告人于开庭 10 日以前收到起诉书副本，庭审一般至少要排在受理案件后的第 12 天；法官在庭审结束后撰写、打印判决书以及宣判至少需要 3 天。如此算来，最后留给庭审的时间根本不足 1 个月，甚至可能不足 20 天。更何况作为国家治理体系的一环，法院还承担着重要的社会职能，加之司法机关内部的行政化问题，法官经常要参与维稳、"送法下乡"、迎接检查、开会学习等工作，审判时间被进一步分割。

第二，司法鉴定活动侵占审判时间。随着社会发展和科技进步，刑事案件中涉及专门性知识的情况日益普遍，公安司法机关不得不指派或聘请专业人士进行司法鉴定。在法庭审理阶段，当事人和辩护人、诉讼代理人对控诉机关提供的鉴定意见不服的，可以依法申请重新鉴定，合议庭同意的可以予以不超过 1 个月的延期审理，且不需要入审判期限。但是，无论是选择、联系鉴定机构、寄送鉴定检材还是形成鉴定意见、寄回鉴定意见书都需要消耗一定的时间。如果鉴定机构在法院所在地且鉴定事项较为简单，1 个月的时间

---

[1]　参见叶德武等："全面完善审限制度 逐步促进审限规范——湖北省宜昌市中级人民法院关于延长审限和扣除审限的调研报告"，载《人民法院报》2013 年 5 月 16 日，第 8 版。

是足够的。如果委托外地鉴定中心进行鉴定或鉴定内容较为复杂，即使法院多次催促，鉴定意见也无法在 1 个月内作出，此时超出的时间就会侵占本就紧张的审理期限。如百色市凌云县基层人民法院 2010 年审理的一起故意伤害案件，第一次开庭时审理期限已经过 21 天，庭审过程中被告人对县公安局作出的伤势鉴定提出异议并申请重新鉴定，法院同意该申请并指定外地某司法鉴定中心承担鉴定工作。经过 45 天后合议庭收到鉴定意见书，比法定的延期时间多出了 15 天，这 15 天只能通过审限加以消化，合议庭最终仅剩 9 天审理时间。[1]在如此短的时间内重新安排庭审、进行评议、制作判决书并完成宣判，显然不太可能，即使再向高院申请延长 1 个月也存在难度。这种情况，显然并非个案鲜例。除根据当事人申请启动重新鉴定外，法院出于查明案件真相目的也可主动委托具有相关资质的机构、人员进行鉴定，但与前者不同的是，这种情况并不属于审限排除事由，除非是对被告人精神健康状态进行的鉴定。之所以单独作此规定，是由于精神病鉴定的重要性和复杂性。"由于对犯罪嫌疑人作精神病鉴定的情况比较复杂，往往需要经过一段时间的鉴定工作才能得出结论，在法定的办案期限内难以作出正确的判断。"[2]但是，并非仅仅精神病鉴定"比较复杂"，"需要经过一段时间"，类似 DNA 鉴定、死亡原因鉴定、弹道痕迹鉴定等都可能历时数日，特别是鉴定机构与管辖法院不在一地时还需要耗费一定的材料寄送时间。在不能从审限中扣除的情况下，"不受控制"的司法鉴定时间压缩了法官并不宽裕的办案空间。

第三，刑事和解工作耗费法官大量精力。刑事和解在我国具有深厚的文化土壤，其迎合了各方的利益诉求，对国家而言有利于实现案结事了、促进社会和谐，对办案机关来讲有利于提高诉讼效率、减少缠诉、缠访，对被告人而言可以获得从宽处罚甚至不起诉处理，对被害人而言则可以获得精神和经济的双重抚慰。即使在 2012 年《刑事诉讼法》修改之前，刑事和解就已成为地方刑事司法实践的核心话语和热点实践之一。由于遭受犯罪行为侵害，被害人及其家属具有强烈的追究愿望，要使其平心静气地坐下来和被告人面

---

〔1〕 参见覃际珍："修改与完善刑事审限制度的建议"，载《法治快报》2011 年 1 月 11 日，第 8 版。

〔2〕 全国人大常委会法制工作委员会刑法室编：《〈中华人民共和国刑事诉讼法〉条文说明、立法理由及相关规定》，北京大学出版社 2008 年版，第 295 页。

对面展开和谈，需要法官开展耐心的说服工作。在协商开始后，法官还要往返穿梭于双方之间反复沟通，这些都需要充足的时间作为保障。"审判实践证明，法官付出的努力与刑事和解的成功率成正比，甚至有时可以说一起刑事和解案件能否成功关键取决于法官的个人努力、智慧、技巧和生活经验，而宽松时间保障是法官全力以赴进行劝解、疏导和说服工作的基本前提。"[1]但法律规定的审理期限是有限的，即使用于庭审尚显紧张，遑论使双方在彼此试探、"讨价还价"后就赔偿数额达成一致，而且其中还涉及伤情鉴定等颇耗时日的内容。调查显示，超过80%的法官认为刑事和解工作需要至少30天以上的时间才能较好地完成，这显然已经超出法定审限的允许。

　　第四，审限差别化原则贯彻不够充分。1996年《刑事诉讼法》关于一审审判期限的规定体现出一定的差别化原则，如允许特定情形下延长审限、区分简易程序和普通程序规定不同审限等，但忽视犯罪性质、案件疑难程度、社会影响大小等因素设定一体化审判期限，显得过于僵化。首先，不同级别法院管辖的一审案件复杂程度不同，需要的审判时间也有差别。较之基层人民法院管辖的案件，中级人民法院和高级人民法院管辖的一审案件性质更为严重、社会关注度更高，对案件事实的调查核实以及裁判的作出都需要合议庭付出更多的时间和精力。而且基层人民法院还可以使用简易程序审理部分案件，而中级人民法院受理的案件数量虽然相对较少，却只能组成合议庭遵照普通程序审理，因此起码在中级人民法院和基层人民法院之间，感受到的审限压力即存在很大不同。2006年至2007年湖南省某市两级法院刑庭执行审限情况显示，基层人民法院在45天内审结的案件为6300件，超过45天办结的有355件，超审限率为5%；同一时期，该市中级人民法院共审结各类一、二审刑事案件906件，其中超过45天的为392件，超审限率高达43%。[2]其次，不同性质案件复杂程度不一，带给法官的审限压力也不同。如同属侵犯公民人身权利的案件，故意杀人案件比非法侵入住宅案件性质严重，对案件事实的认定也需更慎重；同理，故意伤害（致人重伤）案件的审理一般要比

---

　　〔1〕　沈言、潘庸鲁："我国刑事诉讼法一审普通程序法定审限问题检讨"，载《中国刑事法杂志》2011年第6期。
　　〔2〕　参见向前、徐纯先："刑事案件超审限的原因与对策——湖南某市两级法院的实证考察"，载《甘肃社会科学》2009年第5期。

轻伤害案件更为轻松。实证研究也表明，法官普遍反映某些类型的案件审限压力更大。如一项问卷统计表明，在办案人员看来，审限压力较大的案件类型主要包括职务犯罪、渎职犯罪和故意伤害案件。"就'请按审限压力大小给不同类型案件进行排序'问题，排序前三的依次是贪污贿赂案件（12人，92%）、渎职案件（6人，46%）和侵犯人身权利案件（6人，46%）；就罪名进行的问卷排序结果是贪污（12人，92%）、贿赂（8人，62%）和故意伤害（7人，54%）。"[1]另外，许多实务工作者认为经济犯罪案件的办理中超审限的现象具有多发性。如2000年北京市各级法院所办案件中，"涉及贪污、毒品类、挪用公款、诈骗、合同诈骗等几类罪名的案件占到了全市法院延审、超审案件总数的61%。"[2]究其原因，在于经济犯罪具有犯罪主体智能化、犯罪行为隐蔽化、犯罪事实复杂化等特点，与普通刑事案件相比，往往卷宗较多、工作量大。另外，经济犯罪案件中经常涉及扣押赃物的价格鉴定，经过的时间也要计入审判期限；经济犯罪的辩护空间较大，辩方会提出更多证据反驳指控，法官核实证据的工作量随之增加。刑事诉讼法将一些客观上用时更久的特殊类型案件与普通案件"一视同仁"，采取"一刀切"式的审限规定，导致此类案件客观上不得不超审限结案，违背了刑事司法活动的客观规律，也凸显了立法技术的不成熟和不科学。

（三）对立法未规定审判违限后果的客观认识

法律制度的有效实施需要以强制力作为支撑，对于违反法律规范的行为应当予以相应制裁。在保障诉讼效率方面，域外国家大多采取迅速审判模式，被告人权利受到侵犯的可以获得终止诉讼、减轻刑罚、经济补偿等多种救济。相比之下，我国《刑事诉讼法》虽然对审判期限有明确且严密的要求，但未规定审判超期行为的法律后果。有学者认为，这正是司法实践中超审限屡禁不绝的根本原因。"由于《刑事诉讼法》关于审限制度的法律规范只具有前提和行为模式，缺乏法律后果，如此一来，作为规范适用主体的人民法院因为不必担心超越审限所带来的法律后果而怠于作为，所以发生超越审限的'司法不作为'也就不足为奇了。"[3]

---

[1] 马静华："刑事审限：存废之争与适用问题"，载《甘肃政法学院学报》2008年第2期。

[2] 陈瑞华主编：《未决羁押制度的实证研究》，北京大学出版社2004年版，第376页。

[3] 转引自万毅、刘沛谞："刑事审限制度之检讨"，载《法商研究》2005年第1期。

根据法理学理论，一项完整的法律规则应当包括假定、处理和法律后果三种成分。出于立法技术层面的考虑，在具体表述时可能对其中某种要素加以省略，但是"法律后果部分的省略原则上是不允许的，尤其是其中的制裁性规定绝不可以省略，否则，法律就会丧失可操作性，这样一来，它所发布的禁令与道德宣言就没有任何区别了"[1]。因此，从立法技术的角度分析，违限行为法律后果的缺失确属刑事诉讼审限立法的一大问题。但我们不能就此将屡禁不绝的超审限问题归咎于此，因为对于法官遵守审判时限的义务在其他法律规范中作了强制性规定，并通过绩效考核机制切实发挥了作用。

2001 年修订的《中华人民共和国法官法》（以下简称《法官法》）第 32 条、第 33 条规定，法官不得拖延办案、贻误工作，否则应给予处分，构成犯罪的还应依法追究刑事责任。2009 年颁布的《人民法院工作人员处分条例》第 47 条规定，法官故意违反规定拖延办案的，给予警告、记过或者记大过处分；情节较重的，给予降级或者撤职处分；情节严重的，给予开除处分。根据《法官法》和相关规定修正的《中华人民共和国法官职业道德基本准则》（现已失效）也进一步明确了法官遵守审限规则的职业道德义务，要求法官严格遵守法定办案时限，提高审判执行效率，及时化解纠纷，注重节约司法资源，杜绝玩忽职守、拖延办案等行为。更为重要的是，为防止案件久拖不决，提高民众对司法的满意度，从中央到地方各级法院均将超审限情况作为内部重要的考核指标。2011 年，最高人民法院发布了修订后《关于开展案件质量评估工作的指导意见》，确定了审判公正、审判效率、审判效果三方面共 31 个三级指标，其中法定（正常）审限内结案率是一项重要考察内容。这些指标既是法院衡量自身工作成效的参照，也是上级法院对下级法院进行年度考核的重要内容，且考核结果决定着法院及其领导的业绩。[2]因此各级法院对此均极为重视，纷纷对照上级法院的考核项目制定本院绩效评价体系，审限内结案率即是一项重要的加减分项目。如山东省德州市中级人民法院 2004 年

---

〔1〕　张文显主编：《法理学》，法律出版社 2007 年版，第 118 页。

〔2〕　2014 年最高人民法院取消了高级法院考核排名，并要求各高级法院取消各地区不合理考核指标，但审限内结案率作为必要的约束性考核指标得到保留。实践中，地方法院在向同级人大所作年度工作报告中大多会有审限内结案率的数据，可见其仍然是体现法院工作水平和成绩、"决定着整个法院能否给当地人大和上级法院有个'交代'"的重要指标。

制定的《岗位目标考核实施办法》中，对中院各庭室和各基层人民法院的考核采取千分制。在审判业务的 600 分中，审限内结案率以 100% 为达标，记100 分，低于目标要求的相应地扣减分数；增设了案件平均审理天数和 18 个月以上超长期未结案数指标，作为加减分的附加依据。[1] 随着审判流程管理的日益精细化，一些法院更在审判程序中设定数个节点，将审限打散分配到各个节段中。法官在法定审限内结案率方面的完成程度，直接影响着其年度考评的分值和结果，进而与奖惩、晋级等物质利益、荣誉利益挂钩。更有甚者，将超审限案件作为错案对待或者实行"一票否决制"，只要法官审理的案件出现超期，无论其他业绩如何突出都无法参与评优、评职称等。

在这种攸关现实利益和长远发展的考评机制下，审限内结案率成为卡在法官头上的"紧箍咒"，即使刑事诉讼法与司法解释没有规定违反审限的法律责任，也没人会故意消极怠工，任由案件超限，这也正是司法实践中法官滥用审限变更事由、以求将超审限行为由"显性"转为"隐性"的原因所在。

二、2012 年《刑事诉讼法》对一审审限规则的完善

作为"十几年磨一剑"的成果，2012 年修订的《刑事诉讼法》在总结实践经验教训基础上对一审审限制度进行了大幅调整，有效缓解了屡禁不止的审判超期问题，使我国刑事审限制度体系更加科学完善。

(一) 大幅增加基础审限

随着犯罪数量持续增长、程序完善性日益提升，刑事审判中的人案矛盾越发突出，1996 年《刑事诉讼法》确立的 45 天审判期限无法满足实践需要，或隐或显的审判超期现象成为刑事司法常态，严重影响了司法公正的实现。为此，2012 年《刑事诉讼法》第 202 条第 1 款对依照普通程序审理的一审公诉案件基础审判期限作了适度延长："人民法院审理公诉案件，应当在受理后2 个月以内宣判，至迟不得超过 3 个月……"

从 45 天到 3 个月的大幅度审限延长，既是总结以往审判经验后的针对性调整，也与审判程序日益精细、复杂的立法变化相协调。首先，为保证合议

---

〔1〕 参见郑春笋："德州中院修定岗位目标考核办法"，载 http://www.chinacourt.org/article/detail/2004/08/id/127931.shtml，最后访问日期：2014 年 6 月 2 日。

庭明了案件争点，妥善安排庭审，实现庭审的集中、高效，2012 年《刑事诉讼法》增设了庭前会议程序，审判人员可以召集控辩双方对于审判有关的问题了解情况、听取意见。其次，在 2010 年《关于办理刑事案件排除非法证据若干问题的规定》的基础上，2012 年《刑事诉讼法》正式确立非法证据排除程序，规定在法庭审理过程中，审判人员认为可能存在以非法方法收集证据的，或者当事人及其辩护人、诉讼代理人申请法院对以非法方法收集的证据予以排除并提供相关线索和材料的，应当启动证据收集合法性的调查程序。最后，鉴于过去证人出庭率低下影响庭审实质作用发挥和司法公正实现，2012 年《刑事诉讼法》明确规定了证人出庭的条件，并通过经济补偿、人身保护、强制到庭等配套措施确保证人出庭作证。审判程序的复杂化、精细化、完善化，是保障被告人人权、实现实体公正和程序公正的正当途径，同时也需要审判时间的支撑。

有学者对一审审限的延长表示担忧，认为"大幅度延长公诉案件第一审审理期限必然导致案件审理整体期限的延长，损害及时审判、集中审理原则的价值，与审限设置的基本原则是否协调值得反思"[1]。笔者认为，这种观点值得商榷。刑事审限制度的目标在于，在不损害裁判公正的前提下防止审判拖延，因此一定的期间成本是十分必要的，并非审限规定得越短就越符合制度创立的初衷。此番法定审限的延长是总结实践中的经验教训后作出的应对措施，其目标也仍然是公正前提下的效率。面对审限普遍不足的现状而不作立法调整，放任或明或暗的超审限现象存在，才是对司法公正不负责的态度。另外，集中审理原则仅仅致力于庭审阶段的迅速和连贯，而我国的审判期限乃采取贯通式规定，非专注于庭审一节，审限的延长并不意味着庭审过程更加拖沓和无谓的冗长，即使在采行集中审理原则的大陆法系各国，适用普通程序审理的一审案件通常也需 3 个月甚至更久。

（二）完善审限延长规则

在诉讼期限规则体系中，期限延长条款是贯彻适度原则的重要体现。1996 年《刑事诉讼法》仅仅将延长侦查羁押期限的四种情形作为审限延长事由，忽略了许多可能导致审判工作量增加的情况。2012 年《刑事诉讼法》第

---

〔1〕 陈卫东主编：《刑事诉讼法理解与适用》，人民出版社 2012 年版，第 462 页。

202 条在保留原有规定基础上，对审限延长规则作了几处修改：首先，修正审判延长的批准机关，由"高级人民法院"调整为"上一级人民法院"；其次，与基础审限的增加同步，将审限延展幅度由 1 个月提高到 3 个月；再次，总结实践经验，增设死刑案件和附带民事诉讼案件两种报请延长审限的情形；最后，为避免审限紧张影响办案质量，增加规定特殊情况下报请最高人民法院延长审理期限。

尤其值得肯定的是两项审限延展事由的增设。死刑案件人命关天，一旦错误适用就会造成无法挽回的后果，证据审查的要求更为严格，审判管理环节更多，使得死刑案件的审判需要更长期限。而且，在有被害人的死刑案件中，为保证法律效果和社会效果的统一，实现控辩服判、"案结事了"的办案结果，法院往往还要努力做通被害人和被告人双方的心理工作，这一工作难度较大也比较费时。将死刑案件纳入延长审限的情形，并允许再延长 3 个月，有利于防止因审限不足迫使法官匆忙办案，影响审判质量，是防止冤假错案的重要保证。对于附带民事诉讼案件的审判来讲，法庭既要确定被告人的刑事责任，又要解决对被害人的物质赔偿，等于是两个案件合在一起，比单纯的刑事案件更为复杂，需要的审判期限也更久。此外，作为多元化纠纷解决机制的一种，调解结案是法院审理民事案件和刑事附带民事案件的优先选择。2010 年最高人民法院发布的《关于进一步贯彻"调解优先、调判结合"工作原则的若干意见》提出，对刑事附带民事诉讼案件，要在调解的方法、赔偿方式、调解案件适用时间、期间和审限等方面进行积极探索，把握一切有利于附带民事诉讼调解结案的积极因素，争取达成民事赔偿调解协议，为正确适用法律和执行宽严相济刑事政策创造条件。刑事诉讼法也规定法院审理附带民事诉讼案件，可以进行调解。但不可否认的是，调解结案确实需要法官投入更多的时间和精力，甚至可能因此引发超审限的结果。将附带民事诉讼案件作为可以申请延长审限的特殊情形，有利于保障此类案件的审判质量和办案效果。

2012 年《刑事诉讼法》第 202 条的科学之处还在于，它是综合考虑办案客观需要与防止期限浪费后的相对最优选择。有学者指出，按照案件类型划分审限面临操作难题，因为有的案件看似复杂，实则事实清楚、证据充分；

有的案件看似简单，却在审理中遭遇各种情况使得无法在期限内审结。[1]此番批评不无道理，毕竟并非所有死刑案件、重罪案件都会耗时持久，也并非所有轻罪案件都能在极短时间内顺利审结。然而在实质层面，这种个案"无力性"是由法律局限性所决定，乃法律之"原罪"；在实际层面，这种担忧又过分高估了审判期限适度化的难度。一方面，通过将可能增加审判工作量的因素作为期限延长条件，而非直接配给较长基础审限，有助于解决看似复杂实则简单案件中的期限滥用问题。毕竟申请延期需要履行一定程序、消耗一定时间，法官为避免麻烦很可能放弃非必要的报请。另一方面，各项诉讼期限延展和扣除规定，如精神病鉴定不占用审限、改变管辖后重计审限、中止审理不计入审限等，可以保证审理中出现特殊情况的案件不致草率结案。

（三）科学设置自诉案件审限

1996 年《刑事诉讼法》没有规定自诉案件的审限，"实践中有的地方对自诉案件的处理久拖不决，影响了法律的严肃性，也不利于当事人权利的保障。"[2]2000 年最高人民法院颁布的《关于严格执行案件审理期限制度的若干规定》（现已修改）首度就此作出规范：适用普通程序审理的被告人被羁押的自诉案件，审判期限与一审公诉案件相同；适用普通程序审理的被告人未被羁押的第一审刑事自诉案件，期限为 6 个月；有特殊情况需要延长的，经本院院长批准，可以延长 3 个月。2012 年《刑事诉讼法》基本延续了这一思路："人民法院审理自诉案件的期限，被告人被羁押的，适用本法第 202 条第 1 款、第 2 款的规定；未被羁押的，应当在受理后 6 个月以内宣判。"这一安排是比较合理的。首先，允许提起自诉的案件虽然在性质上主要是侵害公民个人权益的轻微刑事案件，但被告人不认罪的比例较大，控辩双方争议事项较多，法官经常需要进行庭外调查；由于自诉人通常缺乏充足的证据意识和法律意识，致使法院在审理过程中为证据梳理、争点整理花费较多时间；相比公诉案件，自诉案件立案、文书送达等方面也需要更多时间。因此在被告人未被羁押时，将自诉案件审限定为 6 个月是有必要的，有利于法庭充分

---

[1] 参见沈言、潘庸鲁："我国刑事诉讼法一审普通程序法定审限问题检讨"，载《中国刑事法杂志》2011 年第 6 期。

[2] 全国人大常委会法制工作委员会刑法室编：《〈关于修改中华人民共和国刑事诉讼法的决定〉条文说明、立法理由及相关规定》，北京大学出版社 2012 年版，第 245 页。

的准备、进行法庭审理和保障被告人行使诉讼权利。其次，在被告人被羁押的案件中，审限的设置既是为促使法院注意提高效率、及时结案，更是为减少被告人人身受限制的不利状态。刑事诉讼法将被告人受羁押的自诉案件审限与公诉案件一审程序作同步设定，既考虑到了自诉案件审理工作的特点，也有利于缩短轻微犯罪被告人人身自由受剥夺的时间，是羁押措施适用比例原则的体现。

（四）合理设置简易程序审限

根据 1996 年《刑事诉讼法》规定，适用简易程序的案件范围较为狭窄，除了两类可以提起自诉的案件外，公诉案件要求必须是可能判处 3 年有期徒刑以下刑罚、事实和证据清晰并且检察院同意适用才可。严格的适用条件保证了案件事实的非复杂化，加之庭审程序的适度简化，使得采用简易程序的案件办理并不需要太长期间。从已有的调查和统计看，20 天的法定审限足以满足审判的基本需要。为进一步节约司法资源、促进案件繁简分流，2012 年《刑事诉讼法》在总结司法实践经验和已有规范的基础上，重新规定了简易程序的条件，将适用范围扩展至基层人民法院审理的所有一审案件，即可能判处有期徒刑以下刑罚的案件。考虑到其中可能判处 3 年以上有期徒刑的案件性质更为严重，对社会的危害程度更大，证据的审查和事实的查明相对更为复杂，要求在 20 天内审结可能无法做到，因此允许其延长至 1 个半月。这一规定体现了根据不同案件区别对待的原则，有利于在提高审判效率的同时保证办案质量。

区分审判程序繁简设置差别化审限的立法思路，在 2018 年《刑事诉讼法》中得到延续。在总结试点经验基础上，2018 年《刑事诉讼法》正式确立了刑事案件认罪认罚可以从宽处理的原则，规定了权利告知、签署具结书、检察院量刑建议等认罪认罚从宽的程序内容。同时，将已经过四年试点的速裁程序上升为法律，作为认罪认罚从宽制度的配套措施。速裁程序适用于基层人民法院管辖的可能判处 3 年有期徒刑以下刑罚的、案件事实清楚、证据确实充分且被告人认罪认罚的案件，除不受通常送达期限的限制外，一般不进行法庭调查、法庭辩论，相比简易程序更加轻便灵巧，因此立法对其效率要求更高，原则上应在受理后 10 日以内审结；对可能判处的有期徒刑超过 1 年的，可以延长至 15 日。

三、一审审限规则的再完善

（一）进一步贯彻审限差别化原则

审限的差别化设置是适度原则在办案期限领域的体现，是尊重诉讼规律、应对复杂司法实践的客观要求。经过 2012 年和 2018 年两次修改，刑事诉讼法中一审审判期限规则的差别化更加凸显，不同审判程序（普通程序、简易程序、速裁程序）、不同诉讼方式（公诉案件、自诉案件）、不同案件类型（一般案件、死刑案件、附带民事诉讼案件）之间的审限呈层次化分布，有效缓解了过去审限立法"一刀切"的问题。为提升审限制度的科学性，审限的差别化设置需要进一步向精细化、类型化方向推进，这一点已经得到许多学者和实务工作者的认同。但就何种因素作为划分审限依据，学界众说纷纭，其中影响力较大的观点主要有两种，一是以案件性质作为标准，二是按照级别管辖进行划分。持后一观点的学者认为，根据案件难易程度划分审限的观点"只是看上去很美的表象，实际操作却具有相当难度……因为有些案件看似十分简单，但在审理过程中会碰到各种意外情况导致审限必须延长；有些案件看似十分复杂或疑难，但事实清楚、证据充足、被告人认罪、案件无法律适用争议，就会在很短时间内结案。"[1]这种批评当然有其道理，但按照级别管辖划分审限同样存在此问题。中级人民法院审判的可能判处死刑的案件如果事实清楚、证据确实充分，审判时间可能比基层人民法院审理的诈骗犯罪案件还要短。这种案件差异导致的操作困难，毋宁说是审限制度或者成文立法的天然局限性。

但这并不意味着审限的层次化设置是无法完成的任务。以往学者在提出审限分类的建议时，无论持何标准，多主张直接为符合条件的案件规定更长的基础审限，这就很容易造成审限浪费。而 2012 年《刑事诉讼法》则是将特定类型案件纳入审限延长规则之中，既可以防止因案件本身复杂性导致审判超期，也有利于减少不必要的审限浪费，毕竟申请延期需要履行一定的程序要求和消耗一定时间，法官为避免麻烦很可能放弃非必要的报请。

---

[1] 沈言、潘庸鲁："我国刑事诉讼法一审普通程序法定审限问题检讨"，载《中国刑事法杂志》2011 年第 6 期。

在解决审限配置模式难题之后，需要探讨的便是划分审限的依据。实证研究的确表明，中级人民法院比基层人民法院面临的超审限问题更为严重，但这一结论主要来自于"可能判处无期徒刑、死刑的普通刑事案件"[1]，2012年《刑事诉讼法》允许可能判处死刑的案件报请延长审限，已经基本完成了按照级别管辖分类所欲达成的目标。关于按照案件类型配置审限，结合学者的研究成果，笔者认为应当在坚持现有的差别化审限设置基础上，将允许延长审限的情形扩大到贪污贿赂犯罪、渎职犯罪、经济犯罪、故意（重）伤害等案件。

（二）严控特殊情况报请延长审限

根据《刑事诉讼法》第208条规定，在基本审限和六种情形的报请延长审限之外，因特殊情况还需要延长的，可以报请最高人民法院批准。"这样修改主要是考虑到审判是决定被告人是否构成犯罪和判处刑罚的关键环节，不宜因审理期限而影响案件质量，对一些重大、疑难、复杂案件的审理期限，有条件地适当延长是可以的。"[2]这种以审判公正为首要价值追求的理念值得肯定，但其合理性值得商榷。第一，与检察机关办案期限的延长不协调。《刑事诉讼法》第157条规定："因为特殊原因，在较长时间内不宜交付审判的特别重大复杂的案件，由最高人民检察院报请全国人民代表大会常务委员会批准延期审理。"据此规定，人民检察院对个别重大、复杂案件，因为特殊原因在侦查、审查起诉的法定期限内不宜交付审判的，可以延长。这种审前程序中的期限延长，大大减少了审判中同样因案件情况特殊而不定期延长的必要性。何况，人民检察院的特殊情况延长，由最高人民检察院报请全国人大常委会批准，其审批程序严于最高人民法院对同类案件的审批，这与宪法规定最高人民法院、最高人民检察院的同等地位不适应。第二，对于法庭审判中

---

[1]　这一点从"上海市二中院关于第一审刑事公诉案件审限问题的调研报告"中可见一斑。根据课题组收集的数据，中级法院的超审限现象突出表现在破坏社会主义市场经济秩序罪、侵犯公民人身权利和民主权利罪、侵犯财产罪、妨害财产罪、妨害社会管理秩序罪、贪污贿赂罪等案件中。基于中级人民法院管辖的一审案件范围，这些案件显然应归类于"可能判处无期徒刑、死刑的普通刑事案件"。参见徐松青等："刑诉法修改要完善公诉案件审限制度——上海二中院关于第一审刑事公诉案件审限问题的调研报告"，载《人民法院报》2011年7月21日，第8版。

[2]　全国人大常委会法制工作委员会刑法室编：《〈关于修改中华人民共和国刑事诉讼法的决定〉条文说明、立法理由及相关规定》，北京大学出版社2012年版，第243页。

出现需要调取、收集新证据、需要补充侦查或者其他情况无法在规定期限内审结的案件，《刑事诉讼法》已规定有延期审理、中止审理的缓解办法。第三，我国羁押期限依附于办案期限，审判时间的延长也就意味着被告人被羁押状态的延续，这种审限延长方式及其可能带来的无限延长的结果，不仅严重侵犯到被告人的诉讼权利，也不利于及时打击犯罪。第四，特殊情况下报请最高人民法院批准延长审限的规定过于原则，没有规定延长的确定期限，这就为无限延长审判期限开了绿灯。[1]须知，域外各国正是由于没有规定审判的整体期限，致使案件可能在法院合法地滞留数年之久。

对于报请最高人民法院批准延长审限可能存在的问题，中央司法部门也有所关注。最高法《解释》第173条第2款规定："因特殊情况申请最高人民法院批准延长审理期限，最高人民法院经审查，予以批准的，可以延长审理期限1至3个月。期限届满案件仍然不能审结的，可以再次提出申请。"明确限定每次延长的时限有利于规范实践操作，但限满不结可以再次申请延期实质上仍然是没有限定此类案件的审限上限，违背了期限设置的封闭性原则，建议增加规定"延长后的审理期限至多不得超过2年"。关于"特殊情况"的理解，法律起草机构曾解释称"是指案情特别重大、复杂或者有其他重要原因影响案件及时审理完毕的情况"[2]。该解释并不具有强制法律效力且不够清晰明确，无法阻止实践中的异化操作，建议规定最高人民法院在作出批准决定之前将有关情况通知最高人民检察院，由其对决定的合法性、合理性进行法律监督。同时为保护被告人人身自由权，最高人民法院在批准延长审限之后，应当进行羁押必要性的审查，对于必要性不是特别强烈的被告人，应当解除羁押状态。

（三）控制四种特殊情形的审限延长

1979年《刑事诉讼法》实施后，为解决实践中出现的一些特殊问题，全国人大常委会于1984年颁布了《关于刑事案件办案期限的补充规定》，规定对于重大的犯罪集团案件和流窜作案的重大复杂案件、交通十分不便的边远

---

〔1〕　参见陈光中、于增尊："关于修改后《刑事诉讼法》司法解释若干问题的思考"，载《法学》2012年第11期。

〔2〕　全国人大常委会法制工作委员会刑法室编：《〈关于修改中华人民共和国刑事诉讼法的决定〉条文说明、立法理由及相关规定》，北京大学出版社2012年版，第242页。

地区的重大复杂的刑事案件，不能在刑事诉讼法规定的一审、二审期限内办结的，可以延长 1 个月。由于符合我国审判工作实际需要，1996 年修改《刑事诉讼法》时将其吸收，并增加"犯罪涉及面广、取证困难的重大复杂案件"，形成延长审判期限的四种特殊情形，并延续至今。该项规定的立法本意是应对一些复杂案件无法在基础审限内审结的问题，例如犯罪集团案件、流窜作案案件往往同案犯较多或罪犯活动范围广，审理一般比较费时费事。但在长期的司法实践中，基于普遍的审限压力，这一欠缺明确性的法律规则异化为法官规避超审限风险的重要渠道，并因此招致诸多指摘。甚至有人认为，由于四种特殊情形的案件在现实生活中已经变得比较常见，而且又没有严格的、具有可操作性的认定标准，实践中该条款已价值不大。

由于成文法的局限性，在立法中规定能够涵盖所有可能情况的诉讼期限是有难度的，这也正是批评者反对审限制度的重要理由。正确的做法便是在总结实践经验基础上，对特殊情况加以类型化并规定特别审限规则。"流窜作案的重大复杂案件"等四类案件存在被告人多、犯罪地点多、涉案证据多、取证困难等特点，犯罪事实的查明客观上需要更多时间，为其配置较长审限符合诉讼期限立法的适度原则。需要检讨之处在于：第一，1996 年《刑事诉讼法》允许四类案件延长 1 个月审判期限，是因为 1 个半月的基础审限过于短暂，无法满足审判需要。而经过 2012 年的修改，一审审判期限已经由原来的 1 个半月调整为 3 个月，是否仍然无法满足四类案件审判需要，应当予以充分调查研究。至少在目前的司法实践中，审判机关应当尽量保持克制，"不要一遇到以上情形之一的案件，都延长审理期限，而应当实事求是地尽可能缩短办案期限。"[1] 当然，寄希望于权力主体的自我克制是徒劳的，只有将权力关进制度的笼子才能使其保持必要的谦逊，应当通过司法解释对四种案件的认定标准加以明确。第二，批准机关应当予以更加严格的审查，不能凡请必批，考虑到基层人民法院和中级人民法院之间的"紧密"关系可能造成的不利影响，建议恢复由省级人民法院决定是否批准延长。第三，延长审限的决定及理由应及时告知控辩双方、被害人，保障其对程序的知情权以及作出相应的诉讼活动安排。

---

[1] 全国人大常委会法制工作委员会刑法室编：《〈关于修改中华人民共和国刑事诉讼法的决定〉条文说明、立法理由及相关规定》，北京大学出版社 2012 年版，第 243 页。

（四）司法鉴定期间不应当计入审限

在最高法《解释》征求意见过程中，不少意见建议将各类鉴定所占用的时间均从审理期限中扣除。"经研究认为，上述意见于法无据，未予采纳。根据《解释》的相关规定，此种情形下，符合刑事诉讼法相关规定的，可以报请上级人民法院批准延长审理期限。"[1]基于司法解释的依附性，"在对法律条文的理解没有歧义的情形下，解释不能超越法律界定的范围，只能就具体的操作性问题进行细化"[2]，因而"于法无据，未予采纳"的理由是充分的。不过，理由虽然正当，问题却依旧存在。所谓"刑事诉讼法相关规定"，应当是指最高法《解释》第222条第2款："延期审理的案件，符合刑事诉讼法第202条第1款规定的，可以报请上级人民法院批准延长审理期限。"根据该条第1款规定，延期审理的案件限于当事人及其辩护人、法定代理人申请重新鉴定等情形，但这与"可能判处死刑的案件或者附带民事诉讼的案件，以及有本法第156条规定情形之一的"并无必然联系，在不符合这些条件时，即使重新鉴定也无法获得审限延长，较之1998年最高法《解释》更为保守。法院出于探究事实真相目的主动委托司法机构进行鉴定的，也仍然占用着审判期间。在《刑事诉讼法》已大幅增加基础审限的情况下，我们不能武断地认为鉴定时间的计入还会导致超审限的结果，这需要实践的检验。但基于诉讼原理和司法规律，鉴定意见的形成过程脱离于法官控制之外，将因此造成的超审限责任强加于法官身上违背公平原则，也无益于审限制度价值的实现。

第二节　二审审判期限的完善

"凡被判定有罪者，应有权由一个较高级法庭对其定罪与刑罚依法进行复审。"[3]包括二审程序在内的复审程序作为对原审裁判过程与结果的再次审查，为被定罪者提供了获得救济和尊重的机会。但是价值的正当并不意味着二审程序可以毫无节制地进行，在经过不适当的拖延后，即使胜诉的喜悦也

---

〔1〕张军、江必新主编：《新刑事诉讼法及司法解释适用解答》，人民法院出版社2013年版，第186~187页。

〔2〕汪海燕："'立法式'解释：我国刑事诉讼法解释的困局"，载《政法论坛》2013年第6期。

〔3〕《公民权利及政治权利国际公约》第14条第5款。

无法抵消来自心理、自由、经济方面的痛苦和损失，二审程序的效率因此成为不可忽视的问题。我国通过期限制度保障刑事诉讼各阶段的有效推进，二审阶段也有相应的审判期限规则。经过不断修改，二审审判期限制度日益完善，但改进空间仍然存在。

一、二审整体审判期限问题

我国的刑事二审期限经历了一个不断调整完善的过程。在 1979 年《刑事诉讼法》中，对二审审限作了与一审程序相同的设置，即一般应当在 1 个月以内审结，至迟不得超过 1 个半月。1996 年《刑事诉讼法》在延续这一制度模式的基础上，吸收 1984 年《关于刑事案件办案期限的补充规定》的有关内容，增加规定对于符合四类特殊情形的，经高级人民法院批准或决定，可以再延长 1 个月。这种调整有其进步性，但是弊端也十分明显。首先，无论对我国二审程序的功能作何种界定，其与负责查明事实的一审程序之间的区别都是明显的，为承担不同职能、面对不同对象的两个审级配置相同的审判期限，有违刑事司法客观规律。其次，在审判程序日益精细完善、裁判公正日益受到强调的情况下，1 个半月的审判期限已经显得捉襟见肘。审限不够用成为二审审判实践中的首要问题，几乎所有法院和法官都认为 1 个半月的时间内无法完成审判任务，特别是在一些疑难、复杂或者社会影响大、舆论关注度高的案件中更为明显。如某省高级人民法院 2007 年审理的 287 件二审案件中，有 106 件的办理超过 45 天，占所有案件的 36.9%，据该院刑三庭提供的数据，2007 年案件平均审理期限是 66 天，其中近一半的死刑案件都办理了延长审限的手续。[1] 为规避审判超限的不利后果，二审法院通常会采取变通措施，如不管是否符合《刑事诉讼法》规定的四种情形，一律向高级人民法院申请延期；利用当事人申请通知新的证人出庭、调取新的物证、申请重新鉴定或勘验时延期审理且不计入审限的规定、建议辩护律师申请延期审理等。这些手段虽然客观上达到了在审限内结案的效果，其合法性却存在很大问题。

---

〔1〕 参见陈光中等："关于我国刑事二审程序运行情况的调研报告"，载陈光中主编：《中国刑事二审程序改革之研究》，北京大学出版社 2011 年版，第 60 页。

有鉴于此，2012 年《刑事诉讼法》对二审审理期限作了较大幅度的修改：将基础审限延长到 2 个月；增加可能判处死刑的案件以及附带民事诉讼案件作为审限延长事由，同时将延长期限由 1 个月扩展到 2 个月；增加规定特殊情况的案件可以报请最高人民法院进一步延长审限。这些修订基本值得肯定。首先，扩展基础审限和延长审限幅度的规定是基于司法实践中 30 天乃至 45 天经常不够用的情况作出的合理安排，有利于保证二审审判质量，维护司法公正；同时与一审审限作了区别化处理，更加符合刑事审判规律。其次，将死刑案件和附带民事诉讼案件作为延长审限事由，符合根据工作量配置审判期限的制度原理。死刑是最严重的刑罚且具有不可逆转性，一旦出错，即使通过审判监督程序得到纠正，也无法挽回无辜者的生命，因此应当通过更为充分的办案期限保障二审法官从容、审慎地作出裁判。附带民事诉讼案件本质上属于两个案件的集合，相比单纯的刑事案件自然要耗费更多时间，况且对附带民事诉讼还有调解工作要进行，而调解的达成也是颇耗时日。总体而言，2012 年《刑事诉讼法》对二审审判期限的改革是较为合理和科学的，在遵从诉讼规律的基础上解决了司法实践的迫切问题。当然，在肯定其进步性的同时，二审审限立法仍有完善的空间。

第一，按照审理方式设置差别化审限。作为诉讼及时性原则的具象化体现，刑事诉讼期限的设置既要达到防范诉讼拖延的目的，又不能一味求快求短，迫使公安司法人员草率办案，即要在二者之间谋求一种适度平衡。为此，就需要寻找正确的参照系。就审判程序而言，决定办案期限长短的因素很多，统而言之则是法官的审判工作量。与一审不同，二审阶段存在开庭审理和不开庭审理两种方式，开庭审理意味着要齐聚控、辩、审三方，在一种对席审理、言词辩论的剧场化司法中实现程序公正和实体公正的双重价值追求；相比之下，以行政化的单方阅卷、单方讯问和听取意见为程序要素的调查讯问式审理则要简便许多。传统上二审法官倾向于不开庭审理，审限压力是重要原因之一，毕竟"相比动辄花费半天甚至一两天时间的开庭审理，不开庭审理可以省去诸多'不必要的麻烦'"[1]，包括前往被告人羁押地的时间耗费等。设置一体化审判期限，忽略了不同审理方式对审判工作量的影响，既违

---

〔1〕 田源："刑事二审不开庭审理常态化现象透析与问题疏解——以 D 省 Z 市中院为分析样本"，载《山东大学学报（哲学社会科学版）》2017 年第 5 期。

反诉讼期限的适度原理，也不利于促使二审开庭审判率的提升。因此，建议恢复 2012 年《刑事诉讼法（草案）》中的区别式立法，规定"第二审人民法院受理上诉、抗诉案件，应当在 1 个月以内审结，至迟不得超过 1 个半月；第二审人民法院开庭审理上诉、抗诉案件的，至迟不得超过 2 个月。"

第二，严格限制特殊情况下的审限延长。作为一套技术性操作规则，刑事诉讼期限制度可以视作人类在司法领域对于确定性的一种偏执性追求。然而受制于社会生活和司法实践的复杂性，试图将统一的时间数字适用于所有案件注定是较为困难的。为此就出现了两种解决路径，一是彻底废除一体化的诉讼期限制度，将程序推进完全委诸办案人员之手；二是对期限规则作适当弹性化处理，包括运用模糊立法语言和保留无限延展空间。对于后一种方案，大抵可以视作我国刑事诉讼法的选择。《刑事诉讼法》关于特殊情况需要延长二审审限可报最高人民法院批准的规定，即是典型体现。笔者认为，抛开其与审前阶段检察机关延长办案期限规定的不协调，以及羁押期限依附办案期限模式下对被告人权利的侵害不论，这一规定本身已严重违反了诉讼期限的基本原理。首先，期限制度的使命便是用确定的规则阻遏拖延办案的发生，而"特殊情况"的表述如此的指向不明，以至于所有案件均可以此为由寻求期限的进一步延长，抵消了之前立法努力的效果。其次，作为制度的内在机理，一项期限规则应当具有封闭性，不论长短应有确定性的上限，而本款规定并未明确最高人民法院可以批准将审判期限延长到何种程度，存在审限无限的风险。解决之策在于，明确"特殊情况"的具体情形和经最高人民法院批准延长的审限上限，考虑到二审程序与一审程序任务的不同，以最长不超过 1 年为宜。

第三，将司法鉴定纳入审限扣除事由。审判期限制度的目的在于防范法官主观的诉讼拖延，促进程序有效率地运行。但并非所有发生在审判阶段的诉讼行为或事件均由审判机关掌控，对于那些因客观原因导致的时间"流失"，理应从审判期限中扣除，典型如中止审理制度等。受此理念指导，考虑到"对犯罪嫌疑人作精神病鉴定的情况比较复杂，往往需要经过一段时间的鉴定工作才能得出结论，在法定的办案期限内难以作出正确的判断"[1]，最

---

〔1〕 全国人大常委会法制工作委员会刑法室编：《〈中华人民共和国刑事诉讼法〉条文说明、立法理由及相关规定》，北京大学出版社 2008 年版，第 295 页。

高法《解释》第 174 条规定，对被告人作精神病鉴定的时间不计入审理期限。问题在于，随着时代不断发展，刑事诉讼中需要进行鉴定的事项变得愈来愈多，诸如 DNA 鉴定、痕迹鉴定、伤情鉴定等同样需要花费一定时间。而鉴定意见何时作出完全由鉴定机构掌握，法院只能选择被动等待，如果将这部分时间纳入审判期限显然有失公平，也无助于实现审判期限制度的价值目标。建议对刑事诉讼法和司法解释作出修改，规定二审期间进行司法鉴定的时间不计入审限。

二、检察机关阅卷期限问题

对于人民检察院提出抗诉的案件和二审法院决定开庭审理的公诉案件，同级人民检察院需要派员出席法庭支持公诉，以便维持诉讼两造的程序构造，保证二审质量。为保证公诉工作有效开展，1979 年和 1996 年《刑事诉讼法》赋予了检察机关不超过 10 天的查阅案卷期限，即"第二审人民法院必须在开庭 10 日以前通知人民检察院查阅案卷"。然而该款规定遭到了法、检两家的一致抱怨。法院认为，刑事诉讼法仅给予二审法院 1 个半月的审判期限，对许多案件来讲本就捉襟见肘，再被检察院占去 10 天，时间更显仓促，可能损害办案质量。检察院方面则认为，案件到了二审阶段，检察院对具体案情、一审情况、上诉理由、上诉方提出的新证据都不了解，且部分案件本身较为复杂，10 天时间根本不足以阅完卷，如此也无法保证出庭质量。因此，检、法两家都希望能够规定一个统一的阅卷期限。

1998 年最高法《解释》对此作出回应，其第 267 条规定："人民法院依法开庭审理第二审公诉案件，应当在开庭 10 日以前通知人民检察院查阅案卷。自通知后的第 2 日起，人民检察院查阅案卷超过 7 日后的期限，不计入第二审审理期限。"该款意在将检察院查阅案卷时间与二审审判期限加以区分，并实现二者间的平衡，具有一定的积极意义，但也存在两个方面的缺陷。其一，1996 年《刑事诉讼法》规定的是检察院阅卷活动至少可以持续 10 天，1998 年最高法《解释》改为 7 天，有司法解释僭越立法的嫌疑；其二，超过 7 天后的阅卷时间一概不计入审限，却没有最长期限要求，有悖于期限的封闭性原理，也侵害了被告人的合法权益，"二审法院只能被动地等待，甚至出现了对被告人的羁押超过了一审判处刑期的情况。"[1]

2012 年《刑事诉讼法》第 224 条对检察院阅卷时间作出了进一步修改。首先，改"开庭 10 日以前通知"为"二审法院应当在决定开庭审理后及时通知人民检察院查阅案卷。""所谓'及时'应当理解为在法律规定的第二审审理期限内，一旦决定开庭审理后，二审法院应当尽快通知同级人民检察院阅卷。"[2]其次，延长了检察院查阅案卷的时间，规定应当在 1 个月内查阅完毕，有利于检察院更加从容地开展工作和做好开庭准备。最后，改正将二审审限与阅卷期限混为一谈的不合理规定，明确检察院查阅案卷的时间不计入审理期限。

有学者认为，案件经过一审后，二审法院通常并没有多少超过检察机关所掌握的、更多的案卷材料，因此检察机关不必花费太多的时间阅卷。新规定"既难以理解，也难以接受"[3]。这种观点有失偏颇。二审阶段的检察机关毕竟是初次接触案件，在全面审查卷宗、讯问被告人、报检委会讨论等多重因素影响下，10 天的阅卷时间确实显得仓促，因此立法将之增加到 1 个月是较为恰当的。不过在检察机关看来，这样的规定仍然不够完善。考虑到"在阅卷期间需要进行复核主要证据、讯问原审被告人等工作，对于有些案情复杂且被告人和案卷材料比较多的案件来说，1 个月阅卷期限仍然比较紧张"[4]，2019 年《人民检察院刑事诉讼规则》第 447 条第 2 款规定，检察院无法在 1 个月以内完成阅卷的，可以商请法院延期审理。

该规定的问题在于：其一，有违解释合法性原则。法律解释的目的在于明确法律规范含义、明晰适用法律依据、提升法律可操作性，其依附于法律而存在，因此必须坚持合法性原则，于法律框架内展开和运行，不得超越法律。在立法已将阅卷期限扩展为一个月的情况下，2019 年《人民检察院刑事诉讼规则》又赋予检察机关商请法院延长阅卷时间的权力，并创设了一种新的延期审理事由，已经构成了对法律的僭越。这种"立法式"解释不仅冲击了

---

[1] 陈卫东主编：《刑事二审开庭程序研究》，中国政法大学出版社 2008 年版，第 173 页。

[2] 陈光中主编：《〈中华人民共和国刑事诉讼法〉修改条文释义与点评》，人民法院出版社 2012 年版，第 311 页。

[3] 陈心歌：《中国刑事二审程序问题研究》，中国政法大学出版社 2013 年版，第 22 页。

[4] 孙谦主编：《〈人民检察院刑事诉讼规则（试行）〉理解与适用》，中国检察出版社 2012 年版，第 319 页。

法律的权威，而且也不当扩张了有关机关的权力、限缩了当事人的权利。[1]其二，有违法律明确性原则。明确性是良法的基本特质之一，通过明确、具体、周延的规范语言为执法者和社会大众提供确切指引，明晰权力（利）和义务边界。法律解释是对法律条文含义的进一步说明，也要符合明确性要求，可以说法的明确性是由立法的明确性与解释的明确性共同实现的。[2]2019年《人民检察院刑事诉讼规则》第447条第2款的规定仅仅对延长阅卷期限作出了原则性授权，至于哪些案件可以延期审理、可以延长多少时间、可以延长几次等并未涉及，实际上是将阅卷期间完全置于法院和检察院的控制之下，法律的严肃性和权威性荡然无存。其三，有违刑事诉讼基本原理。在某种意义上，刑事诉讼期限标示着公安司法机关行使权力的边界，刑事诉讼法保障人权、抑制公权的价值追求要求期限设置必须遵循谦抑性原则。然而谦抑性不能否定科学性，即期限的设置应当能够满足基本的办案需要，同时对于不受办案机关控制的期间应当不予计入。按照2019年《人民检察院刑事诉讼规则》第447条第2款规定，检察机关要在1个月之外获得更多的阅卷时间，需要借助于法院的延期审理决定。根据刑事诉讼法有关规定，"除了人民检察院补充侦查完毕的案件移送人民法院后需要重新计算审限外，延期审理的时间仍然计入审理期限。"[3]可见，在1个月之外的阅卷时间占用的是二审审判期限。抛开二审法院是否会同意的现实问题不谈，这一规定已经违反了刑事诉讼的基本原理，即在未赋予二审法院实质权力的情况下令其承担不对等的义务。毕竟审限规制的是法官，不应由其为检方的诉讼行为承担时间成本。

　　基于形式合法的视角，利用解释突破立法的方式回应实践需求无疑是错误的，但是站在实质合法性的角度，二审程序中检察机关阅卷时间不足的问题应当得到立法正视。从司法实践反映的情况看，"案情疑难复杂和调取新证据是检察机关常见的情况，两者都需要较长的阅卷期限。"[4]由于"案情疑难复杂"缺乏具体衡量标准，如果将之作为延长阅卷期限的事由，无法有效

---

〔1〕 参见汪海燕："'立法式'解释：我国刑事诉讼法解释的困局"，载《政法论坛》2013年第6期。

〔2〕 参见胡建森主编：《论公法原则》，浙江大学出版社2005年版，第656页。

〔3〕 陈光中主编：《刑事诉讼法》，北京大学出版社、高等教育出版社2013年版，第355页。

〔4〕 牛英慧、李洪杰："二审阶段检察机关阅卷期限不宜一刀切"，载《检察日报》2014年4月6日，第3版。

规避被滥用的风险，因此不宜作出此种突破。至于"调取新证据"，客观上确实需要检察机关投入较多时间和精力，应当允许进一步延长阅卷期限，并以不超过半个月为宜。

三、二审发回重审问题

严格来讲，发回重审虽然发生在二审阶段，造成的结果却并非加诸于二审程序本身，也不会导致二审超审限问题。但是，确实存在"二审法官根本无暇看卷，为了不超审限只好'发回重审'再说，以解'燃眉之急'"[1]的现象；而且，二审发回重审虽不会直接导致二审程序超期，却必然意味着整体诉讼流程的延长，甚至达到一个明显不合理的长度。由于我国刑事羁押期限与办案期限的混同，终局裁判的延后就代表着被告人被羁押时间的延长。因此从保护被告人权益角度，对二审发回重审有效规制的探讨也是必要的。

（一）取消事实不清证据不足型发回重审

针对司法实践中暴露出的问题，2012 年《刑事诉讼法》对事实不清、证据不足情况下的发回重审次数以及发回重审后的加刑问题作出了限定，大大缓解了发回重审的滥用倾向。然而问题并未得到彻底消解，"事实不清、证据不足"界定标准的模糊性仍为制度异化留下了充分的空间。

按照较为官方、权威的解释，"事实不清楚或者证据不充分""主要是指犯罪时间、地点、手段、危害后果等事实没有全部查清，证据不够充分或者遗漏了犯罪事实，原审收集的证据未经调查核实等。"[2]据此，作为发回根据和指向的事实是指被追诉人实施犯罪的情况等较为核心且由一审查明更宜的内容，然而"等"字的使用又为法官任意解释提供了可能。此外，对于事实是否清楚、证据是否充分的判断，不可避免地依赖于法官的个体认知甚至是价值评判，是一个见仁见智的问题。确保法官仅在关键事实确实不清楚的情况下发回重审，成为一项十分艰巨的任务。例如，2009 年至 2011 年某市两级法院发回重审的 40 件刑事案件中，二审裁定书中记载的理由均为"事实不

---

〔1〕 薛子进："二审法院发回重审不写意见，原审法院不知何意无所适从"，载《法制日报》2000 年 7 月 27 日，第 2 版。

〔2〕 郎胜主编：《〈中华人民共和国刑事诉讼法〉修改与适用》，新华出版社 2012 年版，第 395~396 页。

清、证据不足"，但通过其他方式进一步调查后发现，只有 18 件属于真正因此而发回重审，且其中"仅有 3 件有进一步补充证据查清事实的现实可能性，8 件无进一步补充证据查清事实的现实可能性，另 7 件系无必要查清的事实或证据，即二审要求查清的事实和证据并非影响该案定罪量刑的基本事实和主要证据"[1]。

有学者指出，发回重审制度"失灵的根本原因不在于立法规定过于抽象、粗略的问题，而在于制度的设计并未考虑到司法过程中法官的行为策略驱动"[2]。笔者对此表示部分赞同。诚然，二审法官之所以青睐使用发回重审制度而非径行改判，背后有着规避错案责任、转移办案压力的考量，但不容否认的是，恰恰是立法的不明确、不完善为司法的非规范化运作提供了合法外衣。放弃填补立法漏洞而专注于从更难解决的司法机制乃至体制优化入手，既无助于解决当下的问题也不符合诉讼法治建设的本意。鉴于基于事实不清楚发回重审面临的逻辑两难和将之充分细化的困难，以及二审全面审查原则为法官查清事实提供的制度基础，建议规定二审法院应当径行改判；只有在原判决遗漏罪行或者应当追究刑事责任的人的情况下，为贯彻不告不理原则及维护被告人审级利益，才可将案件发回重审。至于二审法院经过审理认为证据不足的，基于对无罪推定原则的依循，同样不得发回原审法院重审，而应直接作出无罪判决。

（二）规范程序违法型发回重审

随着刑事司法进步，程序公正理念在世界范围内不断得到强化。对于一审法院违反法定程序的，在损害程序公正的同时，大多伴随着侵害诉讼权利甚至影响实体公正的结果，由二审法院径行改判又有伤被追诉人的审级利益，因而发回重审成为各法治国家的通行选择。

我国《刑事诉讼法》规定的程序违法事由大体可以分为三类：一是违反重要程序原则或制度的，包括审判公开、回避制度、审判组织组成条件的（《刑事诉讼法》第 238 条第 1、2、4 款）；二是因剥夺或限制当事人诉讼权

---

〔1〕　伍金平："新刑诉法二审发回重审制度修改的立法解读与思考——基于 D 市两级法院上诉案件二审程序运行的实证研究"，载《中国刑事法杂志》2012 年第 8 期。

〔2〕　唐红："刑事二审发回重审制度运行失灵之审视与破解——以刑事司法场域中法官行为策略为视角"，载《山东法官培训学院学报》2018 年第 4 期。

利，因而影响公正审判的（《刑事诉讼法》第 238 条第 3 款）；三是兜底性规定，涵盖可能影响公正审判的其他程序破坏行为（《刑事诉讼法》第 238 条第 5 款）。其中第一类程序错误较为明显，滥用的空间较小。第二类与第三类因为"可能影响公正审判"的表述带有裁量性质，因而有必要进一步讨论。

笔者在裁判文书网上以判决结果包含"发回"和"公正审判"作为关键词，并限定"二审""裁定书"条件，获得 2015 年有效文书（剔除重复文书）104 份，其中以《刑事诉讼法》第 238 条第 3 款作为发回重审依据的有 33 件，明示原因的有 18 件，主要集中于被告人的辩护权、对质权、获得翻译权、上诉权等。在以《刑事诉讼法》第 238 条第 5 款发回重审的 73 件案件中（部分案件同时具备《刑事诉讼法》第 238 条第 3 款与第 5 款情形），主要涉及对部分证据未予质证或法庭调查、遗漏部分诉讼请求、违反简易程序规定、合议庭合议意见与刑事判决书的主文不一致、未予指定辩护人等。从裁判文书来看，各地二审法院在适用基于程序违法的发回事由时存在准确性、严谨性方面的不足，如对质权并非我国刑事诉讼法确立的诉讼权利种类，而宜作为其他违反诉讼程序的行为；未予指定辩护的行为属于剥夺被告人辩护权，应当适用《刑事诉讼法》第 238 条第 3 款；个别案件超出法律规定，在以《刑事诉讼法》第 238 条第 4 款即审判组织组成不合法作为发回重审法律依据时，以第 238 条第 5 款的内容进行说理；有案件以《刑事诉讼法》238 条第 5 款作为法律依据，却在阐释发回理由时使用"系限制被告人的法定诉讼权利，可能影响公正审判"的表述。加强发回重审制度权威，需要各地二审法院对裁判文书中的发回理由进行严格规范。

为限制"可能影响公正判决"遭到扩大解释，还应区分程序性违法的严重程度，对于前述误用简易程序、判决书中裁判意见与说理相矛盾、遗漏当事人诉讼请求等情形，应当予以发回重审。对于轻微的程序违法活动，应当采取双重限制条件。首先，应当严格把握可能影响公正判决的标准。只有一审程序违法与原审判决之间具有因果关系，即"如果不是因为程序违法，就可能作出与现在判决完全不同的判决"[1]时，才能够予以发回重审。其次，应当赋予被追诉人对于一般程序违法是否发回重审的选择权。这是因为，发

---

[1] 杨杰辉："基于程序违法的发回重审研究"，载《中国刑事法杂志》2013 年第 7 期。

回重审作为一项权利救济措施具有自我矛盾的一面，即其在救济受损权利的同时会造成更大的权利损害后果。申言之，发回重审给予了审判机关弥补自身程序错误的机会，但因程序重启带来的程序延宕后果，包括经济损失、自由受限、心理煎熬全部由被告人承担，无辜者而非违法者因违法行为和补救行为受到了惩罚。因此在程序违法并未对公正审判造成严重破坏的情况下，由被告人在发回重审的公正和审级利益与面临的经济、自由等损失之间进行选择，是更加合理的制度安排。

防范基于程序违法的发回重审浮滥适用，还应检视现行的发回次数问题。2012 年《刑事诉讼法》关于发回重审仅限一次的规定针对的是"原判决事实不清楚或者证据不足的"情形，这就意味着"如果程序违法，应当无条件发回重审，与限制发回重审原则并不冲突"[1]。不对一审程序违法时的发回重审次数进行限制有其合理性，毕竟与案件事实的查明不同，违反法定程序的行为系由一审法院作出，一个正当的一审程序只能由其"还给"被告人，这种自我纠正行为也是树立或者说恢复司法权威的需要。问题在于，案件事实的不清楚尚可归因于犯罪发生的久远性、人类认识能力的有限性，作为专职审判机构的法院在个案办理中出现违反法定程序的行为，却是不应当出现的严重过错，遑论"二次为例""反复出错"。而且一次发回重审已经赋予了原审检察机关发现新证据并追加起诉的机会，反复的发回无异于国家刑罚权的无限制使用，甚至在根本上动摇了刑事诉讼期限制度的基础。为维护程序权威和被告人诉讼权利，笔者认为，程序违法发回重审的次数同样应以一次为限。

（三）严格裁判文书说理制度

判决理由是判决书的灵魂，[2]充分的裁判文书说理是司法公开原则的体现，有助于提高裁判结果的权威性，并"内在地包含有防止武断、暗箱操作和纠正混乱的逻辑"[3]。在发回重审的扩大化中，裁判不说理扮演着十分重

---

〔1〕　江必新主编：《〈最高人民法院关于适用〈中华人民共和国刑事诉讼法〉的解释〉理解与适用》，中国法制出版社 2013 年版，第 304 页。

〔2〕　参见李拥军、周芳芳："我国判决说理激励机制适用问题之探讨"，载《法制与社会发展》2018 年第 3 期。

〔3〕　王申："法官的理性与说理的判决"，载《政治与法律》2011 年第 12 期。

要的角色。实践中，二审法院一般都是通过"内部指导函"的形式告知原审法院真实的发回理由，以及原审法院应当从哪里入手进行重审工作。发回重审裁定书则多是以一句简单的"原判决认定（部分）事实不清、证据不足""程序不当"作为发回的根据，特别是"事实不清、证据不足"尤其受到二审法官青睐。[1]由于这些法定的发回事由用语弹性又缺乏解释，我们很难通过裁判文书发现其是否是真正的裁定依据，抑或是法官借以转移办案风险和压力的托词。前引 2009 年至 2011 年某市两级法院发回重审的 40 件刑事案件也足以为此提供佐证。显然，仅仅通过法官内部的视角我们才得以获悉这 40份"事实不清、证据不足"的官方理由下掩盖的是"做好刑事和解工作""适用法律错误""量刑畸轻"等不规范甚至不合法的原因。通过"内部指导函"而非裁判说理交代发回重审理由的做法，也剥夺了上诉人的知情权甚至是防御权，同时对重审法院造成了不适当的压力。为规范二审发回重审行为，应当取消"内部指导函"的做法，在二审裁定书中公开发回重审理由，并进行充分说理。

第三节　死刑复核期限的建构

一、死刑复核期限的建构理据

死刑复核程序是指法院对判处死刑的案件进行复审核准的特别审判程序，是死刑案件审理的必经阶段。通说认为，死刑复核程序的良性运作具有三方面的功能：第一，通过对死刑案件多设置一道检验和把关程序，有利于保证正确适用死刑，减少冤错案件发生。第二，通过死刑复核程序，对适用死刑不当的判决作出不予核准的裁定，并分别作出不同处理，有利于贯彻宽严相济的刑事政策和少杀慎杀的方针，也体现出对人权的尊重。第三，死刑判决由最高人民法院进行核准，有利于从诉讼程序和权力归属上统一死刑规格和

---

〔1〕　笔者在裁判文书网上以审级为"二审"、判决结果为"发回"、文书类型为"裁定书"等为搜索条件，获得 2012 年上传的有效文书（剔除重复）164 件，通过统计发现，其中绝大部分（153件）案件的发回理由中包含了"事实不清"，且仅有这干巴巴的几个字，仅有 8 份文书简单交代了发回重审的理由，对附带民事诉讼原告人是否应当承担民事责任未做处理，未对被告人的精神状态依法进行司法鉴定，在原公诉机关未指控部分犯罪事实的基础上作出认定等。

执法尺度，避免因各地法院把握标准不一导致的同案不同判现象，体现了法律面前人人平等的原则。

长期以来，死刑复核程序书面、单方、秘密的行政化运作方式遭到颇多质疑。学界普遍认为死刑复核程序是一种特殊审判程序，应当具备一定诉讼化特征。随着刑事司法改革进程的推进，近年来，死刑复核程序不断朝着诉讼化方向完善。2012 年《刑事诉讼法》增加了讯问被告人、听取辩护律师意见和最高人民检察院可以提出意见的规定，使得控辩双方获得了介入死刑复核程序的机会。为切实保障死刑复核案件中辩护律师权利行使及保障当事人合法权益，最高人民法院分别于 2014 年和 2019 年制定《关于办理死刑复核案件听取辩护律师意见的办法》和《关于死刑复核及执行程序中保障当事人合法权益的若干规定》，死刑复核程序的运行更加科学合理。但在死刑复核程序规则日渐完善的同时，复核期限却一直处于缺位状态。2007 年最高人民法院、最高人民检察院、公安部、司法部联合出台的《关于进一步严格依法办案确保办理死刑案件质量的意见》曾原则性地提出，人民法院在保证办案质量的前提下，要进一步提高办理死刑复核案件的效率，公正、及时地审理死刑复核案件。可见，立法者关于死刑复核程序不宜划定明确期限的立场是较为坚定的。学界在此问题上存在正反两种对立观点，总体而言，反对者已就各项支持性理由进行了针锋相对的批判，而"肯定论"者对此尚无系统回应和有效"交涉"，死刑复核期限制度的正当性受到挑战。为此，笔者拟省略对制度价值的重复阐释，而是通过对"否定论"者所持观点的商榷，间接夯实死刑复核期限的制度根基。

（一）死刑复核期限与裁判公正

死刑是最严厉的刑罚，是对被告人生命权的剥夺，因此死刑案件的裁判必须慎之又慎。反对死刑复核期限制度的学者认为，死刑复核程序作为死刑适用的最后一道关口，就是为了保证死刑案件结果的正确性，防止冤案发生。如果为死刑复核活动设置期限，会"逼使承审法官为了避免'超过审限'而匆忙结案，那就会使案件的质量难以保证"[1]。甚至有观点认为，"对于死刑而言，最终决策者什么时候考虑清楚了，什么时候再做出决定；如果一直

---

〔1〕　崔敏："死刑应该如何复核"，载周国均、陈卫东主编：《死刑复核程序专题研究》，中国方正出版社 2006 年版，第 14 页。

没有考虑清楚，就一直不要做出决定。"〔1〕

刑事诉讼程序由前后相继的数个诉讼阶段构成，后一阶段的程序推进和结果无法脱离前置阶段的影响。死刑复核程序启动之前，案件已经过侦查、审查起诉、一审以及可能的二审、高院复核等程序，反映这些诉讼活动的第一、二审裁判文书、案件综合报告、案卷、证据等成为复核活动开展的直接基础。因此死刑案件的实体公正虽以死刑复核程序为最后一道把关，却不能将希望和责任完全寄之于此。完善司法体制和一审、二审程序构造，扭转有罪推定观念，提高刑事侦查质量，才是避免死刑冤案的根本所在。

当然，现阶段的死刑复核程序确实承载着确保死刑质量的功能预期，而这一价值的实现与包括期限在内的一切程序要素都息息相关。但笔者以为，相对于期限压力造成的负面影响，死刑复核程序的非诉讼化构造对实体公正的威胁要紧迫得多。随着此次刑事诉讼法的修改，死刑复核程序的诉讼化色彩的确有所强化，然而久受诟病的行政化运作方式并未真正打破，如审查工作主要依赖于阅卷、不在公开的法庭上听取控辩双方意见、调查核实证据带有单方性，等等。"这种高度行政化的死刑复核程序，无疑会使最高法院的死刑复核程序带有秘密化、单方面化、非正式化甚至恣意化的色彩"，〔2〕严重影响"确保死刑案件办案质量、最大限度地避免冤假错案"的程序目标的实现。相比之下，复核期限与死刑错判之间的关联不仅小得多，且尚未得到有效证明。所谓"死刑复核效率越高，意味着死刑复核工作越粗糙"〔3〕的论断缺乏充足的实践佐证和缜密的逻辑推导；反过来讲，是否死刑复核速度越慢越有利于增进裁定质量，同样缺乏有效论证。

事实上，反对者担忧的是不合理的审限压力对于裁判质量的破坏，即因过短的法定期限导致法官无法细致、充分地开展审查工作。此诚非期限制度之固有特性。我们所主张的死刑复核期限制度，是要通过深入的观察、研究建立一套科学的期限规则，使法官在从容开展复核活动的基础上压缩其消极、

〔1〕 易延友："死刑复核程序不应设置期限"，载《南方周末》2013 年 7 月 11 日，第 A6 版。

〔2〕 陈瑞华："中国刑事司法的三个传统——以死刑复核制度改革问题为切入点的分析"，载《社会科学战线》2007 年第 4 期。

〔3〕 杨正万："试论死刑复核程序的完善"，载周国均、陈卫东主编：《死刑复核程序专题研究》，中国方正出版社 2006 年版，第 157 页。

拖延办案的空间，实现公正与效率、实体公正与程序公正的平衡。

（二）死刑复核期限与人权保障

程序及时原则与诉讼期限制度的根本目的之一，在于保障诉讼人权，即通过程序周期的缩短减少犯罪嫌疑人、被告人受侵害的可能和幅度。有观点认为，对于等待死刑复核的被告人而言，最坏的结果无非就是被核准执行死刑，而晚一日核准就多一分生存的希望，因此不设置死刑复核程序期限，并不存在侵犯人权的问题。[1]这一论断在某种程度上是成立的。根据《公民权利和政治权利国际公约》的规定，刑事被追诉人享有包括无罪推定、对质权、受公正审判、不受非法逮捕和羁押等在内的十数种权利。死刑复核期间的延展并不会损害已经或未能实现的获得辩护、获得公正审判等程序性权利；至于由此造成的羁押时间延长，其后果最多与徒刑相当，比之立刻失去生命当然要好很多，换言之，人身自由权所受损害被生命权的回归包容和抵消了。

但问题在于，程序拖延对人权的影响并不止于此。在死刑复核结束之前，裁决结果根本无法预测，生死始终处于悬而待定状态，对被告人而言，这是一种极度的心理折磨。杜培武在平反后接受访谈时即曾坦言，从1994年4月初云南省高级人民法院派人找他复核，直到同年10月20日终审改判死缓为止，他都一直生活在极度的恐惧中。每次听到管教警察来监号提人的铁门响，他都会吓得颤抖不已，担心是法官来宣读维持原判的终审判决，然后被押赴刑场执行枪决。[2]这种心理折磨、精神痛苦的程度甚至超过了侦查讯问中的酷刑，违背了《经济、社会和文化权利国际公约》第12条规定的"人人有权享有能达到的最高的体质和心理健康的标准"，是对人权的严重侵犯。当然，在通常意义上，生命权高于（心理）健康权，毕竟只有活着才有健康可言，因此为了争取生存的机会而承担精神痛苦属于"两害相权取其轻"的理性之举。但是，"权利位阶并不具有整体的确定性，不可能形成像'化学元素表'那样先在的图谱……必须联系具体的条件和事实才能最后确定。"[3]不同于物

---

〔1〕　参见易延友："死刑复核程序不应设置期限"，载《南方周末》2013年7月11日，第A6版。

〔2〕　参见王达人、曾粤兴：《正义的诉求：美国辛普森案与中国杜培武案的比较》，北京大学出版社2012年版，第231页。

〔3〕　林来梵、张卓明："论权利冲突中的权利位阶——规范法学视角下的透析"，载《浙江大学学报（人文社会科学版）》2003年第6期。

理上的自由受制，精神健康权与生命权的权衡更加复杂、更加依赖于被告人对结果"捉摸不定"的心理承受能力，"犯人越富有想象力，越感到自己软弱，就越感受到这种折磨。"[1]随着程序的不断持续，这种折磨会日益加剧，直到改判的希望无法将其缓解、压制。从根本上讲，人为拖延造成的"这种痛苦是不必要的。这并不是死刑所固有的，且在任何情况下，也非死刑所必需"[2]。死刑复核期限的设置，恰恰可以减少这种不必要的人权损害，并在减刑的希望和等待的痛苦中谋得一个平衡。

（三）死刑复核期限与死刑民意

在中国当下的刑事司法场域中，民意似乎是一个绕不开的话题。死刑复核期限制度的有无之争同样如此。"民意与死刑的关系主要涉及立法与司法两个层面的问题：一是立法层面上死刑存废与民意的关系；二是司法层面上的民意对死刑适用的影响。"[3]反对者主张，不规定死刑复核期限才是处理民意与死刑关系的正确方式。首先，在个案层面，死刑复核时间拖得越久，沸腾的民意越能得到平息和过滤，从而防止"舆论杀人"。[4]其次，公众的死刑观念受案件发生时的情绪影响，时间越长，人们对于死刑造成的恶劣影响越容易淡忘，如此就能通过个案处理改变公众死刑观念，为死刑的废止创造条件。[5]

第一，死刑复核期限与死刑个案之民意。

根据舆论学、传播学规律，公共舆论具有持续性，一旦形成就要持续一段时间。换一个视角来看，这意味着舆论带有时效性，会随着时间的流逝趋于淡化以至消散。据此而言，"通过拖延复核时间淡化公众情绪"的观点并非毫无根据。但是，舆论持续性或者说舆论韧性的另一特质就是，其与舆论客体的情况具有很强的关联度。"如果人们议论的舆论客体所体现的信念、价值观与公众差距较大，或者说'问题没有解决'，舆论是不会消失的。"[6]聂树

〔1〕[意]贝卡里亚：《论犯罪与刑罚》，黄风译，中国法制出版社 2005 年版，第 69 页。

〔2〕[美]欧内斯特·范·登·哈格、约翰·P.康拉德：《死刑论辩》，方鹏、吕亚萍译，中国政法大学出版社 2005 年版，第 16 页。

〔3〕赵秉志、彭新林："我国死刑适用若干重大现实问题研讨——以李昌奎案及其争议为主要视角"，载《当代法学》2012 年第 3 期。

〔4〕参见李奋飞："最高人民法院死刑复核程序新探"，载《国家检察官学院学报》2014 年第 5 期。

〔5〕参见杨正万："试论死刑复核程序的完善"，载周国均、陈卫东主编：《死刑复核程序专题研究》，中国方正出版社 2006 年版，第 156~157 页。

〔6〕陈力丹：《舆论学——舆论导向研究》，中国广播电视出版社 1999 年版，第 20 页。

斌案可谓典型例证。2005 年"疑似真凶"王书金的供述揭示出聂树斌被冤杀的极大可能，"真凶落网"的情节立刻引起社会广泛关注，此后的 10 年间，媒体和公众对此案给予了持续关注，时至今日依然如此。可见，对于那些有影响的死刑案件，寄希望于通过复核程序的延长来排除舆论关注是很可能落空的。

　　既然无法通过时间阻遏民意对个案的关注，如何处理二者关系就成为关键所在。笔者认为，刑事司法作为专门的国家职权具有不可让渡性，司法独立原则要求司法机关只能根据事实和法律裁决案件，不受其他任何束缚。刑事司法活动的专业化、重要性要求裁判活动必须在诉讼程序的轨道内运行，以保证裁决结果的公正。"如果允许刑事司法向民意妥协，看起来似乎维护了社会的稳定，实际上是以牺牲整个法律正义为代价，是以牺牲法律的尊严和权威为代价。"[1]细细分析"拖延复核时间以防'舆论杀人'"的观点，应当也是认识到了舆论介入裁判形成过程的非正当性并力图予以阻断，只是其着眼点的选择存在偏颇。在具体案件层面，裁判与民意隔离的应然路径是加强裁判者独立司法的能力和勇气。舆论热度反映的社会影响性，可以作为裁判者更加审慎地调查事实、援用法律的理由，可以成为配备更长审限的根据，却绝不能成为左右裁判结果的因素，这是程序公正的内涵和司法独立的底线。寄希望于民意的主动退场不仅难以达成，更是扭曲了二者之间的应然关系，实质上是裁判权向民意的妥协和退让。

　　值得一提的是，美国刑事司法中为了排除新闻报道、公共舆论可能对审判造成的干扰，允许采取延期审理的方法。联邦最高法院在 Sheppard v. Maxwell 一案中指出，"若是审前的倾向性报道有合理的可能影响公平审判，法官应当延期审理（continuance）直至影响减弱，或将案件转移到另一未受传媒沾染之地区进行审判（change of venue）。"[2]这似乎印证了推迟复核以排除民意干扰主张的合理，然而事实却是，延期审理措施仅系针对初审而言，目的是帮助不具法律专业知识和审判技能的陪审员免受审前报道的不良影响。作为最高裁判机关如果仍要通过这种方式获得独立裁判空间，可谓现代司法的笑柄，

---

　　[1]　孙万怀："论民意在刑事司法中的解构"，载《中外法学》2011 年第 1 期。
　　[2]　侯健："传媒与司法的冲突及其调整——美国有关法律实践评述"，载《比较法研究》2001年第 1 期。

是法治社会不能承受之重。

第二，死刑复核期限与死刑存废之民意。

自 1764 年贝卡利亚在《论犯罪与刑罚》一书中对死刑制度进行强烈谴责和批判以来，伴随着文明的演进和认识的深化，大部分国家已在法律或事实上废除了死刑。在我国，限制死刑适用、贯彻"少杀慎杀"已成为重要的刑事政策，并逐渐得到落实，但死刑的真正废除仍有很长的路要走。在此过程中，民意是必须夯实的基础之一，因为"治安情况和公众意向是立法机关制定法律和司法部门执行法律时必然关注的基本依据"〔1〕。

需要明确的是，社会观念的形成和转变都是历时性活动，且形成的时间愈久，在社会大众心中的印象愈加固化，影响愈加强烈，改造起来愈加困难。中国的死刑制度自奴隶社会创立，绵延数千年，在刑罚体系中长期占据着中心地位。时至今日，死刑作为惩罚极端恶劣、严重犯罪的必要手段，在普通民众中仍有较为广泛的基础。这就决定了等待大众死刑观念的自然扭转绝非短期可竟之功，而必须加以主动引导，且引导机制必须科学合理。正如学者所言，基于死刑控制政策下的民意引导，应当采取"变更刑法条文表述、公布死刑判决数和执行数、重视媒体的舆论导向作用以及提倡死刑改革的多元化参与等措施"〔2〕，并注重"在理解公众在死刑改革问题上的利益需求的基础上，继续进行死刑问题的知识启蒙与思想启蒙"〔3〕。

通过个案裁判对民众死刑观念进行潜移默化的洗礼，属于"知识启蒙与思想启蒙"的方式之一，本身并非不可取，但这种启蒙应当以独立、严谨作出的非死刑判决为依托，逐步削弱普通大众心中"杀人偿命""重罪必死"的心理预期和认知。而试图通过拖长死刑复核时间，消解民众对特定案件判处死刑的"亢奋"，假使真能奏效，其带来的副作用也是我们无法承受的。申言之，民众对刑事案件的关注，蕴含着其自身朴素的法感情，这是法治社会构建最强大的根基和推动力。刻意削弱这种关注的动力，必然影响社会大众对

---

〔1〕 陈兴良：《走向哲学的刑法学》，法律出版社 2008 年版，第 368 页。

〔2〕 苏彩霞、彭夫："死刑控制政策下民意引导的实证分析"，载《广西大学学报（哲学社会科学版）》2015 年第 2 期。

〔3〕 王勇："超越复仇：公众舆论、法院与死刑的司法控制"，载《吉林大学社会科学学报》2015 年第 4 期。

刑事司法的热情和信心，伤及司法权威和法治实现，实属得不偿失之举。

（四）死刑复核期限与程序拖延的可能利益

死刑复核期限制度的直接功能，在于防范程序拖冗和案件积压。但在一些学者看来，死刑复核程序的拖延并不一定就是坏事，反而能够带来某些值得期待的利益。

有学者主张，就已经发现的死刑冤案而言，一般都是在真凶被抓获后才被纠正，甚至是在终审判决后十几年才得以发现真相，因此必要的拖延是纠正死刑错判的不得已的方法。[1]诚然，只有保证"人头不落地"，才能有挽回的余地，但与普遍拖延造成的成本相比，换取纠错机会的收益存在确定性、对等性瑕疵。鉴于刑事冤案对司法公信力的破坏以及其中暴露出的诸多问题，最高人民法院收回死刑核准权后采取了更为严格的审查标准，复核程序构造也更趋诉讼化，死刑错案的发生空间得到进一步压缩。至少自 2007 年至今，尚未出现新的死刑冤案。在此背景下，以所有死刑案件的拖延，换取极为个别的、仅具可能性的错案纠正"余地"，收益是否大于成本，恐怕不无疑问。况且，近些年的刑事冤案纠正实践揭示出，我国的冤案申诉筛选机制并未真正起到筛选冤案的作用，冤案的发现在很大程度上依赖于"真凶落网"或"亡者归来"式的偶发事件，具有较大的偶然性。这无疑进一步加剧了程序拖延成本与收益之间的不平衡性。另外，受非制度化的发现机制制约，我国刑事冤案的披露周期具有随机性和长期性。如滕兴善被冤杀 4 年后，被害人"复活"；呼格吉勒图被执行死刑后，时隔 9 年真凶落网。在极端情况下，并不排除"在终审判决后十几年"甚至二十几年后发现真相的可能性。那么为了不至于失去挽救错误的机会，是否应当将死刑复核程序拖长到 5 年、10 年甚至 20 年？果真如此，又与无期徒刑、死缓何异？更为现实的问题是，如果已经刻意放慢了复核速度，却在死刑核准并执行后的当年或第 2 年发生"真凶落网"或"亡者归来"的情况，这种拖延处理的正当性如何自洽？

另有观点认为，腐败犯罪的发生机制决定了其往往属于"窝案"，部分犯罪人可能未及时被发现和追究。"这种案件如果在复核程序中被拖下来，也并非坏事。或许再过几年，原先未发现的贪官可能又被揭露出来，此时，原已

---

〔1〕 参见杨正万："试论死刑复核程序的完善"，载周国均、陈卫东主编：《死刑复核程序专题研究》，中国方正出版社 2006 年版，第 157 页。

被判处死刑而未被核准的贪官，就可能成为证实新揭露出来的贪官的活证据。"[1]与前述为纠正死刑错案保留余地的目的类似，此种主张的首要缺陷仍然在于成本和收益不均衡。随着限制死刑政策的贯彻，贪腐犯罪判处死刑的标准进一步提高，数量进一步下降，相比于全面的程序拖延，产生收益的"管道"过于狭窄。况且，并非所有的贪污腐败案件都能在事后揪出新的犯罪分子，收益又具有相当的随机性。再者，较之诉讼拖延对程序公正的巨大损害，维护无辜者生命权的目标确实具有正当性，但保留未来诉讼中言词证据的制度效益，在价值位阶上基本不具有对等性，属于典型的"得不偿失"。更应警惕的是，这种观点暴露出的"重实体、轻程序"理念和口供中心主义证明方式，与刑事司法改革的方向严重背离，必须加以摒弃。

二、死刑复核期限的实践考察

证明死刑复核期限制度正当性仅仅是研究的起点，更为重要的是构建一套合理的死刑复核期限规则。令人遗憾的是，尽管学界已就此提出了数种方案，但受现实因素制约，这些建议脱离了对司法实践的必要观照，仅仅是基于死刑复核程序特殊性和死刑案件特殊性提出的理论假想，其科学性和合理性不免存疑。司法公开制度的推进特别是裁判文书网的开通，则为我们跳出理论推演式的制度建设藩篱，构建兼具现实基础和理论根基的死刑复核期限制度提供了可能。

为切实了解我国死刑复核程序期间的真实情况，笔者选取了最高人民法院"裁判文书网"（旧版）2014年5月23日至2015年5月14日连续公布的200份死刑复核刑事裁定书作为考察对象，并从中析出死刑复核期限加以分析总结。总体而言，该样本库的选取具有一定代表性。首先，就样本大小而言，自2013年7月2日至今，裁判文书网上发布的死刑复核裁定书不过数百份，200份的样本数量占有相当比例。其次，就罪名覆盖面而言，样本中包含了十数种最常见的死刑罪名，包括故意杀人、故意伤害、抢劫、绑架、强奸、涉毒犯罪，等等。再次，就案件复杂程度而言，既有单独犯罪，也有共同犯罪，

---

〔1〕 崔敏："死刑应该如何复核"，载周国均、陈卫东主编：《死刑复核程序专题研究》，中国方正出版社2006年版，第15页。

既有涉嫌一罪的案件，也有被控数罪的案件，可谓繁简皆有。最后，笔者系按照文书发布顺序连续选择 200 个案件，保证了样本的随机性。

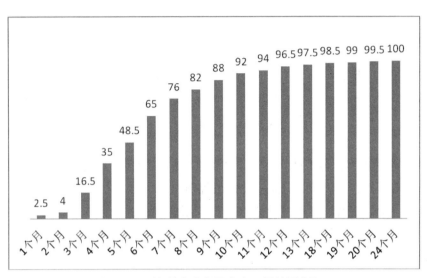

图 1　死刑复核程序期限分布（累计百分比）

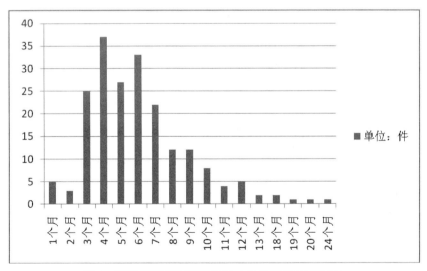

图 2　死刑复核程序期限分布（各时间段案件数量）

从统计分析可见（参见图 1、图 2），司法实践中的死刑复核期限[1]呈现出两个基本特征。其一，不同案件的复核期间跨度较大。最快的案件可以在 1 个月内复核完毕，最慢的则持续了 24 个月之久。这就要求我们在规划死刑复核期限方案时，必须兼顾不同案件的需求，决不能搞"一刀切"。其二，死刑复核期限分布具有一定集中性。大部分案件（168 件，84%）在 3 个月至 9 个月之内复核完毕，约三分之二的案件（130 件，65%）能够在 6 个月内作出复核裁定，88% 的案件在 9 个月内完成复核，1 年之内绝大多数（193 件，96.5%）的死刑复核程序均告完结。未能在 1 年内复核完毕的案件仅有 7 件（占 3.5%），包括用时 13 个月、18 个月的案件各 2 件，用时 19 个月、20 个月、24 个月的案件各 1 件。由此，又要求我们不能盲目高估死刑复核程序的复杂性和困难性，设定过分宽松的期限规则。

为充分发现我国死刑复核程序运行期限的规律，为后续的期限设计提供有效参考，笔者从罪名、犯罪数量、社会影响等角度切入，对 200 个死刑案件作了进一步的归纳分析，结果发现：

第一，死刑罪名与复核期限之间无稳定关联。

为进一步限制死刑适用，《刑法修正案（九）》再次废除了部分死刑罪名，现有死刑罪名为 46 个。在 200 个死刑复核案件中，绝大多数系依故意杀人罪判处死刑，其余集中适用的罪名包括毒品犯罪、抢劫罪、强奸罪、绑架罪等。从总体上看，死刑复核期间与涉案罪名之间无直接关联。最显著的例子就是故意杀人案件，此类案件数量最多，时间跨度也颇大，从 1 个月到十

---

[1] 关于此处"死刑复核期限"的界定，需要予以特别说明。《刑事诉讼法》及司法解释中并无"死刑复核期限"的定义，参照《刑事诉讼法》第 208 条、第 243 条关于公诉案件一审、二审程序期限的规定，可以将其界定为"最高人民法院自受理案件之日至宣判的时间间隔"。所谓受理案件之日，应以最高法院收到全部报送材料之日为准。遗憾的是，在公布的死刑复核裁定书中，仅有高级人民法院作出核准裁定的时间，以及一句"依法报请本院核准"的记载，并未提及最高法院何时收到案件。而从高级人民法院做出核准裁定到最高人民法院收到报送材料，中间可能有长达十几天的时间间隔。从严格意义上讲，这一时间差自应予以扣除，然考虑到不同案件中此时间差存在较大差别的可能，以及为充分预估死刑复核程序复杂性，防止因期限不足逼迫法官匆忙结案，笔者在统计过程中忽略了该项时间差，而以死刑复核刑事裁定书中所载"高级人民法院判决或裁定的日期"与"最高人民法院作出复核裁定的日期"之间的时间间隔，作为死刑复核程序的审判期间。同时，鉴于刑事一审、二审期限均以月为计量单位，此处死刑复核期间的界定依循此例。举例说明：某故意杀人案件，二审法院于 2013 年 10 月 21 日裁定维持一审死刑判决，最高人民法院于 2014 年 1 月 24 日作出死刑复核裁定，二者之间相距 3 个月零 3 天，则此案死刑复核期限为 4 个月。

几个月不等，缺乏集中性和规律性。再如，毒品犯罪案件共有 19 件，其中复核时间为 6 个月以下的有 9 件，7 个月至 12 个月的为 7 件，用时 12 个月以上的有 3 件，其复核期间同样缺乏集中性。又如，以抢劫罪判处死刑的案件有数十件，其中大部分复核时间为 6 个月以下，但牙库甫江·艾买尔抢劫一案的死刑复核程序持续了 19 个月。据此，死刑罪名并非决定死刑复核期限长短的首要和主要因素，并且这种非关联性在逻辑和法理上是说得通的，毕竟同为死刑罪名，很难说涉嫌某种罪名的案件一定更为复杂，或需要投入更多精力以求得更大公正。

第二，被告人、罪名、犯罪次数的数量与复核期限存在一定关联。

作为观察对象的 200 个死刑案件，在被控罪名数量、被告人数量、犯罪次数等方面呈现较大的差别，笔者在以此为标准对死刑复核期限进行分组考察后发现，随着案件中此类因素数量的增加，死刑复核期间呈大体上升趋势。例如，被告人为 3 人（或涉案罪名为 3 项或犯罪次数为 3 次）的案件，复核期间为 6 个月以下、7 个月至 9 个月、10 个月至 12 个月的比例分别为 63%、31%、6%；在被告人为 4 人（或涉案罪名为 4 项或犯罪次数为 4 次）的案件中，前述复核期间比例分别为 60%、10%、30%；在被告人多于 4 人（或涉案罪名为超过 4 项或犯罪次数多于 4 次）的案件中，前述比例变化为 38%、19%、25%。另可佐证的是，在复核程序持续时间较久的案件中，此种"复数型"案件的占比十分突出。例如，在复核用时 11 个月以上的 16 件案件中，有 11 件属于共同犯罪，有 9 件的被告人犯有 2 种以上犯罪，有 12 件存在多次犯罪行为。

犯罪次数、被控罪名、被告人数量与复核期限之间的这种对应关系，乃刑事诉讼规律使然。众所周知，在刑事司法过程中，办案时间与工作量大小成正比例关系，工作量越大，需要付出的办案时间越多。具体到审判阶段而言，审理范围的大小直接决定着审判工作量的轻重。而根据最高法《解释》第 348 条规定，最高人民法院复核死刑案件应当全面审查被告人有无责任能力，原判认定的事实是否清楚、证据是否确实充分，犯罪情节、后果及危害程度，原判适用法律是否正确，有无法定、酌定量刑情节，诉讼程序是否合法等情况。因此，案件被告人、所涉罪名、犯罪次数越多，最高人民法院需要审查的事实、证据就越多，工作量就越沉重，时间耗费自然随之增加。

第三，案件重大复杂程度和社会关注程度可能影响复核期限长短。

通常而言，在犯罪严重性、复杂性等方面，死刑案件与普通刑事案件之间具有一定差别。而在死刑案件内部，同样存在社会影响和重大、复杂程度的不同，并因此影响到死刑复核程序期间的长短差异。

在研究样本中，复核期限受案件重大程度和社会影响最典型的例子，当属"湖南省永州市人民检察院指控被告人周军辉犯强迫卖淫罪、强奸罪和被告人秦星犯强迫卖淫罪、组织卖淫罪"一案。本案自 2012 年 6 月 5 日终审裁定作出，至 2014 年 6 月 3 日最高人民法院作出不予核准的裁定，死刑复核程序历时 2 年，是 200 个案件中耗时最久的案件。诚然，本案中包含了诸多可能影响程序进度的因素，如在二审阶段曾两次发回重审、死刑复核过程中出现可能影响立功认定的新证据等，但在笔者看来，最主要的原因还是在于该案社会影响巨大。事实上，本案就是曾经轰动一时的"唐慧女儿案"。由于犯罪情节恶劣、"翻烙饼"式的诉讼程序、唐慧的持续上访和被劳教等原因，该案引起了全国范围内的持续关注和强烈的舆论争议。正因如此，最高人民法院在复核之时不得不慎重再慎重，复核程序相对冗长也就在所难免。

除此案之外，在 200 个死刑复核案件中，还包含了最高人民法院发布的两个典型案例，分别是拐卖妇女儿童典型案例——蓝树山拐卖妇女、儿童案和涉医犯罪典型案例——王英生故意杀人案。典型案例在规范性和效力方面虽不及指导性案例，但其同样具有一定指导作用，在案件事实认定、适用法律、法律和社会效果等方面具有代表性，性质上较为重大，合议庭在认定事实、适用法律时自是更加谨慎、认真。正因如此，此二案件的死刑复核工作分别持续了 11 个月和 12 个月，超出了绝大部分案件的复核用时。

三、死刑复核期限的建构方案

在以往的学术研究中，学者基本都是直接提出具体的死刑复核期限规则，忽略对期限建构原则的探讨。事实上，作为法律的基本要素之一，法律原则决定着具体制度的基本内容，限定了个案中的自由裁量空间。死刑复核期限的具体设计，同样应遵循某些基本原则的指导。

第一，适度性原则。死刑案件"人命关天"，一旦出错就无从挽回，因此质量问题显得尤为重要。作为死刑案件的最后一重工序，承载着纠错功能期待的死刑复核程序更是如此。为确保复核结果公正，法官必须秉持更加严格的证据采信标准，进行更加缜密、细致的审查，而这离不开充足的办案时间的支撑。另外，2012 年《刑事诉讼法》有关死刑复核程序的规定体现出一定的诉讼化改造痕迹，如要求最高人民法院和高级人民法院在复核案件时应当讯问被告人，辩护律师提出要求的应当听取其意见等。诉讼化的程序构造在提升死刑复核质量的同时，不可避免地导致合议庭工作量的增加，办案时间必然同步增长。因此，在设计具体的复核期限方案时，必须坚持充分原则，防范过短期限形成的不合理压力，保障法官从容、有效地完成复核工作。但是，"充分"绝不意味着毫无节制。即使我们承认"世间的任何事情都可以要求'从快'，唯有杀人不能'从快'"[1]，也不能为死刑复核程序设置 5 年、10 年等过于漫长的期限。须知，复核时间的延长并不必然带来复核质量的提高，却一定有损程序公正的达成和司法权威的树立。再者，就保证死刑案件质量而言，复核之前的程序阶段应当且可能发挥更重要的作用。在侦查、起诉、一审、二审程序更为完善、质量更加坚实的基础上，对死刑复核程序的纠错期待应当趋于理性，复核期限的设置更应遵从有限、适度原则。

第二，差别化原则。刑事诉讼程序视野内的期限主要分为三种：一是强制措施期限，如拘留、逮捕期限；二是公安司法机关办案期限，如一审、二审审限；三是其他诉讼参与主体履行权利或义务的期限，如上诉期限、申诉期限。死刑复核期限属于第二类。该类期限的设置在适度原则的指引下，以办案工作量为直接依据。工作量越大，需要赋予办案机关的时间就越长。而工作量的大小既与案件自身性质有关，也受程序内容影响，在不同案件中存在很大差异。死刑复核程序也是如此。首先，死刑案件具有复杂多样性，证据数量、被告人数量、犯罪性质、情节繁简均有不同。那些涉及"一人""一罪"且证据数量较少的案件，用时相对较短；对于存在多名被告人或多项指控甚至二者兼具，证据和卷宗数量较多的案件，复核工作自然更加耗时。其次，《刑事诉讼法》要求法院复核死刑案件必须讯问被告人，而司法实践中被告人都是关押在地方，甚至偏远地区。为缓解提讯压力，对于事实清楚、证据确实充分、量刑并无不当，被告人一方未就事实、证据提出异议的，最高

---

〔1〕　崔敏："死刑应该如何复核"，载周国均、陈卫东主编：《死刑复核程序专题研究》，中国方正出版社 2006 年版，第 14 页。

法一般采取远程视频的方式进行提讯。远程视频提讯与到地方当面提讯，工作量不可同日而语，其时间成本可能是天差地别。有鉴于此，在设计死刑复核期限时必须充分考虑到案件之间的差异，采取差别化的设计方案，避免"一刀切"式立法。

第三，封闭性原则。针对死刑复核期限的具体设置，许多学者主张采取上不封顶的灵活设计，以免因客观原因导致某些案件无法在法定期限内办结。具体方案包括不规定某些类型案件的最长复核期限，交由审委会决定延长幅度，允许以两三个月的小幅度进行无限次延长等。笔者认为，这与诉讼期限制度的基本原理相悖。如果打破期限的封闭性原则，允许办案机关通过自行决定或报请批准的方式一再延长办案时间，期限规则的强制约束力就会丧失，最后难免名存实亡、沦为具文。与封闭性原则相关的另一个问题是，期间是否应当有"下限"，即只有经过法定最短期限之后，办案主体才能完成诉讼活动。这在探讨死刑复核期限问题时尤为重要。一些学者认为我国的死刑复核程序走得太快，体现不出剥夺生命时的慎重，建议放缓死刑案件的审判节奏，明确"最高院不应快速核准死刑"。[1]照此推论，似乎应规定死刑复核的最短期限，要求合议庭在此期限届满之前不得作出裁定。这种观点值得商榷。从历史的角度看，设置审判最短时限的做法见于我国西周时期，而自唐朝确立"限期断狱"之制至今，审限制度的基本内涵便都是严格限制审判程序的最长期间，以免诉讼拖沓。因此，规定死刑复核最短时间，不符合诉讼制度发展演进的基本趋势。更为重要的是，立法可以强令死刑复核裁定延后宣布，却无力监督、强迫合议庭将法定期间全部用于复核活动。如果案件事实简单清楚、证据确实充分、法律适用准确，恐怕合议庭仍会按正常速度形成裁判结论，转而将多余的时间用于其他案件的复核。如此则徒留"慎重杀人"的"正义"表象，并不能切实增进死刑适用的审慎和准确。

根据前述三项基本原则，死刑复核程序期限的具体设置大致包括三部分：基础期限、依封闭原则确定的期限上限和体现差别原则的期限延长条款。就基础期限而言，应以能够满足绝大多数案件需要为标准。结合我国一审审限规定以及三分之二的死刑案件可以在 6 个月内复核完毕的司法实际，建议将

---

〔1〕 参见童之伟："死刑复核：用法治原则给生命留下最后希望"，载《南方周末》2010 年 6 月10 日，第 31 版。

死刑复核基础期限规定为 3 个月，至迟不得超过 6 个月。至于死刑复核期限的上限，笔者认为应当设置为 2 年，这不仅符合实证考察的结果，同时体现出对"迟来的正义非正义"和"匆促之下无正义"的双重戒惧与综合平衡。关于死刑复核期限的延长，结合实证考察结果，笔者认为应当包括以下情形：一是"复数型案件"，即被告人数量、罪名数量、犯罪次数较多的案件，因此种情况下合议庭的工作量较大。二是重大、疑难、复杂案件，此类案件在调查事实和选择法律适用时难度较高，完成复核工作的时间成本更大。三是社会影响度高的案件。在案件具有巨大社会影响时延长死刑复核期限，似乎与前文有关死刑复核期限与死刑民意关系的论述两相抵牾。但实际上，笔者反对的只是利用时间淡化舆论热度的不良企图，而并非否定复核期限制度与死刑民意之间的正当勾连。申言之，面对舆论关注、民意沸腾的案件，最高人民法院在复核时应当投入相对更多的时间和精力，以更加审慎的态度核查事实、适用法律，如此则既可塑造尊重民意的司法面相，又能在实质上提升死刑复核正确性、权威性。

综上所言，以 200 份死刑复核刑事裁定书揭示出的死刑复核期限实践为参照，遵循充分、适度、差别、封闭等基本原则和"三段式"期限构造，建议规定：死刑复核程序期限为 3 个月，至迟不得超过 6 个月，以满足大部分案件的时间需求；被告人、指控罪名、犯罪次数较多，或者案情重大复杂以及社会影响较大、舆论关注度较高的案件，经最高人民法院院长批准，可以延长 3 个月，最多延长 2 次；符合前款情形且无法在 1 年内复核完毕的，经最高人民法院审判委员会批准，可以再次延长 3 个月，最多延长 4 次，即死刑复核期限最长不得超过 2 年。

第六章
刑事羁押期限制度的改革

　　刑事诉讼的目的在于解决被疑有罪者的刑事责任，集中体现着国家权力与公民权利的紧张关系。在刑事诉讼程序进行中，追诉机关往往要采取一定的强制措施以便保障诉讼活动的有序开展。其中，羁押是国家所能运用的强制措施中最为有效的，但就对被追诉人权利的影响而言，也尤以羁押为重。坚持保障人权和程序公正的现代司法理念，羁押措施的适用必须保持适度克制，对于羁押期限也应予以严格限制。

第一节　刑事羁押期限制度的立法缺陷

　　可以上溯几千年的刑事诉讼期限传统，以及现行刑事诉讼法中贯穿全程、无处不在的各种期限规定，说明了我国浓厚而发达的刑事诉讼期限文化。作为国家权力与公民权利"对抗"的核心场域，刑事诉讼法对羁押措施的期间规定更可谓繁密。但是，受职权主义诉讼模式束缚，传统的诉讼期限文化在面对人身性强制措施时并未注入充分的"尊重和保障人权"理念，立法和司法层面的问题日益凸显。

一、羁押期限与办案期限混同

　　在域外法治国家，审前羁押的目的是为保障诉讼顺利进行，而非考虑办案需要，因此其羁押期限与办案期限是相分离的。出于对统一的期限规则干扰法官从容、公正审理案件的担忧，两大法系主要国家没有规定审判期限，而是通过集中审理原则避免审判不必要的中断和拖延，羁押期限是独立于审判时间之外的一套规则。德国法律并未规定审判的整个期限，因此如果不考虑《德国刑事诉讼法》第 229 条关于审判中断的时间限制，审判可以持续几年。[1]但判决作出前的待审羁押时间是有限的，原则上不得超过 6 个月。《法国刑事诉讼法》中同样没有关于审判期限的规定，但关于轻罪和重罪先行羁押的期限作出了明确规定，且羁押期限延长的依据是被告人可能判处的刑罚，并不考虑办案时间的问题。在日本，传统上没有关于审判期限的要求，2003 年制定的《关于快速裁判的法律》提出 "快速裁判的目标的，第一审诉讼程序应当在 2 年以内的较短期间内结束"，实际上确立了一审不超过 2 年的最长审限。但这与《日本刑事诉讼法》第 60 条规定的起诉后的羁押期限仍然是互不干涉的两套规则，关注点分别在缩短审判时间和减少待审羁押。英美法系除在司法实务中确立了庭审不中断的集中式审理外，对于起诉或羁押到审判（庭审）开始之间的程序拖延通过赋予被告人迅速审判权、合理期间受审权的方式加以解决。迅速审判权的保障在一定程度上借助于羁押期限规则实现，但并不妨碍后者的独立性。如英国 1985 年《犯罪起诉法》规定了被指控者可以被监禁的最长期间，如治安法院首次出庭和移交程序之间 70 日，简易罪行的首次出庭和审判之间 56 日，在传讯和移交审判之间 112 日。如果控方未能遵守羁押期限，被指控者享有绝对的保释权利，除非控方基于有关诉讼主体生病或缺席或共同犯罪需要分案审判等理由请求延期并或法院批准。[2]美国 1974 年联邦《迅速审判法》规定，起诉必须在逮捕或传唤犯罪嫌疑人后 30 日内提起，审判必须在提出起诉或被告人被带见法官后 70 日内开始。对于被告人被羁押的案件，审判应当在连续性羁押开始后或检察官作出高度危险的指定之后 90 日内开始，否则原则上应当解除羁押。

　　反观我国，尽管刑事诉讼法为羁押期限设置了堪称严密的规则体系，但羁押措施的非独立性决定了羁押期限与办案期间的混同，成为不当侵犯被追诉人人身自由权的重要根源。在我国刑事诉讼法中，强制措施只有拘传、取保候审、监视居住、拘留、逮捕这五种法定形态，"与刑事拘留和逮捕相比，羁押并不是一种法定的强制措施，而是由刑事拘留和逮捕的适用所带来的持

---

　　[1]　参见［德］托马斯·魏根特:《德国刑事诉讼程序》，岳礼玲、温小洁译，中国政法大学出版社 2004 年版，第 139 页。

　　[2]　参见［英］约翰·斯普莱克:《英国刑事诉讼程序》，徐美君、杨立涛译，中国人民大学出版社 2006 年版，第 123~124 页。

续限制犯罪嫌疑人、被告人人身自由的当然状态和必然结果。"[1]因此在审前程序中，羁押期限表现为拘留期限和逮捕后的侦查羁押期限。由于侦查活动的特殊性，无法对侦查期限作出硬性规定，侦查羁押期限实质上发挥着担保侦查破案的作用[2]，呈现出办案期限依附于羁押期限的局面。进入审查起诉阶段后，法律仅仅规定了审查起诉、一审、二审程序中检察院和法院的办案期限，犯罪嫌疑人、被告人的羁押期限问题彻底淡出了立法视野，实际上是使其依附于办案期间而存在，"审查起诉和审判期限也是指的羁押期限"[3]。然而无论谁依附于谁，羁押措施被定位于办案保障工具、羁押期限与办案期限的混同已是不争的事实。如此一来，只要诉讼程序未终结，羁押期限就必然随之延长，而且不仅诉讼活动的正向推进会导致羁押时间的延长，补充侦查、发回重审等程序性倒流同样会造成羁押状态的延长，即使诉讼活动因客观原因暂时停止也同样如此。可以说，羁押期限的不独立性使得羁押被绑上办案的战车，犯罪嫌疑人、被告人不得不在羁押状态下与检察院、法院"奉陪到底"，直到审判程序结束。

二、羁押期限设置有违比例原则

比例原则发轫于德国警察法，并逐步发展为公法领域的一项"帝王条款"，得到法治国家共同肯认。一般认为，比例原则包括三个子原则，即：适当性原则，要求限制公民权利的措施能够有效促进目的实现；必要性原则，要求在能够达成目的各种方式中，选择对公民权利侵害最小的方式；比例性原则，要求选取的措施造成的权利损害与所达到的目的之间合比例。比例原则意在解决公私法益冲突，在需要限制公民权利追求公共利益并委诸公权力裁量行使的法律领域，提供防范公权滥用的制度路径。

刑事诉讼是公安司法机关代表国家追究被追诉人刑事责任的活动，是国家公权和公民人权发生正面冲突的场域，自有引入比例原则之必要。在各项

---

[1] 陈瑞华："未决羁押制度的理论反思"，载《法学研究》2002年5期。

[2] 这一点，在《刑事诉讼法》中表达得十分明确，按照第154条、第156条、第157条规定，"期限届满不能侦查终结"是羁押期限三次延长均需具备的核心要件。

[3] 全国人大常委会法制工作委员会刑法室编：《〈关于修改中华人民共和国刑事诉讼法的决定〉条文说明、立法理由及相关规定》，北京大学出版社2012年版，第129页。

刑事诉讼公权手段中，羁押措施因其强烈的自由剥夺属性和心理、名誉乃至人格侵害后果，成为比例原则的重点关注对象。正如德国学者指出的那样："任何刑事诉讼法典允许的强制措施的合法性，不仅决定于任何特定的法律规定，也决定于宪法性的比例原则。"[1]在羁押制度各要素中，羁押期限作为羁押严重程度和权利侵害程度的直接表现形式，应当根据达成目的所需进行层次化设置，使二者之间维持合理比例。

总体而言，我国刑事诉讼法对各诉讼阶段的羁押期限采取的都是一体化设计，无论犯罪嫌疑人、被告人涉嫌罪名为何，羁押期限都是相同的，如拘留后应在 3 日内提请批准逮捕，逮捕后的侦查羁押期限为 2 个月等。羁押期限的差别性主要体现在其延长条款中：一是案件重大复杂等因素导致侦查、审查起诉、审判工作量加大，法定的基本期限不足以满足办案需要的，可以报请延长羁押期限；二是允许对可能判处严重刑罚的案件延长羁押期限或办案期限，包括《刑事诉讼法》第 159 条关于可能判处 10 年以上有期徒刑的案件可以再次延长侦查羁押期限的规定，以及第 208 条、第 243 条关于可能判处死刑的案件可以报请延长审限的规定。

但我国羁押期限制度设置距离比例原则或者说适度原则的要求还相去甚远。于价值层面，在羁押期限中贯彻比例原则的落脚点应是维护被羁押人的人身自由等合法权益，减少不必要的审前羁押；而我国立法则是以侦查、起诉、审判工作开展程度作为是否延长羁押期限的根据，在规则层面，无论犯罪嫌疑人、被告人可能判处何等刑罚，有关机关都可以案件"重大复杂"为由对羁押期限作出同等的延长，并无使羁押保持适度的功效；《刑事诉讼法》第 159 条、第 208 条、第 243 条的规定确实蕴含着根据可能的刑罚幅度确立羁押期限的精神，但是，案件严重程度并未成为划分羁押期限延展限度的核心依据，仅仅与影响办案速度的案件复杂性处于同一层面，甚至不如"发现犯罪嫌疑人另有重要罪行"和犯罪嫌疑人身份不明对羁押期限的影响大；由于刑罚起点过高，轻罪案件和许多重罪案件的羁押期限完全相同，没有体现出差别性；由于羁押期限起点过高，导致可以延长的期间相比已经执行的羁押期间幅度过小，因此这种比例性规定的价值有限。

---

[1]　宋冰编：《读本：美国与德国的司法制度及司法程序》，中国政法大学出版社 1999 年版，第 384 页。

羁押期限的非比例性在司法实践中的典型表现，就是无论犯罪嫌疑人可能被判处的刑罚轻重、其人身危险性几何，在审前羁押的时间上可能完全一样。以某市 2005 年捕后侦查羁押期限超过 2 个月且被判处刑罚的 53 名被告人为例，其中被判处死刑（包括 3 名判死缓）的 13 人，平均捕后侦查羁押期限为 88.4 天；被判处 10 年以上有期徒刑的 5 人，平均捕后侦查羁押期限为 76 天；被判处 3 年以下有期徒刑（含缓刑 8 人）的 13 人，平均捕后侦查羁押期限 92.9 天。[1] 不符比例的羁押期限适用，无法体现出羁押性强制措施的诉讼保障功能，既造成对被追诉人权利的过度侵犯，也可能迫使法院因顾虑审前羁押时间提高量刑结果，影响司法公正和司法权威。

三、羁押期限延长规则过于宽松

刑事案件的复杂性决定了诉讼期限的设定需要保持一定的灵活性。同理，羁押措施适用的最后性和谦抑性，并不排斥特殊条件下的羁押期限延展，这一点中外从同。但实体要件和决定程序方面立法的不规范，导致我国羁押期限的延展存在随意性过大的不足。

（一）延长事由弹性模糊

受自身条件的局限，法律无法通过事无巨细的庞大条文数量覆盖千姿百态的社会生活，而是应当做到原则性与灵活性相结合，但无论如何，法律规定应当具备足够的明确性，这是防止法律虚无和滥用的前提。而且，"一般而言，所处分的权利越重要，法律的明确性要求便应当越高。"[2] 作为典型的公权力运作，对公民人身自由权产生直接影响的羁押立法显然也应当遵循明确性的要求。但考察我国羁押期限延长条款，距离明确性标准相去甚远。

首先，《刑事诉讼法》第 156 条、第 158 条、第 159 条建构起了我国侦查羁押期限的基础性规则，按照规定，逮捕后的侦查羁押期限为 2 个月，符合特定情形的可以作出最多 3 次延长。其中，第 158 条规定居于承上启下位置，列举了四种延长羁押期限的情形：交通十分不便的边远地区的重大复杂案件；

---

〔1〕 参见曲立新："我国侦查羁押制度的实证考察与研究"，载《黑龙江省政法管理干部学院学报》2006 年第 5 期。
〔2〕 张建军："论我国法定刑立法的改进与完善——以明确性原则为视角"，载《武汉大学学报（哲学社会科学版）》2014 年第 2 期。

重大的犯罪集团案件；流窜作案的重大复杂案件；犯罪涉及面广，取证困难的重大复杂案件。即使放在整部《刑事诉讼法》中观察，第158条也表现出相当程度的特殊性，因为其中大部分概念均具有较大弹性，一些语词甚至根本不见于其他条文之中。例如，何为"交通十分不便"？何为"犯罪涉及面广"？何为"取证困难"？何为"重大复杂案件"？对此，刑事诉讼法和司法解释均未给出回答，甚至没有类似的条文可以参照适用，由此导致实践运用的随意和不统一。尽管最高司法部门曾倡导办案机关"要不断改进工作，提高办案质量和办案效率，不要一遇到以上情形之一的案件，都延长审理期限，而应当实事求是地尽可能缩短办案期限"[1]。但这种寄希望于权力主体自我克制的想法，难免带有理想主义色彩。一项针对某地2013年至2016年侦查实践的调研即显示，公安机关提请延长羁押期限的理由主要集中在"犯罪涉及面广，取证困难的重大复杂案件"，高达98%；检察院自侦部门提请二次延长羁押期限的理由更是全部集中于此。[2]

其次，《刑事诉讼法》第160条第1款规定，在侦查期间，发现犯罪嫌疑人另有重要罪行的，自发现之日起重新计算侦查羁押期限。与复杂多样的刑事司法实践相比，本项羁押期限延长规则明确性不足，存在很大解释空间。例如，何为"另有重要罪行"？2019年《人民检察院刑事诉讼规则》和《公安机关办理刑事案件程序规定》作了大致相同的界定，即与逮捕时的罪行不同种的重大犯罪以及同种的且影响罪名认定、量刑档次的重大犯罪。这实际上是对"另有"作了解释，至于何为"重要罪行"，只是替换为"重大犯罪"，并不具备解释细化功能。再有，何为"发现"，如何认定"发现之日"？"侦查期间"是否应包括"补充侦查期间"，补充侦查期间发现犯罪嫌疑人另有重要罪行的可否重新计算羁押期限？重新计算羁押期限后能否再延长羁押期限？立法和司法解释在这些问题上的缺位，导致侦查机关获得了极大的自由操作空间，羁押期限的延长自然不是难事。

最后，《刑事诉讼法》第160条第2款和《公安机关办理刑事案件程序规

---

〔1〕　全国人大常委会法制工作委员会刑法室编：《〈关于修改中华人民共和国刑事诉讼法的决定〉条文说明、立法理由及相关规定》，北京大学出版社2012年版，第243页。

〔2〕　参见李新刚、王昭："延长侦查羁押期限制度的实证分析"，载《山西省政法管理干部学院学报》2017年第2期。

定》第 152 条第 1 款规定,犯罪嫌疑人不讲真实姓名、住址、身份不明的,自查清其身份之日起计算拘留期限和侦查羁押期限。虽然在称谓上并非延长羁押期限,但"自查清其身份之日起计算"意味着已经过的人身控制时间并不计入羁押期限之中,效果上与延长羁押无异。从语义上和日常生活经验来讲,犯罪嫌疑人"身份不明"不难理解,但立法界定的缺位仍然为办案机关留下了任意解释的空间。根据江西省宜春市公安机关办案系统数据报告表,2007 年至 2009 年公安机关所侦办案件中,"身份无法查明"的案件分别了占到案件总数的 34.23%、35.84% 和 35.63%。[1]在社会管理日益细化、交通通讯飞速发展的今天,超过三分之一的犯罪嫌疑人身份无法核实,其真实性不免令人心生疑虑。

(二) 审查程序流于形式

为保证羁押适用的例外性,羁押决定和羁押期限的延长决定须由独立的司法官员通过言词辩论程序作出,然而,我国羁押期限延长的审查程序具有强烈的行政化、单方性特点,决定主体与申请主体具有高度同质性,导致审查程序的虚置和空转,甚至出现"凡报延必批准"的不正常现象。

首先,审查主体与报请主体同质化。根据《刑事诉讼法》第 156 条、第 158 条、第 159 条规定,侦查羁押期限届满不能终结的案件,经过上一级或省级检察机关批准可以予以延长,体现出中国式的司法审查理念。但在很多情况下,侦查羁押期限的延长并不需要经过外部审查程序,审批主体与报请主体之间具有身份和职能上的同质性,甚至采取自我审查的方式。公安机关立案侦查的案件中,无论是因为特殊情况还是属于流窜作案、多次作案、结伙作案情形而需要延长拘留期限,有权作出批准的主体都是县级以上公安机关负责人。侦查期间发现犯罪嫌疑人另有重要罪行或者犯罪嫌疑人身份不明的,侦查羁押期限的重新计算也仅需"报县级以上公安机关负责人批准"。考虑到我国公安机关的组织体系,这实际上等于"报本级公安机关负责人批准"。与之类似的,根据 2019 年《人民检察院刑事诉讼规则》第 315 条、第 316 条规定,检察院在侦查期间发现犯罪嫌疑人另有重要罪行需要重新计算羁押期限的,由负责侦查的部门提出意见后移送负责捕诉的部门审查,后者提出意见

---

[1] 参见禹超颖:"刑事羁押期限延长问题研究",湘潭大学 2010 年硕士学位论文。

后报检察长决定。鉴于公安机关和检察机关的侦查破案任务、追诉犯罪使命，以及其内部实行的首长负责制，作为最终审批主体的公安机关负责人、检察长在面对报请时会作出何种处理决定，答案不言而喻。

其次，审查程序采取行政化运作方式。尽管在逮捕问题上采取了决定权和执行权分离的方式，但检察机关应当如何开展审查逮捕程序并未得到立法明确，实践中主要是根据公安机关移送的提请批准逮捕书、案卷材料和相关证据进行书面审查，排斥犯罪嫌疑人的参与，类似于行政机关进行审批的方式。书面、秘密、行政化的运行方式，既不符合刑事诉讼法保障人权的价值理念，也不利于保证审查逮捕的质量。2012年《刑事诉讼法》对审查逮捕程序进行了一定改革，检察机关审查批准逮捕时可以讯问犯罪嫌疑人，符合三种情况的应当讯问犯罪嫌疑人；可以询问证人等诉讼参与人，听取辩护律师意见，辩护律师提出要求的，应当听取其意见。但这仍难谓诉讼化、司法化审查方式，因为检察院对公安机关移送材料的审查活动和对犯罪嫌疑人的讯问活动并不在同一时间和空间内进行，控辩双方缺乏必要的辩论和对抗。但即便是这种有限的进步也未能贯彻到羁押期限延长的审查程序中，按照2019年《人民检察院刑事诉讼规则》第310条和第312条规定，检察院只需对延长侦查羁押期限的意见进行审查，视公安机关在执行逮捕后是否有效开展侦查工作或侦查取证工作是否有实质进展，提出自己的意见后层报有决定权的检察院审查决定。在三机关"配合有余、制约不足"的司法体制语境下，非对席的审批方式很容易使检察机关陷入"偏听偏信"的困局，作出批准延长羁押期限的决定。将被告人一方排斥于审查程序之外，也违反了"当事人有权参与涉及自身利益的程序并充分陈述意见"的程序参与原则，损害程序正义的实现。

（三）期限可以无限延长

刑事处罚的及时性和刑事程序的安定性决定了刑事诉讼程序应当有一个可预期的终点，作为诉讼程序子内容的羁押措施同样不能毫无节制地延续。令人遗憾的是，尽管我国《刑事诉讼法》对于各个诉讼阶段的羁押期限都有明文规定，但在裁判结果作出前，对一个被追诉人究竟可以剥夺其人身自由多长时间，却是一个不容易回答的问题。以1996年《刑事诉讼法》为例，有学者将最长37天的拘留期限、7个月的侦查羁押期限、3个半月的审查起诉期限、3 个半月的一审期限相加，认为在一审判决作出前，犯罪嫌疑人、被告人处于刑事羁押的状态可达 15 个月至 16 个月之久；[1]也有学者将法定期间值作最大期间值计算后，得出我国刑事诉讼的最长周期为 1649 天，也就是 4 年 6 个月零 9 天的结论。[2]如此长的羁押期限较之国外立法已属"不可思议"，但这还是学者在统计时保持适度"克制""宽容"的结果。事实上，由于立法中存在多项开放式、模式性规定，导致我国的羁押期限缺乏明确限度，理论上甚至可以无限延长。

在羁押期限与办案期限合二为一的制度模式下，羁押期限无限延长的情况随着立法对程序倒流的限制得到了一定改善。如针对 1979 年《刑事诉讼法》未规定补充侦查次数导致的来回"拉抽屉"现象，1996 年《刑事诉讼法》和司法解释明确补充侦查以两次为限；鉴于二审法院反复发回重审导致被告人深陷程序无法解脱，2012 年《刑事诉讼法》将事实不清、证据不足的发回重审限定在一次。但羁押期限不封闭的问题仍然存在，被追诉人的人身自由可能受到多长时间的剥夺仍然难以做出预测。首先，一审、二审案件无法在 6 个月、4 个月内审结，因特殊情况需要再次延长审限的，可以报请最高人民法院批准。法律并未言明最高人民法院可以批准的期限长度，最高法《解释》第 173 条第 2 款规定延长幅度为"1 至 3 个月"，但"期限届满案件仍然不能审结的，可以再次提出申请"，实际上还是没有上限。其次，《刑事诉讼法》第 157 条规定，因特殊原因在较长时间内不宜交付审判的案件，由最高人民检察院报请全国人大常委会批准延期审理。对于全国人大常委会应在多长时间内作出是否批准的决定，审判至多可以推迟多长时间，刑事诉讼法都没有规定，而是交由相关机构自由把握。最后，由于侦查程序的封闭性，"发现犯罪嫌疑人另有重要罪行之日"和"查清其身份之日"的解释权完全掌握在侦查机关手中，换言之，犯罪嫌疑人可能被羁押多长时间完全取决于侦查目的何时达到。此外，案件改变管辖的，办案期限（羁押期限）从接收机关收到案件之日起计算，但改变管辖并无法定次数限制；刑事诉讼法限定了以事实不清为由发回重审的次数，但因程序违法发回重审的没有次数要求。

---

[1] 参见夏锦文、徐英荣："刑事羁押期限：立法的缺陷及其救济"，载《当代法学》2005 年第 1 期。

[2] 参见李文健：《刑事诉讼效率论》，中国政法大学出版社 1999 年版，第 134 页。

诸如此类，反复计算之下，刑事羁押已没有了最长期限的概念。

四、羁押救济渠道有效性不足

程序维度的羁押措施控制机制，除了事先的司法审查之外，还包括事后的司法救济，即当事人对于羁押决定和羁押期限延长决定不服的，可以向中立的司法机构提出申诉，由作出决定的法官或者上级法院对羁押的合法性或必要性进行二次审查。"作为一种特殊的权利救济机制，司法救济旨在为那些处于被羁押状态的嫌疑人、被告人，提供'为权利而斗争'的机会。"[1]

司法救济程序可谓两大法系羁押制度的"标配"，只是在形式上存在一定差异。在英美法系国家，被羁押人可以通过申请保释和申请人身保护令两种途径获得司法救济；大陆法系国家的司法救济则主要采取司法复审的方法，在启动方式上分为法院依职权主动启动和被羁押人提出申请两种。

在我国现行刑事措施体系中，羁押只是拘留和逮捕的延续状态，拘留由公安机关自行决定，逮捕虽然需要经过检察机关决定或批准，但与中立的司法审查仍有差距。事前审查的缺位使得事后救济的重要性更加突显，因此立法规定了两种法律救济方式。一是由《刑事诉讼法》第 94 条、第 96 条、第 98 条、第 99 条构建的多种"职权救济"渠道，包括：公安司法机关必须在逮捕后的 24 小时以内讯问犯罪嫌疑人、被告人，在发现不应当逮捕的时候，必须立即释放，发给释放证明；法院、检察院和公安机关各自发现采取强制措施不当的，应当及时撤销或者变更；犯罪嫌疑人、被告人被羁押的案件，不能在规定的侦查羁押、审查起诉、一审、二审期限内办结的，对犯罪嫌疑人、被告人应当予以释放；采取强制措施法定期限届满的，应当予以释放、解除取保候审、监视居住或者依法变更强制措施。二是被羁押人一方提起的"申请救济"，犯罪嫌疑人、被告人及其法定代理人、近亲属或者辩护人有权申请变更强制措施；强制措施法定期限届满的，有权要求有关机关予以解除。

表面上看，羁押期限的事后救济形式多样、方法众多，实际上却存在徒有其表、制度虚置的危险。首先，在侦查和审查起诉阶段，对羁押进行救济性审查的主体是原来作出决定的公安机关、检察院，属于典型的"自我审

---

[1]　陈瑞华：《比较刑事诉讼法》，中国人民大学出版社 2010 年版，第 310 页。

查"，在强烈的追诉动力下，犯罪嫌疑人获得有利审查结果的可能性很低。其次，无论是在审前阶段还是审判程序中，法院、检察院、公安机关对羁押合法性的重新审查采取的都是行政式程序，即通过秘密阅卷和有限调查后作出决定，被羁押人无法真正参与到审查程序中并获得与侦控机关对席辩论的机会。最后，审查机关仅仅需要将审查结果告知申请人，并无说理义务。如《公安机关办理刑事案件程序规定》第 196 条第 2 款规定："受理申诉或者控告的公安机关应当及时进行调查核实，并在收到申诉、控告之日起 30 日以内作出处理决定，书面回复申诉人、控告人……"在申诉结果不理想的情况下，说理机制的阙如会无限放大犯罪嫌疑人、被告人的猜疑和不满，转而寻求其他非司法途径的帮助。

在原有"申请救济"基础上，2012 年《刑事诉讼法》增设了被羁押人一方获得二次救济的新途径。司法机关采取强制措施法定期限届满，不予以释放、解除或者变更的，当事人和辩护人、诉讼代理人、利害关系人有权向该机关申诉或者控告。2012 年《刑事诉讼法》第 115 条第 2 款规定："受理申诉或者控告的机关应当及时处理。对处理不服的，可以向同级人民检察院申诉；人民检察院直接受理的案件，可以向上一级人民检察院申诉。人民检察院对申诉应当及时进行审查，情况属实的，通知有关机关予以纠正。"再次申诉的规定，依托于现有的检察监督体制，为被追诉人一方提供了获得二次救济的机会，较之 1996 年《刑事诉讼法》是一项重要进步，但其局限性也不容忽视。其一，与公安司法机关的首次审查相同，检察院受理申诉后的审查程序如何进行并无明确解释，实践中很可能沦为又一次封闭性、行政化的处理。在 2012 年《刑事诉讼法修正案（草案）》一审稿中曾规定检察院在审查过程中，必要时可以对有关情况进行调查核实，最终颁布的《刑事诉讼法》中却删除了这一条款。"这种模糊处理极有可能导致对于原本就异常复杂的侦查行为违法争议，即使启动检察监督程序，也很难做出具有事实根据的处理决定，最终的结果有可能就是不了了之。"[1]其二，检察机关认为有关机关不予释放、解除或变更羁押措施不当的，只能通知其予以纠正，并无强制性效力，可能影响这一新制度的生命力。其三，对于申诉不服的，只能通过申诉途径

---

〔1〕 陈卫东主编：《2012 刑事诉讼法修改条文理解与适用》，中国法制出版社 2012 年版，第 233 页。

来解决，这样或许会恶化实践中已经非常严峻的涉诉上访问题。[1]

五、超期羁押制裁机制不健全

有违法就应有制裁，"如果不守法而不受处罚，貌似法律的决议和命令事实上只不过是劝告或建议而已。"[2] 超期羁押问题事关诉讼人权的保障、司法公正的达致以及司法权威的树立，一直是立法机关和中央政法机关的重点关注对象，甚至曾开展专门的治理运动。在大规模集中治理结束后，为防止产生新的超期羁押问题，2003 年最高人民法院、最高人民检察院、公安部联合颁布《关于严格执行刑事诉讼法，切实纠防超期羁押的通知》，提出要严格执行超期羁押责任追究制度，对于直接负责的主管人员和其他直接责任人员，由其所在单位或者上级主管机关依照有关规定予以行政或者纪律处分；造成犯罪嫌疑人、被告人超期羁押，情节严重的，对于直接负责的主管人员和其他直接责任人员以玩忽职守罪或者滥用职权罪追究刑事责任。这一责任追究制度借助检察机关的法律监督职能，在诉讼法轨道内得到落实。根据 2019 年《人民检察院刑事诉讼规则》规定，对于造成超期羁押的直接责任人员，检察院可以书面建议其所在单位或者有关主管机关依照法律或者有关规定予以行政或者纪律处分；对于造成超期羁押情节严重，涉嫌犯罪的，应当依法追究其刑事责任。显然，立法在构建超期羁押制裁机制时，是以办案人员承担遵守羁押期限义务为出发点，对违法责任人进行行政纪律处分和刑事责任追究。对法官、检察官、警察来说，受到行政纪律处分会影响其在司法和行政系统内的待遇和职务等切身利益，其威慑力可谓巨大。然而在案件实体公正优先于程序公正的司法环境下，如果办案人员是为了防止案件出错而导致羁押超期，则有关机关基本不会真的做出行政纪律处分。何况在现行羁押立法存在多种漏洞的情况下，法官、检察官、侦查人员很容易找到延长羁押期限的正当理由，处罚也就无从谈起。另外，目前公安司法机关并没有建立有效的投诉机制和听证机制，使得行政纪律责任追究无法具有保证其有效实施的程序，[3]

〔1〕　参见陈卫东主编：《刑事诉讼法理解与适用》，人民出版社 2012 年版，第 253 页。

〔2〕　[美] 汉密尔顿：《联邦党人文集》，程逢如译，商务印书馆 1980 年版，第 75 页。

〔3〕　参见陈瑞华：《程序性制裁理论》，中国法制出版社 2017 年版，第 69 页。

超期羁押行为的受害人想要获得救济，只能向作为侵权机关的公安司法机关提出行政纪律惩戒之诉，其结果不难想象。至于追究办案人员刑事责任，无论是以何种罪名提起追诉都要求达到"情节严重"的程度，而超期羁押行为要构成严重侵犯人权和危害社会显然是比较难的，何况立法并未明确何为"情节严重"，可以解释的空间是很大的。

对超期羁押直接责任人员的行政纪律和刑事责任追究，是站在立法者的立场，对违反法定义务和破坏司法管理秩序行为的制裁。对于人身自由受到非法剥夺的被追诉人而言，无法从中获得直接的损失补偿。《中华人民共和国国家赔偿法》对此问题虽有涉及，但限制过多、力度不足，仅仅规定了超期拘留的受害人有权获得国家赔偿，且必须满足案件被撤销、不起诉或者判决宣告无罪终止追究刑事责任的条件，那些被超期逮捕的以及受到超期拘留但最终被追究刑事责任的被追诉人，则无法获得国家赔偿救济。

超期羁押发生于刑事诉讼程序之中，本质上是公安司法机关违反诉讼期限这一程序性要求的行为，属于"程序性违法"，而现有的制裁方式，无论是行政纪律处分、刑事责任追究还是国家赔偿，实际上都可以归结为"实体性制裁"措施，这是我国应对违法行为的传统方法，与程序公正理念的长期缺失有很大关系。在实体性制裁难以奏效而程序性制裁付之阙如的情况下，超期羁押受害人很难获得真正有效的救济。

第二节　刑事羁押期限制度的改革路径

一、建立刑事羁押司法审查机制

（一）确立羁押独立原则

在法治语境中，未决羁押是一项与逮捕相分离的独立制度。逮捕属于强制到案措施，只能在较短时间内剥夺人身自由，在捕后羁押期限届满后，警察或检察官必须毫不迟延地将犯罪嫌疑人带至法官或其他司法官员面前，以审查是否有必要对犯罪嫌疑人予以羁押，以及之前的无证逮捕是否合法有效。

在美国，为防止警方在不立案的情况下采取无限期拘押，大多数州要求被逮捕人在很短的时间内（一般是一两天内）被解交至法官或其他指定的法院官员面前，这一程序称为"初次到庭"。初次到庭时，法官会正式告知被告人指控的罪名和他享有的权利，通过审查报告和向控辩双方提问等方式决定是否对被告人予以释放。在英国，在决定提起指控之前，犯罪嫌疑人可以被采取不超过24小时的羁押，经过治安法院批准可以进一步延长，最长不超过96小时；被拘押人被指控之后，需要在第二天（除周末外）被带到法院，由法官决定予以保释还是羁押。在日本，拘留是短时间的羁押，并且是采取逮捕措施的前提；逮捕是较长时间的羁押，分为起诉前的羁押和起诉后的继续羁押。"拘留前置主义的宗旨是，尽管拘留的行为已经受到司法的抑制，在逮捕时也要受到司法的抑制，这是双重的司法抑制保障。"[1]司法警察实施拘留后应在48小时以内将犯罪嫌疑人连同案件证物和文书移送检察官，检察官应在24小时以内向法官请求逮捕犯罪嫌疑人；检察官依拘留证拘留犯罪嫌疑人的，应当在48小时以内向法院提出逮捕申请。法官在进行审查时应当进行"逮捕质询"，向被告人告知其被指控的案件并听取其有关案件的陈述和辩解。德国通过暂时逮捕与逮捕相分离的方式确立羁押的独立地位。为控制犯罪嫌疑人以便检察官或警方启动对他的侦查，对于现行犯、有逃亡嫌疑者等可以暂时逮捕，逮捕后应当至迟在第二天解送至地方法院法官处，由其在听取嫌疑人陈述后决定予以释放还是羁押。

　　无论是否采取逮捕前置主义，应将长时间剥夺人身自由的羁押措施与强制到案措施分离开来，作为独立的强制措施种类。而在我国，羁押并非法定强制措施种类，而是拘留、逮捕之后的当然结果，并且由于缺乏独立的适用理由和决定程序，导致犯罪嫌疑人、被告人一旦被逮捕之后就只能在看守所中经历案件侦查、起诉、审判，直至程序结束之日。可以说，"中国未决羁押的这一性质具有如此深远的影响，以至于我们所要讨论的几乎所有问题都与此有着密切的联系。"[2]改革刑事羁押制度，应当从赋予其独立地位开始。考虑到我国现有的强制措施制度，可以采取小幅度改革方法，即将刑事拘留作为强制到案措施，将逮捕程序按照未决羁押进行设计。根据现有规定，拘留可以延长到30日，这不符合强制到案与初步侦查的功能定位，应当予以删减，这一点实现起来难度相对较小。

---

〔1〕　［日］田口守一：《刑事诉讼法》，张凌、于秀峰译，法律出版社2019年版，第96页。
〔2〕　陈瑞华："未决羁押制度的理论反思"，载《法学研究》2002年第5期。

作为独立的强制措施，羁押应当具有特定的适用条件。一般而言，采取羁押措施有两方面的目的，一是保证刑事诉讼活动顺利进行，防止犯罪嫌疑人、被告人逃避侦查、起诉和审判，或者实施毁灭、伪造证据、威胁证人等行为；二是防止犯罪嫌疑人、被告人实施新的犯罪行为，带有"预防性监禁"色彩。日本《刑事诉讼法》第 60 条规定，逮捕的理由有三种：被告人没有固定住所的；有相当理由足以怀疑被告人试图隐灭罪证的；被告人逃亡或者有相当理由足以怀疑被告人可能逃亡的。[1]在法国，实行现行羁押首先应当满足罪行严重条件，即一个人受到指控的是重罪或应当判处 3 年或 3 年以上监禁的轻罪，此外还应具备以下三项条件之一：①先行羁押是保全证据、防止对证人和受害人施加压力、防止恶意串供的唯一手段；②先行羁押是保障社会秩序免受犯罪造成的侵害或终止犯罪、预防重新犯罪的唯一手段；③由于重罪案件犯罪的严重性、犯罪情节或造成的损失很大，先行羁押是终止由此造成的对社会秩序的特别的持续侵害的唯一手段。[2]我国《刑事诉讼法》第 81 条对逮捕条件的规定同样从干扰诉讼和再犯的风险以及预期刑罚的角度入手，并分为三个层次：首先，列举犯罪嫌疑人、被告人具有社会危险性的情形，包括可能实施新的犯罪、可能干扰证人作证或串供、起诉自杀或逃跑等；其次，特别提出要将犯罪嫌疑人、被告人涉嫌犯罪的性质、情节，认罪认罚等情况，作为是否可能发生社会危险性的考虑因素；最后，对于可能判处十年有期徒刑以上刑罚的，或者可能判处徒刑以上刑罚但曾经故意犯罪或者身份不明的，应当予以逮捕。笔者认为，在将逮捕改造为羁押措施后，这些条件可以作为决定羁押的理由。

独立的羁押程序同时意味着羁押期限与办案期限的分离。关于羁押期限的具体设置，后文有述。此处要说明的是，在羁押期限独立设置后，审查起诉期限和审判期限是否还有保留之必要。换言之，在解决了来自集中审理原则的"威胁"之后，审判期限制度面临失去羁押限制功能后价值"余量"的质疑。有观点认为，"期限分离后，刑事诉讼法中关于办案期限的规定相应的

---

〔1〕 参见张凌、于秀峰编译：《日本刑事诉讼法律总览》，人民法院出版社 2017 年版，第 24 页。

〔2〕 参见［法］贝尔纳·布洛克：《法国刑事诉讼法》，罗结珍译，中国政法大学出版社 2009 年版，第 404~405 页。

也应作调整，不应有硬性的期限规定。"[1]这种观点有待商榷。《刑事诉讼法》第 208 条关于一审审限的规定落脚点是审判工作量的大小，如将附带民事诉讼案件作为审限延长理由，是因为其包含民事和刑事两个诉讼程序且需要做调解工作，死刑案件允许延长审限考虑的也是其需要特别慎重而不是被告人逃跑的风险。因此，就审判阶段而言，是羁押期限依附于办案期限而存在，这也是羁押独立性改革必要性之所在。既然办案期限是被依附对象，羁押期限的分离当然不会损害其独立价值，否则岂不成了"毛之不存，皮将焉附"？问题的症结甚至不在于羁押期限与办案期限的混同，即使羁押期限获得独立适用空间，如果不能扭转办案机关"构罪即捕"、只有羁押最安全的传统观念，不能建立起有效的司法审查机制，那么羁押率高企、长期羁押的困境无法得到根本解决。

国外的强制措施立法中，拘留、逮捕只是一种强制到案方式，对犯罪嫌疑人的长期拘束要依靠同为强制措施的未决羁押来实现，警察在采取行动之前必须获得法官的授权。正如德国学者所言："允许以强制性侵犯公民的权利时，关键的是一方面必须对国家权力的强制权明确地予以划分与限制，另一方面必须由法院对强制性措施进行审查，使公民由此享受到有效的法律保障。"[2]前置性的审查程序、无偏倚的审查主体确保了未决羁押功能与地位的独立，羁押期限的长短得以真正为诉讼程序的顺利开展服务。

（二）建立中国式司法审查机制

明确羁押措施的独立属性，就为构建专门的审查机制提供了前提。当今世界各国均确立了对剥夺人身自由措施的司法审查机制，"现代法治国家也被称为'司法国家'或'裁判国家'，这是对司法权在现代社会生活中重要作用的形象描述，'司法国家'的典型特征和核心要素是司法审查原则的确立。"[3]无论是基于构建现代法治国家的宏大叙事，还是促使羁押制度回到应然轨道的具体考量，均应在我国建立未决羁押的司法审查制度。问题在于，在法院和检察

---

[1]　江涌：《未决羁押制度的研究》，中国人民公安大学出版社 2011 年版，第 218 页。

[2]　［德］约阿希姆·赫尔曼："《德国刑事诉讼法典》中译本引言"，载《德国刑事诉讼法典》，李昌珂译，中国政法大学出版社 1995 年版，第 6 页。

[3]　谢佑平、万毅："困境与进路：司法审查原则与中国审前程序改革"，载《四川师范大学学报（社会科学版）》2004 年第 2 期。

机关均属于司法机关的诉讼语境下，对羁押措施的司法审查权交由哪一机关
行使。

建立何种司法审查模式一直是学界争论的焦点问题之一。一种观点认为，
应当由法院担任审查主体。在现代国家，逮捕审查属于司法裁判权，应当交
由中立裁判者行使。虽然检察机关具有司法机关属性，但不能就此得出其为
适格审查主体的结论，因为检察机关同时承担着追诉职能，在两种角色冲突
时检察机关可能无法保持中立立场。有学者一针见血地指出，正是"由于在
未决羁押上存在着检察机关的'司法审查'，因此任何旨在引入真正意义上的
'司法审查'的改革努力，几乎都会在正当性上面临着较大的理论障碍。"[1]
欲真正实现未决羁押的司法控制，必须破除这种"自我催眠"式的解读，充
分认识到检察机关实施羁押审查的缺陷。只有将审查逮捕权限赋予中立且独
立的法官行使，才真正符合《公民权利和政治权利国际公约》第 9 条所称
"任何因刑事指控被逮捕或拘禁的人，应被迅速带见审判官或其他经法律授权
行使司法权力的官员"的要求。另一种观点则主张保留检察机关的审查逮捕
权。首先，在修改《宪法》关于检察机关的定位之前，审查批捕是检察院履
行法律监督职能的集中的制度体现；其次，在相互配合、互相制约的司法体
制之下，处于刑事司法场域中的法院与检察机关一样，并不具有保持司法独
立的更大可能；最后，从技术层面讲，我国的审判独立强调的是法院集体独
立而非法官个人独立，"在利益一致化的引导下，如出于维护签发者的权威甚
至其他利益的考虑，或者为了规避法院应当承担的消极后果，法院一旦作出
逮捕决定，此决定就会将法院纳入追诉被告人有罪的轨道。"[2]如此，对保障
被追诉人权益和司法公正更为不利。笔者认为，应当保留检察机关对于审前
阶段羁押措施的审查决定权。除前述理由外，随着检察机关内部"捕诉一体"
改革落地，建立法院主导的司法审查模式的改革建议变得更加难以实现。因
此，立足当下的制度语境，"仍应适应司法的'二元体制'，采取法院的司法
审查与检察机关的'准司法审查'相结合的二元制审查模式。"[3]同时，为
避免由同一检察人员同时承担审查批捕和审查起诉工作不可避免造成的角色

---

[1] 陈瑞华："未决羁押制度的理论反思"，载《法学研究》2002 年 5 期。
[2] 汪海燕："检察机关审查逮捕权异化与消解"，载《政法论坛》2014 年第 6 期。
[3] 龙宗智："强制侦查司法审查制度的完善"，载《中国法学》2011 年第 6 期。

混淆，削减检察机关审查逮捕的正当性和有效性，应当废除"捕诉合一"的法律制度，由负责侦查监督的部门或人员担任羁押审查主体。

（三）司法审查程序的诉讼化构造

实现羁押措施规范化和有限化适用的目标，建立司法机关主持的审查程序只是其中一步，更重要的是审查程序的构造和运作方式。"审查逮捕的方式、方法并非单纯的技术问题，而是关系着审查程序是否正当的问题。"[1]根据 1996 年《刑事诉讼法》规定，公安机关提请逮捕犯罪嫌疑人时应当提交提请批准逮捕书，连同案卷、证据一并移送检察院。检察机关根据侦查机关提供的指控证据进行书面、秘密、行政化审查，完全排除犯罪嫌疑人的参与，导致审查批捕的标准从审查犯罪嫌疑人"社会危险性"简化为审查其有罪嫌疑，审查结果的公正性无法保证。2012 年《刑事诉讼法》在审查逮捕程序的诉讼化方面作出了努力，规定检察机关在审查批捕时可以讯问犯罪嫌疑人，具备三类特定情形的应当讯问犯罪嫌疑人；审查过程中可以听取辩护律师意见，辩护律师提出要求的，应当听取其意见。《人民检察院刑事诉讼规则》在增加应当讯问犯罪嫌疑人情形的同时，规定对于被拘留的犯罪嫌疑人不予讯问的，应当送达听取意见书，由犯罪嫌疑人填写后收回审查并附卷；经审查认为应当讯问犯罪嫌疑人的，应当及时讯问。这些改革为犯罪嫌疑人及其辩护律师介入审查逮捕程序并影响审查结果提供了可能，但并未达到真正的诉讼化方式。首先，诉讼程序的根本特征是双方当事人进行对抗辩论，审理者居中进行裁判。按照刑事诉讼法和司法解释规定，犯罪嫌疑人参与审查逮捕程序并不具有必然性，是否听取其意见由检察机关裁量。检察机关即使讯问犯罪嫌疑人、听取辩护律师意见也是在侦查人员不在场的情况下单方进行的，不存在侦、辩双方同场辩论的条件。其次，检察机关决定批准逮捕的，并不需要向犯罪嫌疑人及其辩护律师说明理由，后者也就无法就批捕决定是否正确提出有效质疑进而寻求救济。

司法权是一种裁判权，裁判者只有在听取对立双方的意见交涉后才能得出公正的结论。切实发挥羁押审查程序在抑制非法、非必要羁押方面的作用，维护被追诉人合法的人身自由权，应当对羁押审查程序进行彻底的诉讼化改

---

〔1〕 刘计划："我国逮捕制度改革检讨"，载《中国法学》2019 年第 5 期。

造，比较合理可行的方式是实行羁押审查听证制度。听证式司法审查是两大法系羁押审查程序的共同经验。根据英国法律，警察申请签发羁押"进一步羁押的令状"时，治安法院一般要举行专门的听证程序，届时警察和嫌疑人作为控辩双方参与庭审、发表意见并进行辩论，治安法官在听取双方意见和辩论基础上作出是否批准延长羁押期限的裁决。[1]在意大利羁押审查程序中，由检察官说明逮捕理由，预审法官应当同时听取犯罪嫌疑人及其辩护律师的意见。根据《俄罗斯联邦刑事诉讼法典》，检方在提出羁押申请的决定中应当说明有必要对犯罪嫌疑人、被告人实行羁押而不能选择其他强制处分的理由和根据，法官收到材料后予以开庭审理，被拘捕人应押解到庭，在检方论述申请羁押的根据后，法官要听取其他出庭人的意见。裁决予以羁押的，必须说明作出裁决理由的具体事实情节。[2]

构建我国的羁押审查听证程序，首先应当明确由承办案件的法官、检察官以外的人员担任审查主体，检察系统正在推行以及《人民检察院刑事诉讼规则》中确立的捕诉一体机制必须废除；其次，应当明确听证程序与审判程序的不同，尽管侦控机关与被追诉方同时到场，但仅围绕是否需要羁押这一核心问题进行陈述和辩论，且辩论程序应保持适度克制；最后，并非所有案件都需要进行听证式羁押审查，符合法定羁押条件的案件没有必要听证，对于案件事实证据存疑、侦辩双方有分歧的案件才应适用。

二、贯彻羁押期限比例原则

与定罪后的监禁刑罚不同，刑事羁押剥夺的是在法律上尚处于无罪地位的被追诉人的人身自由，天然地存在正当性缺陷，因此需要保持足够克制。另外从制度功能看，未决羁押一般被定位于诉讼保障措施，并不具有惩罚的性质，但由于羁押期限可以折抵刑期，使其具备了一定的刑罚预支功效。出于权力天然的亲近性，法官往往根据实际羁押的期限决定量刑幅度，以避免因刑期短于羁押期限引起的国家赔偿，和对有关公权力机关或人员的责任追究。例如在法国，"有时，由于审判法官为了不与预审法官持相反意见，便有

[1] 参见陈瑞华：《刑事诉讼的前沿问题》（下册），中国人民大学出版社2016年版，第681页。
[2] 参见［俄］K.Φ.古岑科主编：《俄罗斯刑事诉讼教程》，黄道秀等译，中国人民公安大学出版社2007年版，第249~250页。

一种倾向：选择的刑期至少相当于先行拘押期间……有时，审判法官还会利用部分缓刑执行刑罚，而将不予缓期的部分定为相当于被告已经收到先行拘押的时间。"[1]为消减这种畸形实践带来的恶果，以及在发生错误追诉和裁判的情况下减轻国家赔偿责任，除尽量适用非羁押性措施外，在不得不采取羁押的场合，应当遵照比例原则，将羁押期限保持在必要限度内。

羁押期限的比例化设置在大陆法系国家刑事诉讼法中体现得十分明显。通常而言，羁押期限的长度与犯罪嫌疑人、被告人可能被判处的刑罚直接挂钩。如根据西班牙法律规定，如果所侦查的犯罪可能判处3年以下有期徒刑，则临时羁押的最长期限不得超过1年；可能判处3年以上有期徒刑的，临时羁押不得超过2年。如果案件的有关情形表明，诉讼程序无法在上述期限内完成的，负责侦查的法官可以决定延长期限一次。延长的期限仍与可能判处的刑罚直接挂钩，对于犯罪可能判处3年以下有期徒刑的，最多可以延长半年；可能判处3年以上有期徒刑的，羁押期限最多可以延长2年。根据《法国刑事诉讼法典》，先行羁押期限按照指控罪行的轻重而有不同。在轻罪案件中，先行羁押的期间不得超过4个月，经预审法官裁定可以延长，但最长不超过1年；重罪案件，对受审查人先行拘押的期间不得超过1年，经过延长后最长不得超过2年。一些国家不区分案件情况，适用统一的基础性羁押期限，特殊性质的案件适用期限延长规则。如根据《俄罗斯联邦刑事诉讼法典》第109条规定，调查犯罪时的羁押期限不得超过2个月，经批准后可以再延长6个月。但是，只有对被指控实施严重犯罪和特别严重的犯罪而且案情特别复杂并有根据选择这种强制处分时，才能由原法院的法官将羁押期限再次延长到12个月；只有在特殊情况下，对被指控实施特别严重犯罪的刑事被告人，才可以将羁押期限延长到18个月。在日本，提起公诉后的羁押期间为2个月，有特别继续羁押必要时可以以附具具体理由的裁定延长一次（1个月），如果被告人所犯相当于死刑、无期惩役或无期监禁以及最低刑期为1年以上的惩役或监禁的罪时，或者被告人为惯犯而犯有相当于最高刑期为3年以上的惩役或监禁的罪时，延长次数不以一次为限。

未决羁押的主要目的应当是为程序进行提供保障，包括确保被告人及时

---

〔1〕　〔法〕卡斯东·斯特法尼等：《法国刑事诉讼法精义》，罗结珍译，中国政法大学出版社1999年版，第603页。

到案和到庭，保证侦查机构顺利收集证据以及为未来可能的刑罚执行活动提供保证。除此之外，羁押还有预防再犯的作用。将犯罪嫌疑人、被告人指控人罪行的严重程度和可能被判处的刑罚作为延长羁押期限的理由，是按照心理学原理，一个人所犯错误越严重，逃避责任的动力也就越大。在犯罪已成既定事实的情况下，所犯之罪和可能面临的刑事处罚越重，真正的罪犯就越有动力逃避诉讼或实施毁灭证据、威胁证人等"补救性"行为。德国联邦法院认为，"虽然罪行的严重程度以及是否危害公共利益从单独来看本身并不足以构成羁押的要件，但由于此类案件的特殊性，当重罪与潜逃、毁损证据的危险相连时，即使未被证实，也不能排除这类羁押依据。"[1]一般而言，重罪案件中对犯罪嫌疑人、被告人予以先行羁押的必要性更强烈，采用更长期限羁押的合理性也更充分。

考察我国刑事羁押期限设置，与其说其未体现比例原则，不如说是存在方向偏差和力度不足。鉴于我国长期以来的诉讼阶段传统，现有的分段式羁押期限应当得到保留，同时在每一阶段贯彻比例原则。在此方面，意大利的刑事诉讼立法可以作为参照。《意大利刑事诉讼法典》第 303 条对预防性羁押期限的规定是按照诉讼阶段分别作出，包括自羁押执行至作出提交审判的决定等（起诉前），自作出提交审判的决定之时或自随后执行羁押时起至宣告一审有罪判决（一审阶段），自宣告一审判决之时或自随后执行羁押之时起至宣告上诉审判决（二审阶段），自宣告上诉审判决之时或自随后执行羁押之时起至宣告不可撤销的有罪判决（三审阶段）；每一阶段又按照可能判处的刑罚（6 年以下有期徒刑、6 年以上有期徒刑、无期徒刑或 20 年以上有期徒刑）和涉嫌的罪名（《意大利刑法典》第 280 条等），分别设置 3 个月、6 个月、9 个月、1 年、1 年 6 个月等不同长度的羁押期限。针对羁押期限差别化设置的依据，应当参酌域外通行立法，以犯罪嫌疑人、被告人可能判处的刑罚和所涉嫌案件性质作为核心标准。考虑到我国刑罚体系，可以选择 3 年有期徒刑、10 年有期徒刑、无期徒刑和死刑作为羁押期限的分隔节点，并辅以危害国家犯罪、恐怖活动犯罪、黑社会性质组织犯罪等严重犯罪以及其他必要的延长事由（如审理中止）。就审查起诉阶段和审判阶段而言，应以现有的办案期限

---

〔1〕 陈光中、〔德〕汉斯-约格·阿尔布莱希特主编：《中德强制措施国际研讨会论文集》，中国人民公安大学出版社 2003 年版，第 146 页。

为参考设置羁押期限，以便减少办案机关抵触情绪和实际操作的困难，但羁押期限应当有明确的上限。就侦查羁押期限而言，除了对犯罪性质和预期刑罚的关注外，应当考虑取证和破案的难度。在一些国家，侦查破案的难度也是决定羁押期限长短的正当因素，体现出一定的侦查保障功能。如根据《德国刑事诉讼法典》第 121 条规定，待审羁押一般不得超过 6 个月，"只能因侦查的特殊困难或特殊范围或其他重要原因尚无法作判决，且这些理由使得维持待审羁押正当，才能因同一犯罪行为维持执行待审羁押超过六个月。"[1]《日本刑事诉讼法》第 208 条规定，起诉前的羁押不得从超过 10 日，法官认为存在不得已的事由时，可以根据检察官的请求准予不超过 10 日的延长。以"不得已的事由"进行延长申请的，包括嫌疑人较多、嫌疑事实复杂的情况，也有重要的知情人生病、鉴定迟延等特殊情况。[2]因此，类似《刑事诉讼法》第 158 条规定的情形应当保留作为羁押期限延长事由。

三、严格控制羁押期限延长

司法审查体制确立后，羁押得以拥有独立的采行标准和理由，羁押期限与审查起诉期限、一审、二审期限混同的问题也具备了解决的条件。在此前提下，羁押期限延长事由明晰化和规范化的任务主要落在了侦查阶段或者说侦查羁押期限中。

首先，应当明确"侦查期间发现犯罪嫌疑人另有重要罪行"的法定条件。为便于把握，《人民检察院刑事诉讼规则》将"重要罪行"解释为"重大犯罪"，但这种类似概念的置换并不具备解释功能，无法解决司法实践中认识不一、操作混乱的问题。结合我国《刑法》规定，笔者认为可以将其界定为可能判处三年有期徒刑以上刑罚的犯罪。关于"发现之日"，进行理论界定并非难事，应当是侦查机关通过侦查讯问、被害人举报或其他方法获知犯罪嫌疑人其他犯罪线索后，进过审查认为符合"另有重要罪行"条件之日。然而从实际操作层面来讲，由于侦查程序的封闭性，很难对侦查机关的"发现"行为进行有效监督。在极端情况下，即使侦查机关一次性发现多项犯罪嫌疑，

---

〔1〕　宗玉琨译：《德国刑事诉讼法典》，知识产权出版社 2013 年版，第 111 页。

〔2〕　参见［日］松尾浩也：《日本刑事诉讼法》（上卷），张凌、丁相顺译，中国人民大学出版社 2005 年版，第 113 页。

也可以每隔一段时间"记录"一个，以此获得羁押期限的反复延长。对此，只能通过改革现有的自我审批机制，由检察机关进行外部审查的方式加以控制。关于"侦查期间"的理解，应当限于从侦查机关（部门）立案到侦查终结的过程。基于其他原因延长侦查羁押期限，在延长后的期间内发现新罪行的，可以适用该款规定。但案件进入审查起诉或审判阶段后由于法定原因退回补充侦查的，不得基于发现新罪行而重新计算侦查羁押期限。原因在于：其一，补充侦查是发生于审查起诉阶段和审判阶段的暂时性程序回转，此时案件已经侦查终结，缺乏适用重新计算侦查羁押期限的时间条件。其二，按照法律起草机构的说明，因发现重要罪行而重新计算侦查羁押期限的理由是，"对于这种新发现的犯罪来说，侦查工作又开始了一个新的过程，如果按原有的侦查羁押期限办案，时间往往不够用。"[1] 而补充侦查是对已经侦查过的犯罪事实和证据加以补充，缺什么补什么，不是全面地进行侦查，[2] 不存在侦查工作重新开启的问题。其三，对于补充侦查这种导致程序倒流的活动，立法者是持克制态度的，对补充侦查时间和次数的限制便是证明，允许补充侦查阶段重新计算侦查羁押期限不符合立法精神。

其次，取消犯罪嫌疑人身份不明时"侦查羁押期限自查清其身份之日起计算"的规定。犯罪嫌疑人身份的无法确定确实会增加侦查工作的难度，但现代交通通讯手段的高度发达和社会管理的日益精细已使得这种难度系数得以大大降低。仅仅因犯罪嫌疑人不交代真实姓名和住址便使羁押期限的起算点陷入不确定状态，其必要性和合理性值得商榷。虽然刑事诉讼法增加了"应当对其身份进行调查"的要求，但对此并无有效的外部监督，"在司法实践中，公安机关对调查犯罪嫌疑人的身份，特别是外来人员，往往一纸查询函件发出去一等就是几个月。"[3] 按照规定，在确实无法查明犯罪嫌疑人身份时，可以按其自报的姓名起诉和审判，但既然并非强制，侦查机关也不太可能如此自律。有鉴于此，建议取消因身份不明重新计算侦查羁押期限的规定，

---

〔1〕 参见全国人大常委会法制工作委员会刑法室编：《〈中华人民共和国刑事诉讼法〉条文说明、立法理由及相关规定》，北京大学出版社 2008 年版，第 307 页。

〔2〕 参见李忠诚："侦查中重新计算羁押期限问题研究"，载《中国刑事法杂志》2001 年第 1 期。

〔3〕 李长鹏："身份不明不计算拘留期限但不宜长期羁押"，载《人民检察》2007 年第 6 期。

而将其作为法定的延长理由，可以经批准后延长 2 个月的羁押期限。另外，根据《刑事诉讼法》第 160 条规定，犯罪嫌疑人身份不明时重新计算的应当是"逮捕后的侦查羁押期限"，而《公安机关办理刑事案件程序规定》第 126 条第 1 款将其扩大适用至拘留阶段，属于司法解释自我授权，应当予以删除。

再次，细化"交通十分不便的边远地区的重大复杂案件"等四类延长侦查羁押期限的情形。对于《刑事诉讼法》第 158 条规定中语词模糊的问题，法律起草机构曾尝试通过条文说明的方式加以解决。如"交通十分不便的边远地区的重大复杂案件"主要针对我国新疆、西藏、青海等省区，由于交通条件差，办案期限大都花费在路途上；"犯罪涉及面广，取证困难的重大复杂案件"是指犯罪涉及多个省区，取证人员众多，取证地区范围大的案件，这种案件往往调查取证要跑遍多个省区，路途上将占用大量时间。[1]这种解释说明值得肯定，不足之处在于缺乏强制性法律效力，无法对办案机关构成有效制约，且部分解释距离明确性标准仍然有一定差距，需要进一步严格解释。例如，"交通十分不便的边远地区"应当从交通和方位两方面共同着手，严格限定在新疆、西藏、青海、内蒙古、云南等省市中地处偏远且交通不便的地区；"流窜作案的重大复杂案件"应当以跨省市多次实施严重犯罪或案情复杂、侦破和调查取证困难为判断标准。

最后，取消因特殊情况报请全国人大常委会延期审理的规定。《刑事诉讼法》第 157 条规定因特殊原因不宜立即交付审判的案件，由最高检报请全国人大常委会批准延期审理。立法机构对之冠以的条目为"特殊办案期限"。在理想的羁押期限与办案期限真正两分的格局下，这一条规定不会对犯罪嫌疑人的人身自由造成影响。但是，案件性质"特别重大复杂"在最终的定罪量刑上必然有所体现，而且既然案件已经足够的重大复杂，对犯罪嫌疑人采取非羁押性强制措施显然不合理也不现实。因此，对此款规定仍应纳入羁押期限的讨论视野。站在司法实务部门的角度，本条规定可谓简单至极，对于全国人大常委会应在多长时间内审批完毕，"较长时间"是多久，满足什么条件可以交付审判，《刑事诉讼法》及司法解释没有作出任何规定。有学者甚至戏

---

〔1〕　参见全国人大常委会法制工作委员会刑法室编：《〈中华人民共和国刑事诉讼法〉条文说明、立法理由及相关规定》，北京大学出版社 2008 年版，第 302～303 页。

称其为延长羁押期限的"帝王条款"。[1]根据法律起草机构的说法,适用特殊办案期限的案件范围特定、数量极少,不能将案件中的具体特点视为特殊原因任意扩大适用,认为重大复杂案件的羁押期限可以无限期延长。[2]这种限缩性"解释"当然值得肯定,但"范围特定、数量极少"也可解读为对立法必要性的质疑。事实上,自1979年《刑事诉讼法》规定以来,该项规定尚未得到过适用,成为了名副其实的"僵尸条款",徒占有限的法律文本资源。退一步讲,即便为维护国家利益等特殊事由必须推迟提交审判,但将侦查羁押变得遥遥无期,也不利于督促侦查、检察机关迅速办案,最终恐将面临法律效果和社会效果双双受损的结局。因此,建议取消这种无限期的延长规定。

四、强化超期羁押救济机制

"宣布基本权利的存在是一回事,保证防止发生侵犯这些权利的行为或对之进行惩罚,这是另一回事。"[3]严格地讲,我国并不存在真正意义上的羁押救济程序,法律虽规定被追诉人一方有权申请变更强制措施、对羁押期限届满的申请予以解除和向检察机关提出申诉,但内部式、行政化审查程序以及审查结果说理机制的缺失导致救济途径难以切实发挥作用。建议建立针对羁押决定、羁押期限延长决定和不予解除羁押措施的独立救济程序,允许被羁押人向上一级检察机关提请复核或向上一级法院提出"抗告"。

针对已经发生的超期羁押行为,应当进一步完善制裁和救济机制。羁押期限是刑事诉讼法对剥夺被追诉人人身自由设置的重要程序规则,超期羁押是公安司法机关违反该程序规则的"程序性违法行为"。针对程序性违法,可以采取的制裁方法包括实体性制裁和程序性制裁。由于对程序公正理念和程序独立价值的认识和接纳尚不够深入,立法者在应对超期羁押时运用的仍然是实体性制裁方式。与审查起诉和审判阶段不同,侦查阶段的羁押措施具有担保查证的作用,超期羁押的发生可能源于侦查人员获取犯罪嫌疑人口供

---

[1] 参见李昌盛:《羁押期限制度研究》,湘潭大学2005年硕士学位论文。

[2] 参见全国人大常委会法制工作委员会刑法室编:《〈中华人民共和国刑事诉讼法〉条文说明、立法理由及相关规定》,北京大学出版社2008年版,第301~302页。

[3] [英]彼得·斯坦、约翰·香德:《西方社会的法律价值》,王献平译,中国法制出版社2004年版,第216页。

和继续查证的需求。为遏制侦查机关通过超期羁押获取证据的动机，应当采取排除非法证据的制裁方式，排除超期羁押期间所获口供等证据的证据资格。

有学者建议，对于严重超期羁押，羁押期限超过被追诉人可能判处的刑期的，必须作出无罪处理。[1]这与美、日等国对迅速审判权受到剥夺者予以撤回起诉救济的方式具有内在一致性，有利于切实维护犯罪嫌疑人、被告人权利。但不容忽视的是，这种程序性救济方法依赖于控审分离、审判中立的诉讼格局，在我国三机关关系尚未完全理顺的司法语境下，法官能否客观地作出短于羁押时间的量刑结果，不无疑问。即使在现代法治国家，除非诉讼发生极端拖延从而严重侵犯了被告人合理期间受审权，一般也很少采用无罪判决或终止诉讼的救济手段。

有学者指出，程序性制裁机制具有代价高昂、救济吓阻等缺陷，应当探索对程序性违法的量刑补偿机制。[2]事实上，对被告人予以减轻刑罚是西方特别是欧洲国家对速审权利进行补偿性救济的重要方式。英国理论认为，"审前发生不合理迟延的，如果审理案件的法院最终判决被告人有罪，程序上的迟延将作为量刑应考虑的一个因素。"[3]德国联邦法院最高法院也认为，"违反诉讼迅速原则"应视为一个特别的、独立的减刑事由。[4]相比排除非法证据，这种救济方法的覆盖范围显然更广，对受害人更加有利，当然具体的减刑幅度需要结合司法实践进一步研究。另外，减轻刑罚的救济方式以被告人被最终定罪为前提，在案件被撤销、不起诉或宣判无罪的情况下，仍应当通过国家赔偿的方式予以救济，现行《国家赔偿法》的赔偿范围应当作出修改。

---

〔1〕　参见陈瑞华主编：《未决羁押制度的实证研究》，北京大学出版社 2004 年版，第 60 页。

〔2〕　参见吴宏耀、赵常成："程序性违法的量刑补偿机制研究"，载《国家检察官学院学报》2019 年第 3 期。

〔3〕　[英] 克里斯托夫·H. W. 盖因：《刑事诉讼的审前程序》，2001 年 11 月中英刑事审前程序研讨会论文。转引自陈瑞华主编：《未决羁押制度的实证研究》，北京大学出版社 2004 年版，第 61 页。

〔4〕　参见刘建志："刑事被告请求适时审判的权利——以欧洲人权法院判例法为中心"，台湾大学法律研究所 2006 年硕士学位论文。

第三节　羁押必要性审查制度的完善

一、羁押必要性审查制度的价值

逮捕（羁押）是最严厉的刑事强制措施，是对人身自由的长时间剥夺，基于无罪推定和保障人权的诉讼理念，"审前羁押不应作为一般原则"。在我国，受立法中捕押不分、办案人员思想认识、配套机制不够完备等因素影响，构罪即捕、一押到底的问题持续突出，造成犯罪嫌疑人、被告人权利受到不当损害。为严格限制羁押措施适用，2012 年《刑事诉讼法》增设了羁押必要性审查制度，第 93 条规定："犯罪嫌疑人、被告人被逮捕后，人民检察院仍应当对羁押的必要性进行审查。对不需要继续羁押的，应当建议予以释放或者变更强制措施。"在羁押独立性改革和司法审查机制尚无法实现的当下，羁押必要性审查可谓控制羁押措施适用和羁押期限浮滥的重要举措。

首先，推动羁押措施及羁押期限的独立。建立羁押必要性审查制度的立法目的，在于强化检察院对羁押活动的法律监督，纠正长期存在的羁押泛滥、超期羁押等问题。"但从长远来看，其意义远不止如此……逮捕后羁押的必要性审查极有可能改变当前'逮捕与羁押不分'的状况。"[1]羁押依附于拘留和逮捕措施、侦查终结后的羁押期限与办案期限混同，是我国刑事强制措施制度改革的重点内容，长远来看应当是确立羁押独立、司法审查模式，但在现实语境下这还存在很大困难，而羁押必要性审查制度的确立恰恰为羁押活动及羁押期限的独立提供了一个契机。司法实践中，捕押不分、一押到底的现象既是办案机关执法、司法观念落后的结果，也与缺乏独立的羁押适用程序和理由有着莫大干系。在侦查阶段，羁押期限的延长尚需经过上一级和省级检察机关的审查批准，但案件一旦进入审查起诉和审判阶段，审查空间被大大压缩。特别是在审判程序开启之前，法院并不需要就羁押的合法性和必要性进行任何形式的审查，只有在极个别情况下，法院才会主动解除延续而下的羁押状态。另外，刑事诉讼法中只有拘留和逮捕的适用事由，逮捕事由

---

〔1〕　陈卫东主编：《2012 刑事诉讼法修改条文理解与适用》，中国法制出版社 2012 年版，第 200 页。

进一步成为捕后羁押期限延长的理由。检察机关和审判机关在决定是否继续羁押时，也只能以逮捕理由是否存在作为判断标准。通过逮捕后的羁押必要性审查以及符合条件时的解除羁押或变更强制措施，在程序上明确了羁押之于逮捕的独立地位，羁押必要性也得以从逮捕必要性的阴影中脱离而出，捕押合一、一押到底、羁押期限被办案期限捆绑的问题获得了解决的可能。

其次，促进羁押期限的比例性。羁押期限的比例性是现代法治国家的通例，这一原则可以分解为两个方面：在立法层面，羁押期限的设置应当与犯罪性质轻重以及可能判处的刑罚呈正相关；在司法层面，个案中对犯罪嫌疑人、被告人的羁押时间长短同样应与犯罪性质、可能的刑罚幅度以及社会危险性等因素挂钩。前者是一种宏观、静态层面的比例性，后者是一种个案、动态维度的比例性。我国的刑事立法和司法在这两方面均有所欠缺，而羁押必要性审查的确立正是在第二层次的努力。检察机关通过定期的审查活动，及时发现案件事实、证据、被羁押人思想等羁押关联因素的变化，对不再具有羁押的犯罪嫌疑人、被告人及时释放或变更为其他强制措施，符合动态比例原则，体现了刑事司法个别化和宽严相济的理念。

最后，强化未决羁押的救济机制。羁押是最为严厉的刑事强制措施，为防止羁押期限的任意延长，应当赋予犯罪嫌疑人、被告人就羁押状态存续的必要性和合法性提出异议的权利。《刑事诉讼法》第 97 条、第 98 条规定，犯罪嫌疑人、被告人及其法定代理人、近亲属或者辩护人有权向办案机关申请变更强制措施；有权要求办案机关解除羁押，不服处理决定的，可以向检察院申诉。这两种救济渠道有利于切实维护被羁押人利益，但其完善程度尚有瑕疵，而羁押必要性审查机制的创建则为犯罪嫌疑人、被告人寻求释放或非羁押状态提供了新的救济途径，与其他措施一道构成了羁押期限的事后控制机制。

二、羁押必要性审查制度的完善

（一）羁押必要性审查的启动模式

从《刑事诉讼法》第 95 条规定看，羁押必要性审查采职权启动模式，由检察机关在办案中自主进行。但作为减少羁押的制度化努力，羁押必要性审查既是检察机关履行法律监督职能的体现，也是保障犯罪嫌疑人、被告人人身自由的救济渠道。"而作为一种司法救济的途径，理应赋予犯罪嫌疑人、被告人启动该项救济措施的权利。"[1]基于此，《人民检察院刑事诉讼规则》增加了依被追诉人一方申请启动方式：犯罪嫌疑人、被告人及其法定代理人、近亲属或者辩护人可以申请检察院进行羁押必要性审查，申请时应当说明不需要继续羁押的理由，有相关证据或者其他材料的，应当提供。另外，考虑到犯罪嫌疑人、被告人疾病、怀孕等生理状态是影响羁押必要性的重要情形，《规则》特别提出看守所根据在押人员身体状况可以建议启动羁押必要性审查。多元化的启动方式符合减少非必要羁押的制度立意，有利于保障犯罪嫌疑人、被告人的合法权利。

增加依申请启动方式，可谓最高检察机关的开明之举。作为人身失去自由的被羁押人对于获得释放或变更强制措施有足够强烈的愿望，有提出羁押必要性审查申请的充足动力，可以有效弥补检察机关依职权启动审查不及时的不足。另外，在检察机关批捕后的继续侦查阶段，侦查机关为工作方便及出于有罪推定倾向，通常不会及时披露犯罪嫌疑人社会危险性消减的情况，"而检察机关审查批捕部门同样受事多、案多、办案人员少的制约，多数也是先通过电话与侦查部门联系听取案件犯罪嫌疑人社会危险性情况，只有在正式启动捕后羁押必要性审查时才调阅侦查部门案卷。"[2]赋予被追诉人一方就启动审查的申请权限，有利于实现信息"对称"，防止检察院因了解情况的不完整、不客观错误作出不应进行羁押必要性审查的判断。申请启动方式如此重要，但从实际运行情况来看，一些地方仍是以检察院职权启动为主，犯罪嫌疑人、被告人等申请启动羁押必要性审查的案件较少。例如，2014年7月至2015年9月，W市共受理羁押必要性审查案件143件143人，其中，依申请受理23件23人，依职权受理120件120人。[3]究其原因，主要在于其对这项新增权利了解不足，不知道该选择申请变更强制措施还是申请羁押必要

---

〔1〕 陈卫东主编：《〈人民检察院刑事诉讼规则（试行）析评〉》，中国民主法制出版社2013年版，第382页。

〔2〕 屈子龙："关于羁押必要性审查工作的调研报告"，载 http://www.gejiedb.com/html/77/2013-10-20/content-33519.html，最后访问日期：2018年6月5日。

〔3〕 参见陈卫东："羁押必要性审查制度试点研究报告"，载《法学研究》2018年第2期。

性审查。知悉权利是行使权利的前提，应当建立权利告知机制，发挥驻监所检察的"地缘优势"，通过书面方式告知被羁押人员其享有的申请权利以及可以解除羁押的法定情形等内容。

现代刑事诉讼制度以人权保障为至高理念，被追诉人权利受到侵犯的应有获得司法救济的机会。但任何一国的司法系统都无法负担救济程序的无限制使用，为此不得不附加一定的启动条件，《人民检察院刑事诉讼规则》要求犯罪嫌疑人、被告人一方在申请启动羁押必要性审查时说明理由和提供证据材料，有其合理性。但应注意的是，事先的实质审查以及过高的启动标准可能变相免除办案机关提出羁押必要性证据的责任，会打击犯罪嫌疑人、被告人提出申请的积极性。因此在具体操作中，只要申请人提出的理由具备形式正当性，审查部门就应当批准该申请；还应注意，申请人提交相关证据、材料的义务建立在确实可以提供的基础上，其目的在于帮助检察机关就是否启动审查作出更加准确的判断，审查部门不能将没有证据辅助的申请一律认定为不具备审查必要。此外，刑事诉讼法并未就提出审查申请的次数作出规定，2016 年最高人民检察院印发的《人民检察院办理羁押必要性审查案件规定（试行）》（以下简称《羁押必要性审查规定》）提出，"对于无理由或者理由明显不成立的申请，或者经人民检察院审查后未提供新的证明材料或者没有新的理由而再次申请的，由检察官决定不予立案，并书面告知申请人。"如此规定有其合理性，如果不对当事人的申请权进行必要限制可能出现类似"缠访"的反复申请现象，浪费有限的司法资源。

关于检察机关依职权启动羁押必要性审查的时间节点，立法同样没有作出明确要求，实践中存在羁押后十日、十五日、一个月、两个月等不同做法。建立定期审查制度，有利于防止检察机关怠于行使职权，确保不具备羁押必要的犯罪嫌疑人、被告人及时脱离人身自由被剥夺状态，但刑事案件的差别性决定了统一的审查时间缺乏科学性，可能导致一些案件中浪费司法资源，而另一些案件又无法及时得到审查。羁押必要性审查机制是在保留现有羁押体制下实现羁押有限适用的制度化努力，因此可以依托现有的刑事诉讼程序，将案件在不同办案主体间移转时（如案件移送审查起诉、移送审判、退回补充侦查）、延长侦查羁押期限时、延长审判期限时作为启动羁押必要性审查的时间节点。

（二）羁押必要性审查的实施主体

2012 年《刑事诉讼法》在创立羁押必要性审查制度时，仅仅规定了检察机关作为羁押必要性审查主体的原则，并未明确提出由检察院内哪一部门具体负责。学界就此展开了充分讨论，形成了侦查监督部门负责、公诉部门负责、监所检察部门负责、三部门共同负责等不同观点。2012 年《人民检察院刑事诉讼规则（试行）》选择了多部门分阶段负责模式，第 617 条规定："侦查阶段的羁押必要性审查由侦查监督部门负责；审判阶段的羁押必要性审查由公诉部门负责。监所检察部门在监所检察工作中发现不需要继续羁押的，可以提出释放犯罪嫌疑人、被告人或者变更强制措施的建议。"据此，侦查监督部门在批捕后发现不需要继续羁押犯罪嫌疑人的，应当建议公安机关或者检察机关侦查部门变更强制措施或予以释放；公诉部门发现审判阶段的羁押没有继续必要时，应当建议法院予以释放或变更为非羁押性强制措施；监所检察部门利用"地缘优势"开展覆盖侦查、起诉、审判各个阶段的全程性监督。

《人民检察院刑事诉讼规则（试行）》实施后，侦查监督、审查起诉、执行检察部门"三家分治"的审查模式暴露出许多问题。首先，关于是否有必要继续羁押，三个部门考量的标准不统一，侦查监督部门主要考虑非羁押强制措施能否保证案件侦破，审查起诉部门则顾虑犯罪嫌疑人是否会脱逃影响提起公诉，刑事执行检察部门关注的是在押人员的身体健康、人身安全情况。其次，不同部门之间相互推诿，都不愿意做出变更羁押措施的决定。再次，在案件退查的情况下，究竟由前一阶段还是后一阶段负责进行羁押必要性审查存在争议。最后，三部门之间信息交流不畅，严重影响了羁押必要性审查工作的开展。多部门分阶段负责审查的模式面临改革的必要，最高检察机关在全国性调查后发现，监所检察部门在开展羁押必要性审查工作方面成绩最为突出，所提建议数量占比超过一半。在总结地方检察机关探索经验和进行理论研究基础上，最高人民检察院下发《人民检察院办理羁押必要性审查案件规定（试行）》，将羁押必要性审查权力划归刑事执行检察部门统一办理，侦查监督、公诉、侦查、案件管理、检察技术等部门予以配合。

支持由监所检察部门（刑事执行检察部门）归口管理的理由包括：第一，监所检察部门更加具有中立性。在检察院内部，公诉部门负责刑事案件的审查起诉工作，为了保证起诉的顺利开展往往倾向于将犯罪嫌疑人控制在羁押状态中；侦查监督部门不承担具体的侦查、起诉工作，在审查逮捕中具有客观中立性，但在逮捕决定作出后，很难通过羁押必要性审查对自己的先前行为作出否定评价，因此由它们进行审查违背"任何人不得做自己案件法官"的原则，既不符合诉讼监督的基本要求，也无法保证审查结果的公正。相比之下，监所检察部门与羁押行为之间没有直接的利益关联，而且其法定职责之一项就是监督监所内的执行情况，保护被羁押人的合法权利，交由其负责更能确保审查活动的有效性。第二，监所检察部门的监督具有全程性。逮捕后的羁押状态可能横跨侦查、起诉、审判数个阶段，侦查、侦监、公诉等部门都只负责其中一段，只有监所检察部门对羁押执行活动和羁押期限进行全程监督，因此，由其负责可以避免分段授权面临的协调、推诿，保持审查工作的连贯性与全程性。第三，监所检察人员常驻看守机构，可以利用地域和时间的便利及时有效的跟踪、了解被羁押人的思想状况和监所表现，为有无社会危险性提供重要参考。这一优势是其他办案部门不具备的。第四，由监所检察部门承担羁押必要性审查职能，可以对业务部门的批捕活动、审查起诉活动起到一定的监督制约作用，并可以促进侦监部门、侦查部门、公诉部门依法审慎地行使逮捕决定或者变更强制措施职权。

与此同时，刑事执行检察部门在开展羁押必要性审查工作方面的缺陷也是比较突出的。首先，监所检察人员的确拥有了解犯罪嫌疑人、被告人羁押期间表现的便利，但同样地，工作地点的特定性和工作内容的狭窄性也决定了其无法及时获知案件证据、事实变化等可能影响羁押必要性的情节，远离具体办案工作可能导致其无法准确把握羁押标准和胜任审查工作。其次，监所部门监督职责的全程覆盖特点是其在羁押必要性审查工作上的优势，但这种时间跨度极大、任务繁重的工作量绝非其单薄的人员力量所能驾驭。另外，关于审查主体中立性的问题，实质牵涉到羁押必要性审查的内容。主张监所检察主导模式者认为羁押必要性审查权是"纠错"与"治新"的统一，是针对羁押决定行为的一种救济权力。既然是以"纠错"为主的救济权力，羁押必要性审查权如果配置给原决定机关显然不合适。但是，"在检察一体化的体制下，没有理由说监所检察部门是中立的，而侦查监督部门和公诉部门不中立。"[1]

---

〔1〕　姚莉、邵劭："论捕后羁押必要性审查——以新《刑事诉讼法》第93条为出发点"，载《法律科学》2013年第5期。

将纠错功能加诸于审查工作，即使是看起来更中立的监所检察部门也未必有勇气、有能力提出纠正建议，如此反而会影响制度运行的基础和效果。根据根据法律起草机构的解释，尽量严格控制逮捕措施的适用"不仅应当体现在审查批准逮捕或者决定逮捕时严格把关上，在逮捕以后，如果情况发生变化，羁押的必要性不复存在时，还应当及时变更强制措施。"[1]可见，羁押必要性审查的制度指向在于逮捕后的证据、事实变化之于羁押必要的影响，而不是逮捕决定的正确性。在此前提下，侦查监督部门的审查批捕和延长侦查羁押期限职权，以及公诉部门的审查起诉、支持公诉、监督审判职权，不仅不会对审查工作构成干扰，反而成为一种熟悉案件、节省人力和时间的优势。

或许正是出于此种考虑，2019 年修订的《人民检察院刑事诉讼规则》重新调整了羁押必要性审查的主体分工，在"捕诉合一"改革的基础上，将审查权交由负责捕诉的部门行使，刑事执行检察部门收到有关材料或发现不需要羁押的，应当及时将有关材料和意见移送负责捕诉的部门。这实际上是颠覆了 2016 年《人民检察院办理羁押必要性审查案件规定（试行）》确立的刑事执行检察部门负责模式，注重发挥捕诉部门因全程参与办案形成的信息优势，避免信息衔接不畅影响审查工作质量。当然，在负责捕诉的部门内部，是由承办案件的检察官同步开展审查还是交由部门内其他检察官负责，抑或交由某一个捕诉部门负责全部案件的审查，[2]有待进一步明确。

（三）羁押必要性审查的案件范围

对于检察机关依职权启动羁押必要性审查的案件范围，刑事诉讼法和《人民检察院刑事诉讼规则》没有规定。从目前的司法实践来看，各地基本都是选取特定类型的案件予以审查。"总体而言，可能判处缓刑、拘役、单处罚金或者免予刑事处罚的案件，可能刑事和解的案件，交通肇事案件，未成年

---

〔1〕 全国人大常委会法制工作委员会刑法室编：《〈关于修改中华人民共和国刑事诉讼法的决定〉条文说明、立法理由及相关规定》，北京大学出版社 2012 年版，第 125 页。

〔2〕 山东省青岛市即墨区检察院专门授予第三检察部主任及副主任在统一业务应用系统中拥有查询全部案件情况的权限。第三检察部可第一时间了解全院所办案件在押人员的基本案情及案件进展情况，以便结合罪行轻重、量刑长短、羁押期限是否即将届满、实际羁押时间是否超过可能判处的刑期等情形，及时发现羁押必要性审查的案件线索，为随时启动审查程序做好准备。在专门授权的基础上，该院还出台了考核激励机制。办案人员将符合羁押必要性审查条件的案件提供给第三检察部，审查符合条件的，在每月的绩效考核中，作为月考核加分项，与考核评优直接挂钩。参见卢金增等："以机制创新助推羁押必要性审查"，载《检察日报》2019 年 11 月 3 日，第 3 版。

人犯罪案件，其他法定刑在三年以下的轻微刑事案件，成为各地检察机关审查的重点。"[1]将审查范围局限于轻刑案件，体现出检察机关突破重点、安全为先的工作思路。轻刑案件被告人罪责程度较低，通过羁押必要性审查改采取保候审、监视居住措施有利于避免刑期低于羁押期限的"倒挂"现象，案件事实较为清楚则有助于降低采取非羁押性强制措施的出错风险。考虑到检察机关人力物力的限制和每年庞大的逮捕案件量，先将情节简单、罪行不重的案件作为审查对象具有现实合理性。但我们不能就此得出只有轻罪案才能启动羁押必要性审查，甚至"暴力恐怖、杀人、强奸、抢劫、抢夺、以危险方法危害公共安全、手段残忍的故意伤害、涉黑涉恶犯罪、重大职务犯罪等严重犯罪，应当认定为有羁押必要性"[2]的结论。

从法律解释的角度来讲，《刑事诉讼法》未就羁押必要性审查的范围作出规定应当理解为可以适用于所有案件；从羁押制度的功能分析，诉讼保障和预防再犯的功能分析，涉罪性质严重并不意味着必然的妨碍诉讼和再犯风险，无论英美法系的人身保护令还是大陆法系的羁押复查都没有将犯罪轻重作为启动的限制性条件；基于限制非必要羁押的制度目标，也不应当对案件范围作出严格限制。因此，在肯定现阶段逐步探索、重点审查的同时，必须树立任何逮捕案件均有启动羁押复查必要的观念，未来更需从重点案件审查走向全面审查，这是法律面前人人平等原则的体现，也是切实控制羁押适用率、避免"一押到底"的要求。

（四）羁押必要性审查的方式方法

对于检察机关开展审查活动的方式，《刑事诉讼法》没有作出明确规定，最高人民检察院的有关解释则经过了多次调整。根据 2012 年《人民检察院刑事诉讼规则（试行）》第 620 条规定，检察院进行羁押必要性审查可以采取进行评估、听取意见、调查核实、查阅案卷等七种方式。尽管看起来方式多样，但根本上走的仍是书面审查的老路子，是一种"由检察机关主导的单线

---

〔1〕　徐日丹："九成侦监环节羁押必要性审查建议被采纳"，载《检察日报》2013 年 8 月 13 日，第 1 版。

〔2〕　高本祥："羁押必要性审查不可就事论事"，载《检察日报》2014 年 7 月 20 日，第 3 版。

型复查模式"。[1]2013年最高人民检察院刑事执行监察厅下发的《关于人民检察院监所检察部门开展羁押必要性审查工作的参考意见》第6条提出，"有条件的地方可以采取听证方式进行羁押必要性审查。"许多地方据此开展了羁押必要性听证审查的试点探索，出台了专门的规范文件。2016年颁布的《人民检察院羁押必要性审查案件规定》对此予以了肯定，同时听取了学者关于"听证"本质上是行政执法程序，建议改为"公开审查"的意见，在第14条明确规定，"人民检察院可以对羁押必要性审查案件进行公开审查……公开审查可以邀请与案件没有利害关系的人大代表、政协委员、人民监督员、特约检察员参加。"2019年修改的《人民检察院刑事诉讼规则》根据内部机构调整和审查主体的变化，在常规审查方式中增加了"听取侦查监督部门或者公诉部门的意见"，同时规定，"必要时，可以依照有关规定进行公开审查。"

公开审查方法受到一定质疑。有论者指出，当前审查批捕环节尚未完全采用该种审查模式，如果作为检察监督手段的必要性审查反而采取听证审查，有本末倒置之嫌，而且德、意等大陆法系国家的未决羁押审查采取的是法官讯问方式，也不具有开庭形式。[2]有学者认为捕后羁押必要性审查方式的选择主要应当考虑信息量的获取程度、时间的充裕度及人权保障的完善度，言词审理或听证方式在我国不具有现实性。[3]另有学者指出，我国羁押率偏高与行政审查模式无关，适用诉讼化的听证审查方式难以降低羁押率，[4]反而徒增检察机关工作量。

相比书面审查方式，听证式审查方法的时间、财力、人力、物力成本无疑是高昂的，另外为降低审查难度和风险，各地检察机关纷纷将羁押必要性审查的范围局限于可能判处三年有期徒刑以下刑罚的案件，客观上也就没有了进行公开审查的必要。因此，对于公开审查方法在中国当下司法环境下的适用空间持谨慎态度是合理的，轰轰烈烈的地方"试水"更多的具有形式意义，很难大规模推开。当然，我们不能就此否认公开审查方法的价值。首先，

〔1〕周玉龙等："审前捕后羁押必要性审查研究——以新刑诉法第九十三条为视角"，载《中国检察官》2012年第8期。

〔2〕参见张兆松："论羁押必要性审查的十大问题"，载《中国刑事法杂志》2012年第9期。

〔3〕参见姚莉、邵劭："论捕后羁押必要性审查——以新《刑事诉讼法》第93条为出发点"，载《法律科学》2013年第5期。

〔4〕参见朱志荣："羁押必要性审查制度研究"，载《西南政法大学学报》2014年第5期。

听证式的审查程序构造既有助于提升审查决定的实体正确性，也是程序正义的内在要求。作为现代各国刑事诉讼程序基础理念的正当程序原则包括告知程序、说明理由程序、听取意见程序和救济程序等多项内容，其中听取意见陈述就包括听证、陈述和申辩程序。与之相比，书面、单方、秘密的审批模式着眼于提高效率，但难免课减程序和实体双重层面的公正，且不利于程序终局的实现和司法权威的树立，这一点在我国以往的刑事司法实践中已有深刻教训。其次，听证式羁押必要性审查方式与现行审查逮捕环节形成本末倒置的观点并不成立。一方面，审查批捕程序的非诉讼化构造也是司法改革的内容之一，我们主张检察机关、人民法院在决定是否逮捕时应当通知侦控和辩护双方同时到场申述各自理由。另一方面，立足于我国当前的羁押体制，对刑事羁押进行事后审查的重要性更加突出。"在刑事羁押缺乏司法控制这个特点中，对中国而言，更应引起注意的是其中的缺乏逮捕之后的司法审查。"[1]因此，言词性的羁押必要性审查程序与现行立法中书面化的逮捕审查并不存在轻重易位的问题，而是契合当前诉讼程序的选择，更是我国羁押合法化改造的阶段性步骤。再次，被羁押人文化程度不高和取证能力受限以及刑事辩护率的低下确实拉低了言词听审为裁断者提供参考信息的价值，但是只有在"你来我往"的交涉中才存在"真理越辩越明"的可能，才能为审查决定主体提供足量且足质的信息；刑事诉讼法对辩护制度的诸多改进，包括扩大法律援助范围、落实辩护权利等有利于辩护人更好地维护犯罪嫌疑人、被告人的权益，由被羁押人和辩护人参加的言词听审程序所能提供的信息量是书面审查不能比拟的。

认识公开审查方法有限性和有益性后，应当从以下两方面入手推进审查方式完善。首先，注重运用非书面式审查方法。《人民检察院刑事诉讼规则》第577条第1款规定的六种审查方式中，既有传统的阅卷方法，也有听取意见、调查核实等动态审查方法。特别是听取犯罪嫌疑人、被告人等有关主体的意见，体现出一定的程序性、言词性色彩，有利于提高审查程序的交涉性和审查意见的正确性，但由于并非强制性要求，实践中并未得到充分重视，"审查的方式几乎全部转化成了静态审批式的书面审查。"[2]建议对《人民检

〔1〕 王敏远："中国刑事羁押的司法控制"，载《环球法律评论》2003年第4期。
〔2〕 胡波："羁押必要性审查制度实施情况实证研究——以某省会市十二个基层检察院为对象的考察和分析"，载《法学评论》2015年第3期。

察院刑事诉讼规则》进行修改,明确规定在审查过程中必须听取犯罪嫌疑人、被告人及其辩护人等人的意见,保证被羁押人一方的程序参与。其次,完善公开审查方式。鉴于公开审查方法的成本,不宜大范围适用,对犯罪嫌疑人、被告人患有严重疾病或怀孕等身体状况以及超期羁押等明显应当解除羁押措施的情形,采取普通审查方法即可。应当将公开审查方式运用在有重大社会影响或者有争议的案件中,这就需要各地检察机关扩大羁押必要性审查的案件范围,不能再限制在轻刑案件。另外,需要对参与公开审查的人员、公开审查的程序、受邀听证人员意见的采纳、案件信息的保密等程序内容作出规范。

(五) 羁押必要性审查意见的效力

《刑事诉讼法》第 95 条规定,检察院进行羁押必要性审查后,对于不需要继续羁押的,应当建议予以释放或者变更强制措施。显然,检察机关所提建议被采纳的情况是证明羁押必要性审查工作成效的重要指标。相关报道和实证调查显示,检察建议得到采纳的比例很高。从全国范围看,2015 年检察机关共提出释放或变更强制措施的建议 29211 人,被办案机关采纳 27118 人,平均采纳率 92.8%。[1] 在个别地方,检察机关所提建议甚至全部得到采纳。然而另一方面,一些检察系统的同志抱怨有关单位对检察建议持排斥态度,随便找个理由就认为犯罪嫌疑人、被告人有继续羁押必要,甚至干脆不回复。[2] 较高的建议采纳率可能是因为检察官通常在发出建议前口头听取了办案机关的意见,在办案机关明确表示不会变更强制措施的情况下,检察官转而决定不发建议。[3]

为进一步提升羁押必要性审查制度的实施效果,有观点建议应当强化审查决定的效力,甚至赋予其强制执行力。"对于羁押必要性的审查,人民检察院做出决定后,应当具有法律效力,有关部门必须执行。"[4] 我们认为,这种提法的出发点是好的,但不符合诉讼法理。刑事诉讼法对羁押必要性审查权

〔1〕 参见陈卫东等:《羁押必要性审查制度的理论与实践》,中国法制出版社 2019 年版,第 143 页。

〔2〕 参见张国军、陈新刚:"捕后羁押必要性审查实务研究",载《中国检察官》2019 年第 19 期。

〔3〕 参见龙浩:"归口模式下羁押必要性审查的适用难题及破解对策",载《行政与法》2018 年第 4 期。

〔4〕 冀祥德:《最新刑事诉讼法释评》,中国政法大学出版社 2012 年版,第 87 页。

的定性是法律监督职权，"检察机关对诉讼活动的法律监督基本上是一种建议和启动程序权。对诉讼中的违法情况提出监督意见，只是启动相应的法律程序，建议有关机关纠正违法，不具有终局或实体处理的效力。诉讼中的违法情况是否得以纠正，最终还是要由其他机关决定。"[1]因此，作为羁押必要性审查最终结果的检察建议本身是一种非强制性的检察活动，其意在抗议而非制裁，否定了这一点，"就会侵蚀其它权力的正常行使，破坏现有的国家权力运行机制；同时，也会引发理论上的混乱。"[2]换言之，立法将羁押必要性审查界定为诉讼监督的新内容，就决定了该权力的非强制性特点以及该项制度效果的有限性，这是我国羁押必要性审查制度较之域外羁押复查制度、人身保护令制度的根本区别之一，也是其先天局限所在。认识到这一点，承认我国羁押必要性审查制度在性质、功能、效力等方面的差距，是我们开展相关讨论和提出完善建议的"无奈"而又"现实"的前提。

保障检察机关提出释放或变更强制措施建议的效果，可以从三个层面入手。首先，争取公安机关和法院的支持，形成制度共识。一些地方检察机关已经做出了积极探索，如河南省西峡县检察院与法院、公安局联合会签了《审前羁押必要性审查工作实施细则（试行）》（西检会〔2013〕1号）等文件，山东省高唐县检察院与县公安局联合签订了《捕后羁押必要性审查实施细则（试行）》。在认识理解不一致、部门利益难除的当下，联合制定细则文件、提高不同机关的制度共识，是实现羁押必要性审查工作平稳、有效开展的重要保障。其次，在工作机制上，采取事先沟通再提出建议的方式。一些检察机关探索出"事先约谈+检察建议"的工作机制，在正式发出检察建议之前，检察院与对应的办案单位进行沟通，针对拟发出的检察建议向其进行阐释、说明，从而实现检察监督功能的实质化，成为化解检察建议不受重视甚至得不到回复难题的有效办法。[3]最后，在工作方法上，加强检察建议说理。检察机关应当通过听取意见、调查核实等方法详尽发掘案件事实，通过量化评估等方法对羁押的非必要性进行充分论证，提高检察建议的说服力。

---

〔1〕　张智辉：《检察权研究》，中国检察出版社2007年版，第75页。

〔2〕　吕涛："检察建议的法理分析"，载《法学论坛》2010年第2期。

〔3〕　参见陈卫东："羁押必要性审查制度试点研究报告"，载《法学研究》2018年第2期。

三、配套制度的构建

不管捕后羁押必要性审查的性质与定位如何，这毕竟是立法在探索"审前羁押不应作为一般原则"上的进步之处，应当予以肯定，但与任何一项诉讼制度一样，其作用之发挥，仍有赖多项相关制度的配套建设。

（一）建立后续监管机制

在羁押必要性审查制度创立之前，我国刑事诉讼中并非没有羁押措施的解除机制。然而当事人申请变更强制措施的申请基本很难得到批准，办案机关也很少主动作为。究其原因，在于对办案风险的顾虑。羁押必要性审查制度实施以来，在全国范围内尚未发挥立法者期许的作用，很重要的一个原因就是公安司法机关担心犯罪嫌疑人、被告人利用非羁押状态，逃避或者干扰诉讼进行。要提高羁押必要性审查的适用效果，就必须解决好后续非羁押性强制措施的配套监管问题。首先，注重进行法治和思想教育工作。在羁押必要性审查过程中和对犯罪嫌疑人、被告人予以释放或变更强制措施后，应当注重想起阐明刑事诉讼法关于强制措施的规定和妨碍诉讼等行为的法律后果，通过思想教育促使其珍视"重获自由"的宝贵机会。其次，建立定期回访工作机制。在予以释放或变更为非羁押性强制措施后，采取定期或不定期的跟踪回访，通过电话联系、见面交流、与通过与犯罪嫌疑人、被告人、社区、民警的沟通，即使掌握被追诉人的思想动态，预防脱保等危险的发生。

（二）完善羁押替代措施

完备而有效的羁押替代性措施体系是确保羁押必要性审查机制良性运行的重要前提和有力支撑。否则，即使检察机关和办案单位都认为案件没有羁押必要，也别无其他选择。我国刑事诉讼强制措施体系中的羁押替代措施包括取保候审和监视居住两种，在过去的司法实践中其适用效果并不理想，2012年《刑事诉讼法》有针对性地作了许多调整，包括扩大取保候审适用范围，增加被取保候审人应当遵守的义务，规定监视居住的适用条件与范围，增加被监视居住人应当遵守的义务，对被监视居住人的监督和监控方法等。但从刑事诉讼法颁布后的实施情况来看，这些力图焕发非羁押性措施活力的努力并没有取得足够成效。调查显示，2013年3月至2014年6月间，S省Z市公安机关、检察院共受理刑事案件3218件4273人，"适用羁押性强制措施使犯罪嫌疑人到案的比例高达 76.2%，非羁押性强制措施的适用比例仅为 18.5%；开庭审判前，76.6% 的被告人处于被羁押状态，仅有 17.4% 的被告人被适用了非羁押性强制措施。"[1]羁押率的居高不下背后，既有执法理念尚未转变的原因，也有立法规定不够健全的因素。就监视居住的适用而言，应当从降低执行成本和防止异化为羁押两方面下功夫。就扩大取保候审的适用而言，需要研究在立法层面上放宽保证人条件，拓展财产保证方式，建立风险防控机制，落实脱保的处罚措施。

（三）改革考评追责体系

绩效考评制度是我国司法管理体制中非常重要的一项内容。由于直接与司法机关及司法工作人员的评级、晋升、奖金等切身利益挂钩，因此相对于正式的法律规范，这种系统内部规则甚至发挥着更加直接而有效的作用。但从实践层面来看，"绩效考评机制既可能积极地促成其价值目标，也可能造成一种变异或者背离。这取决于考评机制本身是否科学合理。"[2]不幸的是，现有的司法绩效考评体系在价值取向和指标设置上都存在很大问题。

在待审羁押问题上，现有的考评制度表现出强烈的肯定性倾向，如公安机关的内部考核往往将批捕率和脱逃率作为重要内容，"批捕率从正面驱使公安机关和办案人员多报捕，甚至为了完成批捕指标游说检察机关侦监部门批准逮捕；脱逃率则从反面遏制了公安机关和办案人员适用非羁押性强制措施的动力。"[3]最高检制定的《人民检察院审查逮捕质量标准》中，对有逮捕必要的犯罪嫌疑人不批准逮捕，致使犯罪嫌疑人实施新的犯罪或者严重影响刑事诉讼正常进行的，属于"错不捕"，案件承办人、部门负责人甚至检察长都要承担错捕责任。相比之下，对不适宜羁押且无逮捕必要的犯罪嫌疑人批准逮捕且造成严重后果的，属于逮捕质量有缺陷，只是作为对各级人民检察院侦查监督部门及其工作人员工作实绩考核和惩处的依据。这种带有倾向性的评定标准对于检察人员的办案导向十分明确，严重影响了其适用非羁押性

---

〔1〕 王光笑："非羁押性强制措施适用现状的调研报告"，载《中南财经政法大学研究生学报》2014 年第 3 期。

〔2〕 马明亮："司法绩效考评机制研究——以刑事警察为范例的分析"，载《中国司法》2009 年第 7 期。

〔3〕 胡捷等："非羁押性强制措施适用实证研究——以深圳市南山区人民检察院办案实践为视角"，载《法治论坛》2014 年第 3 期。

措施的积极性。为免除办案人员的后顾之忧，必须转变既有的执法观念，承认只要采用非羁押性强制措施就可能存在脱保、再犯的可能性，在强化监督效果的同时，类似批捕率、脱逃率这样不合理的考核指标必须予以废除，而且不得将批准逮捕后变更为取保候审、监视居住或释放的情节作为消极评价指标。

有学者提出，为提高检察机关开展羁押必要性审查工作的积极性，应当"将羁押必要性审查工作纳入上级检察院对下级检察院业务考评的范围，将此项工作绩效情况作为业务考评的一项重要内容。"[1]笔者并不怀疑绩效激励机制对于提升检察人员开展羁押必要性审查工作热情的作用，但考核指标的具体设置、审查工作质量的评价等都需要进行科学设计。长期的司法实践表明，绩效考评制度是一把双刃剑，只有科学合理的考核指标才能发挥正向作用，助益司法公正和人权保障价值的实现。

---

[1] 尚爱国："羁押必要性审查机制完善建议"，载《人民检察》2014 年第 12 期。类似观点可参见庄建亚、潘志勇："羁押必要性审查工作现状评判与对策研究——以 J 市监所检察部门实施工作情况为视角"，载《公安学刊（浙江警察学院学报）》2014 年第 1 期。

参考文献

一、著作类

（一）中文著作

1. 陈光中主编：《刑事诉讼法》，北京大学出版社、高等教育出版社 2013 年版。

2. 陈光中主编：《中国刑事二审程序改革之研究》，北京大学出版社 2011 年版。

3. 陈光中主编：《〈公民权利和政治权利国际公约〉与我国刑事诉讼》，商务印书馆 2005 年版。

4. 陈光中主编：《21 世纪域外刑事诉讼立法最新发展》，中国政法大学出版社 2004 年版。

5. 陈光中等：《中国司法制度的基础理论问题研究》，经济科学出版社 2010 年版。

6. 陈光中主编：《〈中华人民共和国刑事诉讼法〉修改条文释义与点评》，人民法院出版社 2012 年版。

7. 陈光中、［德］汉斯-约格·阿尔布莱希特主编：《中德强制措施国际研讨会论文集》，中国人民公安大学出版社 2003 年版。

8. 陈光中、沈国峰：《中国古代司法制度》，群众出版社 1984 年版。

9. 卞建林主编：《现代司法理念研究》，中国人民公安大学出版社 2012 年版。

10. 顾永忠：《刑事上诉程序研究》，中国人民公安大学出版社 2003 年版。

11. 杨宇冠：《国际人权法对我国刑事司法改革的影响》，中国法制出版社 2008 年版。

12. 汪海燕：《我国刑事诉讼模式的选择》，北京大学出版社 2008 年版。

13. 汪海燕等：《刑事诉讼法解释研究》，中国政法大学出版社 2017 年版。

14. 宋英辉：《刑事诉讼原理》，法律出版社 2007 年版。

15. 宋英辉等：《外国刑事诉讼法》，北京大学出版社 2011 年版。

16. 陈卫东主编：《〈人民检察院刑事诉讼规则（试行）〉析评》，中国民主法制出版社 2013 年版。

17. 陈卫东主编：《模范刑事诉讼法典》，中国人民大学出版社 2011 年版。

18. 陈卫东主编：《刑事诉讼法理解与适用》，人民出版社 2012 年版。

19. 陈瑞华：《比较刑事诉讼法》，中国人民大学出版社 2010 年版。

20. 陈瑞华：《程序性制裁理论》，中国法制出版社 2017 年版。

21. 陈瑞华等：《法律程序修改的突破与限度：2012 年刑事诉讼法修改述评》，中国法制出版社 2012 年版。

22. 陈瑞华主编：《未决羁押制度的实证研究》，北京大学出版社 2004 年版。

23. 陈瑞华：《刑事审判原理论》，北京大学出版社 1997 年版。

24. 陈瑞华：《刑事诉讼的前沿问题》，中国人民大学出版社 2016 年版。

25. 陈瑞华：《刑事诉讼中的问题与主义》，中国人民大学出版社 2013 年版。

26. 万毅：《超越当事人/职权主义——底限正义视野下的审判程序》，中国检察出版社 2008 年版。

27. 夏锦文主编：《冲突与转型：近现代中国的法律变革》，中国人民大学出版社 2012 年版。

28. 宋冰编：《程序、正义与现代化》，中国政法大学出版社 1998 年版。

29. 宋冰编：《读本：美国与德国的司法制度及司法程序》，中国政法大学出版社 1999 年版。

30. 许章润等：《法律信仰：中国语境及其意义》，广西师范大学出版社 2003 年版。

31. 苏力：《法治及其本土资源》，中国政法大学出版社 2004 年版。

32. 林钰雄：《刑事诉讼法》，中国人民大学出版社 2005 年版。

33. 张智辉：《检察权研究》，中国检察出版社 2007 年版。

34. 左卫民等：《简易刑事程序研究》，法律出版社 2005 年版。

35. 叶秋华等：《借鉴与移植：外国法律文化对中国的影响》，中国人民大学出版社 2012 年版。

36. 冀祥德：《控辩平等论》，法律出版社 2008 年版。

37. 周旺生：《立法学》，法律出版社 2009 年版。

38. 汪建成：《理想与现实——刑事证据理论的新探索》，北京大学出版社 2006 年版。

39. 胡建淼主编：《论公法原则》，浙江大学出版社 2005 年版。

40. 王兆鹏：《美国刑事诉讼法》，北京大学出版社 2005 年版。

41. 郎胜主编：《欧盟国家审前羁押于保释制度》，法律出版社 2006 年版。

42. 顾培东：《社会冲突与诉讼机制》，法律出版社 2004 年版。

43. 樊崇义主编：《诉讼原理》，法律出版社 2009 年版。

44. 樊崇义主编：《刑事诉讼法实施问题与对策研究》，中国人民公安大学出版社 2000 年版。

45. 那思陆：《清代州县衙门审判制度》，中国政法大学出版社 2006 年版。

46. 兰荣杰：《刑事判决是如何形成的？——基于三个基层法院的实证研究》，北京大学出版社 2013 年版。

47. 孙谦主编：《〈人民检察院刑事诉讼规则（试行）〉理解与适用》，中国检察出版社 2012 年版。

48. 张建伟：《司法竞技主义——英美诉讼传统与中国庭审方式》，北京大学出版社 2005 年版。

49. 冯喜恒：《刑事速审权利研究》，中国政法大学出版社 2013 年版。

50. 江必新主编：《〈最高人民法院关于适用《中华人民共和国刑事诉讼法》的解释〉理解与适用》，中国法制出版社 2013 年版。

51. 陈心歌：《中国刑事二审程序问题研究》，中国政法大学出版社 2013 年版。

52. 陈卫东主编：《2012 刑事诉讼法修改条文理解与适用》，中国法制出版社 2012 年版。

53. 陈卫东等：《羁押必要性审查制度的理论与实践》，中国法制出版社 2019 年版。

54. 程雷：《秘密侦查的中国问题》，中国检察出版社 2018 年版。

55. 龙宗智等：《司法改革与中国刑事证据制度的完善》，中国民主法制出版社 2016 年版。

56. 曲新久：《刑法的精神与范畴》，中国政法大学出版社 2003 年版。

57. 孙长永：《探索正当程序——比较刑事诉讼法专论》，中国法制出版社 2005 年版。

58. 孙长永主编：《侦查程序与人权保障——中国侦查程序的改革和完善》，中国法制出版社 2009 年版。

59. 武延平等编：《刑事诉讼法学参考资料汇编》，北京大学出版社 2005 年版。

60. 江涌：《未决羁押制度的研究》，中国人民公安大学出版社 2011 年版。

61. 张明楷：《刑法学》，法律出版社 2011 年版。

62. 左卫民：《刑事程序问题研究》，中国政法大学出版社 1999 年版。

63. 左卫民等：《中国刑事诉讼运行机制实证研究（二）》，法律出版社 2009 年版。

64. 龙宗智：《刑事庭审制度研究》，中国政法大学出版社 2001 年版。

65. 岳礼玲：《刑事审判与人权保障》，法律出版社 2010 年版。

66. 李文健：《刑事诉讼效率论》，中国政法大学出版社 1999 年版。

67. 周长军：《刑事裁量权论：在划一性与个别化之间》，中国人民公安大学出版社 2006 年版。

68. 张凌、于秀峰编译：《日本刑事诉讼法律总览》，人民法院出版社 2017 年版。

69. 张晋藩：《中国法制史》，商务印书馆 2010 年版。

70. 秦宗文：《自由心证研究：以刑事诉讼为中心》，法律出版社 2007 年版。

71. 王立民主编：《中国传统侦查和审判文化研究》，法律出版社 2009 年版。

72. 王云海主编：《宋代司法制度》，河南大学出版社 1992 年版。

73. 田涛、郑秦点校:《大清律例》,法律出版社 1999 年版。

74. 张荣铮、刘勇强、金懋初点校:《大清律例》,天津古籍出版社 1993 年版。

75. 钱大群:《唐律与唐代法制考辨》,社会科学文献出版社 2013 年版。

76. 张金鉴:《中国法制史概要》,台北正中书局 1973 年版。

77. 韩兆龙、常兆儒:《中国新民主主义革命时期根据地法制文献选编》(第 4 卷),中国社会科学出版社 1984 年版。

78. 何勤华、李秀清:《外国法与中国法——20 世纪中国移植外国法反思》,中国政法大学出版社 2003 年版。

79. 郭成伟:《清末民初刑诉法典化研究》,中国人民公安大学出版社 2006 年版。

80. 徐朝阳:《刑事诉讼法通义》,范仲瑾、张书铭点校,中国政法大学出版社 2012 年版。

81. 陈瑾昆:《刑事诉讼法通义》,法律出版社 2007 年版。

82. 谢冬慧:《中国刑事审判制度的近代嬗变:基于南京国民政府时期的考察》,北京大学出版社 2012 年版。

83. 石经海:《我国刑期折抵制度之检讨》,法律出版社 2008 年版。

84. 夏锦文主编:《冲突与转型:近现代中国的法律变革》,中国人民大学出版社 2012 年版。

85. 王尚新、李寿伟主编:《〈关于修改刑事诉讼法的决定〉释解与适用》,人民法院出版社 2012 年版。

86. 全国人大常委会法制工作委员会刑法室编:《〈关于修改中华人民共和国刑事诉讼法的决定〉条文说明、立法理由及相关规定》,北京大学出版社 2012 年版。

87. 全国人大常委会法制工作委员会刑法室编:《〈中华人民共和国刑事诉讼法〉条文说明、立法理由及相关规定》,北京大学出版社 2008 年版。

88. 最高人民检察院法律政策研究室编译:《支撑 21 世纪日本的司法制度——日本司法制度改革审议会意见书》,中国检察出版社 2004 年版。

89. 张军、江必新主编:《新刑事诉讼法及司法解释适用解答》,人民法院出版社 2013 年版。

90. 孙谦主编:《刑事强制措施——外国刑事诉讼法有关规定》,中国检察出版社 2017 年版。

91. 林钰雄:《刑事诉讼法》(上册),新学林出版股份有限公司 2017 年版。

92. 罗结珍译:《法国刑事诉讼法典》,中国法制出版社 2006 年版。

93. 宋英辉译:《日本刑事诉讼法》,中国政法大学出版社 2000 年版。

94. 马相哲译:《韩国刑事诉讼法》,中国政法大学出版社 2004 年版。

95. 黄道秀译:《俄罗斯联邦刑事诉讼法典(新版)》,中国人民公安大学出版社 2006

年版。

96. 宗玉琨译：《德国刑事诉讼法典》，知识产权出版社 2013 年版。

97. 黄风译：《意大利刑事诉讼法典》，中国政法大学出版社 1994 年版。

98. ［美］罗尔斯：《正义论》，何怀宏、何包钢译，中国社会科学出版社 1988 年版。

99. ［美］汉密尔顿：《联邦党人文集》，程逢如等译，商务印书馆 1980 年版。

100. ［美］H. W. 埃尔曼：《比较法律文化》，贺卫方、高鸿钧译，清华大学出版社 2002 年版。

101. ［美］伯尔曼：《法律与宗教》，梁治平译，生活·读书·新知三联书店 1991 年版。

102. ［美］马尔科姆·M. 菲利：《程序即是惩罚——基层刑事法院的案件处理》，魏晓娜译，中国政法大学出版社 2014 年版。

103. ［美］爱伦·豪切斯泰勒·斯黛丽、南希·费兰克：《美国刑事法院诉讼程序》，陈卫东、徐美君译，中国人民大学出版社 2002 年版。

104. ［美］弗洛伊德·菲尼、岳礼玲编：《美国刑事诉讼法经典文选与判例》，中国法制出版社 2006 年版。

105. ［美］约书亚·德雷斯勒、艾伦·C. 迈克尔斯：《美国刑事诉讼法精解》（第二卷·刑事审判），魏晓娜译，北京大学出版社 2009 年版。

106. ［美］米尔伊安·R. 达玛什卡：《司法和国家权力的多种面孔》，郑戈译，中国政法大学出版社 2004 年版。

107. ［美］伟恩·R. 拉费弗、杰罗德·H. 伊斯雷尔、南西·J. 金：《刑事诉讼法》，卞建林、沙丽金译，中国政法大学出版社 2003 年版。

108. ［美］吉姆·佩特罗、南希·佩特罗：《冤案何以发生》，苑宁宁等译，北京大学出版社 2012 年版。

109. ［美］哈罗德·伯曼编：《美国法律讲话》，陈若恒译，生活·读书·新知三联书店 1988 年版。

110. ［英］边沁：《道德与立法原理导论》，时殷弘译，商务印书馆 2000 年版。

111. ［英］约翰·斯普莱克：《英国刑事诉讼程序》，徐美君、杨立涛译，中国人民大学出版社 2006 年版。

112. ［日］棚濑孝雄：《纠纷的解决与审判制度》，王亚新译，中国政法大学出版社 2004 年版。

113. ［日］谷口安平：《程序的正义与诉讼》，王亚新、刘荣军译，中国政法大学出版社 2002 年版。

114. ［日］田口守一：《刑事诉讼法》，张凌、于秀峰译，法律出版社 2019 年版。

115. ［日］松尾浩也：《日本刑事诉讼法》（上卷），张凌、丁相顺译，中国人民大学出版社 2005 年版。

116. ［日］松尾浩也：《日本刑事诉讼法》（下卷），张凌译，中国人民大学出版社 2005 年版。

117. ［日］土本武司：《日本刑事诉讼法要义》，董璠舆、宋英辉译，五南图书出版公司 1997 年版。

118. ［日］西原春夫主编：《日本刑事法的形成与特色——日本法学家论日本刑事法》，李海东等译，法律出版社、日本成文堂 1997 年版。

119. ［德］克劳思·罗科信：《刑事诉讼法》，吴丽琪译，法律出版社 2003 年版。

120. ［德］托马斯·魏根特：《德国刑事诉讼程序》，岳礼玲、温小洁译，中国政法大学出版社 2004 年版。

121. ［德］拉德布鲁赫：《法学导论》，米健、朱林译，中国大百科全书出版社 1997 年版。

122. ［俄］К. Ф. 古岑科主编：《俄罗斯刑事诉讼教程》，黄道秀等译，中国人民公安大学出版社 2007 年版。

123. ［苏］И. В. 蒂里切夫等编著：《苏维埃刑事诉讼》，张仲麟等译，法律出版社 1984 年版，

124. ［苏］М. А. 切里佐夫：《苏维埃刑事诉讼》，法律出版社 1955 年版。

125. ［法］贝尔纳·布洛克：《法国刑事诉讼法》，罗结珍译，中国政法大学出版社 2009 年版

126. ［意］贝卡里亚：《论犯罪与刑罚》，黄风译，中国法制出版社 2005 年版。

（二）英文著作

1. Janet Bick-lai Chan, Lynne Barnes, *The Price of Justice：Lengthy criminal trials in Australia*, Hawkins Press, 1995.

2. Jason Payne, *Criminal trial delays in Australia：Trial Listing Outcomes*, Australian Institute of Criminology, 2007.

3. R. R. Donnelley, *The Modern Scottish Jury in Criminal Trials*, Scottish Executive, 2008.

4. Dale Anne Sipes, Mary Elsner Oram, *On Trial：The Length of Civil and Criminal Trials*, National Center for State Courts, 1998.

5. Thomas Church, Jr. et al, *Justice Delayed：The Pace of Litigation in Urban Trial Courts*, Virginia：The National Center for State Courts, 1978.

6. Andrew Ashworth, Mike Redmayne, *The Criminal Process*, Oxford University Press Inc. , 2005.

7. Paul Bergman, *Trial Advocacy*, West Pub. Co. , 1997.

8. Edward J. Devitt, Charles B. Blackmar, *Federal Jury Practice and Instructions：Civil and Crimi-*

nal, West Pub. Co., 1977.

9. Israel, Kamisar & Lafave, *Criminal Procedure and the Constitution*, West Pub. Co., 1991.

10. Peter Hungerford-Welch, *Criminal Procedure and Sentencing*, Routledge-Cavendish, 2009.

二、论文类

(一) 中文论文

1. 陈光中:"刑事诉讼法再修改之基本理念——兼及若干基本原则之修改",载《政法论坛》2004 年第 3 期。

2. 陈光中、肖沛权:"关于司法权威问题之探讨",载《政法论坛》2011 年第 1 期。

3. 陈光中、葛琳:"刑事和解初探",载《中国法学》2006 年第 5 期。

4. 陈光中、郑旭:"追求刑事诉讼价值的平衡——英俄近年刑事司法改革述评",载《中国刑事法杂志》2003 年第 1 期。

5. 陈光中、于增尊:"关于修改后《刑事诉讼法》司法解释若干问题的思考",载《法学》2012 年第 11 期。

6. 卞建林:"我国司法权威的缺失与树立",载《法学论坛》2010 年第 1 期。

7. 卞建林:"我国刑事强制措施的功能回归与制度完善",载《中国法学》2011 年第 6 期。

8. 卞建林:"如何看待被告人有罪答辩——辩诉交易的一点启示",载《政法论坛》2002 年第 6 期。

9. 杨宇冠:"我国刑事诉讼简易程序改革思考",载《杭州师范大学学报(社会科学版)》2011 年第 2 期。

10. 杨宇冠:"重论无罪推定",载《国家检察官学院学报》2005 年 3 期。

11. 杨宇冠:"《刑事诉讼法》修改凸显人权保障——论不得强迫自证有罪和非法证据排除条款",载《法学杂志》2012 年第 5 期。

12. 杨宇冠:"我国刑事赔偿制度之改革",载《法学研究》2004 年 1 期。

13. 顾永忠、李辞:"捕后羁押必要性审查制度的理解与适用",载《国家检察官学院学报》2013 年第 1 期。

14. 顾永忠:"刑事案件繁简分流的新视角",载《中外法学》2007 年第 6 期。

15. 刘玫:"刑事诉讼法定期间问题研究",载《诉讼法论丛》2004 年第 00 期。

16. 汪海燕:"论刑事程序倒流",载《法学研究》2008 年第 5 期。

17. 汪海燕:"'立法式'解释:我国刑事诉讼法解释的困局",载《政法论坛》2013 年第 11 期。

18. 陈卫东、刘计划:"论集中审理原则与合议庭功能的强化——兼评《关于人民法院合议庭工作的若干规定》",载《中国法学》2003 年第 1 期。

19. 陈卫东、杜磊："庭前会议制度的规范建构与制度适用——兼评《刑事诉讼法》第 182 条第 2 款之规定"，载《浙江社会科学》2012 年第 11 期。

20. 陈卫东、李奋飞："刑事二审'全面审查原则'的理性反思"，载《中国人民大学学报》2001 年第 2 期。

21. 万毅、刘沛谞："刑事审限制度之检讨"，载《法商研究》2005 年第 1 期。

22. 叶肖华："论集中审理原则在中国之采行——以刑事诉讼为视角"，载《社会科学战线》2011 年第 6 期。

23. 陈光中、唐彬彬："深化司法改革与刑事诉讼法修改的若干重点问题探讨"，载《比较法研究》2016 年第 6 期。

24. 孙谦："关于修改后刑事诉讼法执行情况的若干思考"，载《国家检察官学院学报》2015 年第 3 期。

25. 汪海燕、殷闻："审判中心视阈下庭前会议功能探析"，载《贵州民族大学学报（哲学社会科学版）》2016 年第 3 期。

26. 陈瑞华："未决羁押制度的理论反思"，载《法学研究》2002 年第 5 期。

27. 汪海燕："检察机关审查逮捕权异化与消解"，载《政法论坛》2014 年第 6 期。

28. 刘计划："我国逮捕制度改革检讨"，载《中国法学》2019 年第 5 期。

29. 吴宏耀、赵常成："程序性违法的量刑补偿机制研究"，载《国家检察官学院学报》2019 年第 3 期。

30. 陈卫东："羁押必要性审查制度试点研究报告"，载《法学研究》2018 年第 2 期。

31. 朱志荣："羁押必要性审查制度研究"，载《西南政法大学学报》2014 年第 5 期。

32. 胡波："羁押必要性审查制度实施情况实证研究——以某省会市十二个基层检察院为对象的考察和分析"，载《法学评论》2015 年第 3 期。

33. 张国军、陈新刚："捕后羁押必要性审查实务研究"，载《中国检察官》2019 年第 19 期。

34. 龙浩："归口模式下羁押必要性审查的适用难题及破解对策"，载《行政与法》2018 年第 4 期。

35. 吕涛："检察建议的法理分析"，载《法学论坛》2010 年第 2 期。

36. 胡捷等："非羁押性强制措施适用实证研究——以深圳市南山区人民检察院办案实践为视角"，载《法治论坛》2014 年第 3 期。

37. 杨杰辉："基于程序违法的发回重审研究"，载《中国刑事法杂志》2013 年第 7 期。

38. 唐红："刑事二审发回重审制度运行失灵之审视与破解——以刑事司法场域中法官行为策略为视角"，载《山东法官培训学院学报》2018 年第 4 期。

39. 田源："刑事二审不开庭审理常态化现象透析与问题疏解——以 D 省 Z 市中院为分析样

本"，载《山东大学学报（哲学社会科学版）》2017 年第 5 期。

40. 谢小剑："职务犯罪指定居所监视居住的功能评析"，载《南京大学法律评论》2015 年第 1 期。

41. 谢小剑、朱春吉："公安机关适用指定居所监视居住的实证研究——以 5955 个大数据样本为对象"，载《中国法律评论》2019 年第 6 期。

42. 王朝亮："公安机关决定指定居所监视居住执行中的违法违规行为及监督——以 T 市检察数据最多的 X 区为本"，载《中国检察官》2018 年第 7 期。

43. 张智辉、洪流："监视居住适用情况调研报告"，载《中国刑事法杂志》2016 年第 3 期。

44. 马静华："公安机关适用指定监视居住措施的实证分析——以一个省会城市为例"，载《法商研究》2015 年第 2 期。

45. 马静华："新《刑事诉讼法》背景下侦查到案制度实施问题研究"，载《当代法学》2015 年第 2 期。

46. 马静华："刑事审限：存废之争与适用问题"，载《甘肃政法学院学报》2008 年第 2 期。

47. 艾明："实践中的刑事一审期限：期间耗费与功能探寻——以 S 省两个基层法院为主要样板"，载《现代法学》2012 年第 5 期。

48. 沈言、潘庸鲁："我国刑事诉讼法一审普通程序法定审限问题检讨"，载《中国刑事法杂志》2011 年第 6 期。

49. 徐松青等："刑诉法修改要完善公诉案件审限制度——上海二中院关于第一审刑事公诉案件审限问题的调研报告"，载《人民法院报》2011 年 7 月 21 日，第 8 版。

50. 夏锦文、徐英荣："刑事羁押期限：立法的缺陷及其救济"，载《当代法学》2005 年第 1 期。

51. 夏锦文："实证与价值：中国诉讼法制的传统及其变革"，载《法制与社会发展》1997 年第 6 期。

52. 汪建成："刑事审判程序的重大变革及其展开"，载《法学家》2012 年第 3 期。

53. 舒国滢："从司法的广场化到司法的剧场化——一个符号学的视角"，载《政法论坛》1999 年第 3 期。

54. 廖荣辉："刑事案件'延长羁押期限'问题研究"，载《河北法学》2008 年第 1 期。

55. 张超："公安机关实施刑事拘留期限状况调查报告"，载《中国刑事法杂志》2010 年第 5 期。

56. 陈永生："我国未决羁押的问题及其成因与对策"，载《中国刑事法杂志》2003 年第 4 期。

57. 张智辉、武小凤："二审全面审查制度应当废除"，载《现代法学》2006 年第 3 期。

58. 孙长永："通过中立的司法权力制约侦查权力——建立侦查行为司法审查制度之管见"，载《环球法律评论》2006 年第 5 期。

59. 陈瑞华："未决羁押制度的理论反思"，载《法学研究》2002 年 5 期。

60. 陈瑞华："刑事程序失灵问题的初步研究"，载《中国法学》2007 年第 6 期。

61. 陈瑞华："法律程序构建的基本逻辑"，载《中国法学》2012 年第 1 期。

62. 陈瑞华："审前羁押的法律控制——比较法角度的分析"，载《政法论坛》2001 年第 4 期。

63. 陈瑞华："案卷移送制度的演变与反思"，载《政法论坛》2012 年第 5 期。

64. 左卫民、马静华："侦查羁押制度：问题与出路——从查证保障功能角度分析"，载《清华法学》2007 年第 2 期。

65. 左卫民："中国刑事案卷制度研究——以证据案卷为中心"，载《法学研究》2007 年第 6 期。

66. 左卫民、吴卫军："'形合实独'：中国合议制度的困境与出路"，载《法制与社会发展》2002 年第 2 期。

67. 王敏远："中国刑事羁押的司法控制"，载《环球法律评论》2003 年第 4 期。

68. 谢佑平、万毅："困境与进路：司法审查原则与中国审前程序改革"，载《四川师范大学学报（社会科学版）》2004 年第 2 期。

69. 龙宗智："强制侦查司法审查制度的完善"，载《中国法学》2011 年第 6 期。

70. 樊崇义等："河北检察机关新刑诉法实施调研报告"，载《国家检察官学院学报》2014 年第 3 期。

71. 张小玲："刑事诉讼中的'程序分流'"，载《政法论坛》2003 年第 2 期。

72. 姚莉、邵劭："论捕后羁押必要性审查——以新《刑事诉讼法》第 93 条为出发点"，载《法律科学》2013 年第 5 期。

73. 关振海："捕后羁押必要性审查的基层实践"，载《国家检察官学院学报》2013 年第 6 期。

74. 孙振江等："捕后羁押必要性审查机制的构建与完善——以临沂的试点为考察视角"，载《广西政法管理干部学院学报》2013 年第 1 期。

75. 李明蓉等："福建检察机关刑诉法实施情况调研报告"，载《国家检察官学院学报》2014 年第 5 期。

76. 徐美君："刑事诉讼普通程序简化审实证研究"，载《现代法学》2007 年第 2 期。

77. 徐秉晖："我国刑事二审发回重审制度实证与理论分析"，载《法律适用》2006 年第 6 期。

78. 季卫东："法律程序的意义"，载《中国社会科学》1993 年第 1 期。

79. 刘玫："刑事诉讼法定期间问题研究"，载陈光中、江伟主编：《诉讼法论丛》（第 9 卷），法律出版社 2004 年版。

80. 瓮怡洁："论刑事程序中的诉讼及时原则"，载《中国刑事法杂志》2001 年第 6 期。

81. 公丕祥："法制现代化的分析工具"，载《中国法学》2002 年第 5 期。

82. 张晋藩："综论中国古代司法渎职问题"，载《现代法学》2012 年第 1 期。

83. 石维斌："建立超审限责任追究制度的法律思考"，载《法律适用》1999 年第 1 期。

84. 林俊益："刑事准备程序中事实上之争点整理——最高法院九十六年度台上字第二十四号判决析述"，载《月旦法学杂志》2007 年第 9 期。

85. 李荣耕："简评新制定之刑事妥速审判法——以美国法制为比较"，载《法学新论》第 40 期。

86. 郭烁："徘徊中前行：新刑诉法背景下的高羁押率分析"，载《法学家》2014 年第 4 期。

87. 王兆鹏："建构我国速审法之刍议——以美国法为参考"，载《台大法律论丛》2004 年第 2 期。

（二）英文论文

1. Markus Dirk Dubber, "American Plea Bargains, German Lay Judges, and the Crisis of Criminal Procedure", *Stanford Law Review*, 49, 1997.

2. Makoto Ibusuki, "'Quo Vadis?': First Year Inspection to Japanese Mixed Jury Trial", *Asian-Pacific Law and Policy Journal*, 12, 2010.

3. Gordon Van Kessel, "Adversary Excesses in the American Criminal Trial", *Notre Dame Law Review*, 67, 1992.

4. John H. Langbein, "Controlling Prosecutorial Discretion in Germany", *The University of Chicago Law Review*, 41, 1974.

5. John Thibaut, Laurens Walker, "A Theory of Procedure", *California Law Review*, 66, 1978.

6. John H. Langbein, Lloyd L. Weinreb, "Comparative Criminal Procedure: 'Myth' and Reality", *Yale Law Journal*, 87, 1978.

7. Rebecca Krauss, "The Theory of Prosecutorial Discretion in Federal Law: Origins and Developments", *Seton Hall Circuit Review*, 6, 2009.

后　记

　　这本书是在我博士学位论文的基础上修改完成的。选择刑事诉讼期限制度作为论文选题，缘于导师陈光中先生的推荐。彼时，由于自身研究视野狭窄和研究功力不足，想当然地认为期限制度并无研究价值和内容，差一点与之失之交臂。在 2013 年赴美留学之前我本选定公诉制度进行博士论文研究，但经过几个月的资料收集工作，并未找到具体的选题方向，反而在与外方导师的交流中更加深入地认识到中美在审判效率保障机制方面的巨大差异，促使我对审判期限制度与集中审理原则的优劣性产生了兴趣。向先生请示沟通后，遂将博士论文选题改为刑事诉讼期限制度研究。在美国期间，我利用加州大学戴维斯分校的图书资源，收集了美国审判效率和审前羁押方面的一手资料，完成了审判期限和羁押期限部分的内容，回国后通过搜集法史方面文献和 2012 年《刑事诉讼法》实施后的实证研究资料，完成了剩余部分的写作。

　　自 2014 年完成论文初稿，倏忽间，时光已过六载。在这六年间，中国的刑事诉讼法治建设驶入快车道，审判中心主义、刑事速裁程序、认罪认罚从宽制度等一系列改革和试点渐次推开，《刑事诉讼法》《人民检察院刑事诉讼规则》等多项法律规范颁布施行，以致初稿中许多内容已经不符合实际情况。加之近年来我对其中部分问题有了进一步的思考，因此在出版之前又花费月余对文章进行了全面梳理和修改。尽管尚存不足，但成果终得付梓，仍难抑心中激动之情。

　　本书的出版，首先要感谢我的博士导师陈光中先生。在先生身上，让我深刻感受到一位学术大家的风范。先生学识渊博、治学严谨，对每一份学术成果都高度认真，每每数易其稿直至堪称无瑕。正是在跟随先生学习的过程中，使我接受到最纯正的学术训练，正式走上学术研究的道路。感谢先生为我博士论文写作付出的心血，从论文题目的确定、研究框架的完善到具体内容的修改，先生都给予了重要指导和帮助。感谢先生推荐我申请国家留学基金委公派留学项目，并为我联系外方导师，使我有机会系统学习美国刑事诉讼法学课程，并接触到大量关于美国司法实践的一手资料，为本书的写作奠定了坚实基础。

感谢我的硕士导师汪海燕教授。自硕士入学到博士阶段再到进入工作岗位，一直承蒙汪老师的关怀，在我学习和生活上遇到困难或困惑时，老师总是给予我极大的鼓励和帮助。对我来说，汪老师亦师亦友亦亲人！感谢王新清教授、刘根菊教授、刘玫教授、李玉华教授，他们参加了我的论文答辩，对本文提出了重要的完善意见，使我深受启发。感谢我的联合培养博士导师、美国加州大学戴维斯分校法学院弗洛伊德·菲尼（Floyd Feeney）教授。在美国学习期间，菲尼教授不仅邀请我参加他讲授的课程，对于我写作中的问题给予耐心解答并为我推荐各种文献资料，而且经常关心我的生活状况。去年，菲尼教授因病去世，音容笑貌犹在眼前，思之令人伤怀垂泪。愿他在天堂安息！

感谢肖沛权博士、谢丽珍博士、胡莲芳博士、王迎龙博士、董林涛博士后、薛向楠博士、马康博士、付奇艺博士、步洋洋博士、刘奕君博士等同门兄弟姐妹对我的帮助。感谢我的室友徐磊博士、敖意博士、戴晓东博士，无论学术还是生活，有你们的陪伴是我的幸运。

感谢天津师范大学法学院资助本书的出版，感谢中国政法大学出版社魏星编辑的辛勤工作。

最后，要感谢我的家人，是她们多年来一直默默地支持我、鼓励我。感谢我的母亲，含辛茹苦将我养育成人，几十年来，她为我付出了太多太多。感谢我的妻子，从早恋到而立，跨越空间阻隔，她一直坚定地陪伴着我。她们是我前行的助力，也是我奋斗的动力。

于增尊

2020 年 4 月于天津